2010年度教育部规划基金项目

SICHUANDAXUE ZHEXUE SHEHUIKEXUE XUESHUZHUZUO CHUBAN

四川大学哲学社会科学学术著作出版基金丛书

四川大学中央高校基本科研业务费研究专项（哲学社会科学）项目资助

U0592162

近代长江上游农民生活状况研究
——以成都平原为中心的考察

主　编　李德英

副主编　张　杨　李建艳　张　续

四川大学出版社

责任编辑：陈克坚
责任校对：傅　奕
封面设计：墨创文化
责任印制：王　炜

图书在版编目（CIP）数据

近代长江上游农民生活状况研究：以成都平原为中
心的考察 / 李德英主编. —成都：四川大学出版社，
2015.9
　　ISBN 978−7−5614−9018−1

　　Ⅰ.①近… Ⅱ.①李… Ⅲ.①农民−生活状况−研究
−成都市−近代 Ⅳ.①D422.7

中国版本图书馆 CIP 数据核字（2015）第 237844 号

书　名	**近代长江上游农民生活状况研究**
	——以成都平原为中心的考察
主　　编	李德英
副主编	张　杨　李建艳　张续
出　　版	四川大学出版社
地　　址	成都市一环路南一段 24 号 (610065)
发　　行	四川大学出版社
书　　号	ISBN 978−7−5614−9018−1
印　　刷	郫县犀浦印刷厂
成品尺寸	170 mm×240 mm
印　　张	15.5
字　　数	326 千字
版　　次	2015 年 11 月第 1 版
印　　次	2015 年 11 月第 1 次印刷
定　　价	45.00 元

◆读者邮购本书，请与本社发行科联系。
　电话：(028)85408408/(028)85401670/
　(028)85408023　邮政编码：610065
◆本社图书如有印装质量问题，请
　寄回出版社调换。
◆网址：http://www.scup.cn

丛书序

　　四川大学（以下简称川大）是中国近代创办的最早一批高等教育机构中的一个。近十余年来，又经两次"强强合并"，成为学科覆盖面较广、综合实力较强的一所综合性大学。一百多年来，川大的人文社会科学在学校日益壮大的过程中，从国学研究起步，接受现代科学的洗礼，不同的学术流派融合互动、共同成长，形成了今日既立足于中国传统，又积极面向世界的学术特征。

　　作为近代教育机构，四川大学的历史要从 1896 年设立的四川中西学堂算起。但具体到人文社会科学研究，则可以追溯到清同治十三年（1874 年）由张之洞等人创办的四川尊经书院。在短短二十几年的办学历史中，书院先后培养出经学家廖平、思想家吴虞等一大批在近代中国学术思想史上影响巨大的学者，也因此使四川成为国内研究经、史、文章等中国传统之学的重镇。此后，在 20 世纪相当长的一段时间里，以国学为主要研究对象的近代蜀学成为川大人文社会科学研究的主流，拥有张森楷、龚道耕、林思进、向楚、向宗鲁、庞俊、蒙文通、刘咸炘、李植、伍非百等一大批国内知名的学者。

　　近代蜀学在研究内容上以传统学术为主，在观念与方法上则立意求新。廖平的经学思想曾经作为 19 世纪晚期变法维新的基本理论依据之一，其知识背景上也不乏西学色彩。20 世纪 20 年代成长起来的一批学者如庞俊、刘咸炘等人，更是亲自参与了中国传统学术向现代学术的转变。其中，蒙文通由经向史，同时又广涉四部之学，在晚年更是力图从唯物史观的角度探索中国社会与思想的演进，最能代表这一学术传统的是其包容、开放并具有前瞻性的眼光。

　　自 20 世纪 20 年代开始，现代社会科学的深入研究也逐渐在川大开展。1922 年至 1924 年，吴玉章在此教授经济学课程，鼓励学生通过社会科学的研究，思考"中国将来前途怎样走"的问题。1924 年，学校设立了 10 个系，在人文社会科学 6 个系中，除了延续着蜀学风格的中文系外，教育、英文、历史、政治、经济 5 个系均着力于新的社会科学研究。这一科系的设置格局一直持续到 30 年代初的国立四川大学时期。

川大的另一源头是私立华西协合大学（以下简称华大）。作为教会学校，华大文科自始即以"沟通中西文化与发扬中西学术"为宗旨，而尤擅长于西式学问。其中，边疆研究最放异彩。1922年创办的华西边疆研究学会（West China Border Research Society）及其会刊《华西边疆研究学会杂志》（*Journal of the West China Border Research Society*）在国际学术界享有盛誉。华大博物馆以"搜集中国西部出土古物、各种美术品，以及西南边疆民族文物，以供学生课余之参考，并做学术研究之材料"为目标，在美籍学者葛维汉（David Crockett Graham）的主持下，成为国内社会科学研究的另一基地。

华大社会科学研究的特点：一是具有较强的国际色彩，二是提倡跨学科的合作，三是注重实地踏勘；对边疆文化、底层文化和现实问题更为关注，与国立川大校内更注重"大传统"和经典研习的学术风格形成了鲜明对比。双方各有所长，其融合互补也成为20世纪三四十年代两校人文社会科学发展的趋向。从20世纪30年代中期开始，华大一方面延请了庞俊、李植等蜀学传人主持中文系，加强了其国学研究的力量；另一方面致力于学术研究的中国化。一批既有现代社会科学的训练，又熟悉中国古典文化的中国学者如李安宅、郑德坤等成为新的学术领袖。

1935年，任鸿隽就任国立四川大学校长后，积极推动现代科学的发展。1936年5月，川大组建了西南社会科学调查研究处，在文科中首倡实地调研的风气，也代表了川大对西南区域跨学科综合性研究的发端。此后，经济学、社会学、民族学、考古学等领域的学者组织开展了大量的实地考察工作，掌握了西南地区社会文化的第一手资料。在历史学方面，较之传统史学而言更注重问题导向和新材料之扩充的"新史学"也得到了蓬勃发展，并迅速成为国内史学界的重镇。20世纪30年代后期开始，川大校内名师云集。张颐（哲学）、朱光潜（美学）、萧公权（政治学）、赵人儁（经济学）、徐中舒（历史学）、蒙文通（历史学）、赵少咸（语言学）、冯汉骥（考古学、人类学）、闻宥（民族学、语言学）、任乃强（民族学）、胡鉴民（民族学）、彭迪先（经济学）、缪钺（历史学）、叶麟（文艺心理学）、杨明照（古典文学）等一批大师级学者均在此设帐，有的更任教终身，为川大文科赢得了巨大声誉。

在不同学术流派的融合中，川大人文社会科学形成了自己的特点：一方面具有传统学术通观明变之长，另一方面又具有鲜明的现代学术意识。1952年，在院系调整中，随着华大文科的并入，更使川大人文社会科学进入了飞速发展的新时期。半个多世纪以来，在继续保持传统优势学科如古典文学、语言学、历史学、考古学、民族学发展的基础上，新的学科如宗教学、理论经济学、敦煌学、比较文学、城市史等也成长起来，涌现出了一大批在国内外学术界受到极高赞誉的学者，为川大文科未来的进一步发展打下了良好的基础。

2006 年是川大建校 110 周年，为了继续发扬深厚的学术传统，推动人文社会科学研究的新繁荣，学校决定设立"四川大学哲学社会科学学术著作出版基金"，资助川大学者尤其是中青年学者原创性学术精品的出版。我们希望这套丛书的出版，有助于川大学术大师的不断涌现和学术流派的逐渐形成，为建设具有中国特色、中国风格、中国气派的哲学社会科学做出贡献。

目　录

导　论

　　农民生活状况是农村经济史研究的重要内容，近代以来除了新中国成立后至改革开放前马克思主义阶级斗争观点和方法成为研究农村经济史唯一的指导原则外，学术界形成了两次学术活跃期。

　　第一次学术活跃期为 20 世纪 30 年代至新中国成立前，在严重的中国农村经济危机下，大量学者和学术机构开始重视中国农村经济问题，并运用西方经济学和社会学的方法对农村进行调查和研究，留下了数量惊人的研究成果。其中代表性的著作有：卜凯领导的金陵大学农业经济系专业学生根据中国各地区域性差别，在华北、江南、西南选取部分样本进行调查和分析，并编辑成书的《中国农家经济》[①]《中国土地利用》[②]；费孝通运用社会学方法对长江下游地区的江村实地考察并撰写的《江村经济——中国农民的生活》[③]；李景汉对华北定县实地考察和研究撰写的《定县社会概况调查》[④]；乔启明对民国时期中国农村人口、经济、文化、农民生活和农民组织等进行综合考察并写成的《中国农村社会经济学》[⑤]。对长江上游的四川进行研究调查的有郭汉鸣、孟光宇领导的四川租佃问题调查并根据调查结果成书的《四川租佃问题》[⑥]，吕登平对四川农村地区自然条件、人口与教育、租佃制度、农业生产与销售以及农民负担等方面结合各方面材料与调查综合成书的《四川农村经济》[⑦]，等等。这些著作对当时中国农村经济进行了较为深入的分析和调查，著作中也附带了大量的调查资料，对于我们今天研究民国时期的农村具有极大的借鉴意义。除了这

---

①　卜凯著，张履鸾译：《中国农家经济》，商务印书馆，1936 年版。
②　卜凯主编：《中国土地利用》，台湾学生书局，1985 年再版。
③　费孝通：《江村经济——中国农民的生活》，商务印书馆，2001 年再版。
④　李景汉：《定县社会概况调查》，上海书店，1933 年版。
⑤　乔启明：《中国农村社会经济学》，上海书店，1945 年版。
⑥　郭汉鸣、孟光宇：《四川租佃问题》，商务印书馆，1994 年版。
⑦　吕登平：《四川农村经济》，商务印书馆，1936 年版。

些著作的本身价值外，还使得我们知道怎样采用调查方法来研究农业经济和农村问题。

第二次学术活跃期为改革开放后的 20 世纪 80 年代至现在。随着改革开放，海内外学术界的交流越来越频繁，中外学者对于近代中国农村经济的研究也开始活跃起来。由于学者研究利用的史料大多为新中国成立前学者和政府机构的统计调查资料，因此 20 世纪 80 年代以后的研究大多集中于华北和江南，并在中国近代农村经济是否发展和农民生活水平是否提高等问题上，形成了两种截然相反的观点。

一种是"发展观"。国内学者以慈鸿飞、吴承明、史建云、郑起东，国外学者以马若孟为代表。他们一般认为中国近代农村经济获得了不同程度的发展，农民生活水平也得到了不同程度的提高。慈鸿飞发表在《中国社会科学》的文章《20 世纪前期华北地区的农村商品市场与资本市场》，通过对农产品长距离贸易、地方农村市场贸易和资本市场的研究，认为"20 世纪前半期华北地区的农村市场有很大发展，其扩大程度远远超出前人已做出的论断"，而这种农村市场的发展带来的"市场活跃必然带来农民收入的增加"。之后他又利用 20 世纪 30 年代李景汉对定县调查的农民收入水平按货币购买力折算，"至少相当今天人民币 1000 元。应当说收入是不算低的"；"按 1991 年统计，我国粮食商品率仅 30%（五六十年代长期徘徊在百分之二十几），全国绝大部分县农民年收入不足千元（按 1991 年价格），1994 年全国农民年均纯收入 1200元。此数比 30 年代定县的农民收入水平高出有限"。[①] 史建云在对华北平原农村手工业的研究中，得出在近代商品生产规模急剧扩大的情况下，农村手工业生产的收入"有大幅度增长"，"成为农民家庭经济一个重要组成部分"，农民的收入提高，生产和消费的观念也随之变化。[②] 郑起东在《转型中的华北农村社会》一书中利用近代学者的调查资料对占华北大多数的自耕农的收支、利润率和农户的消费结构及消费水平进行实证研究，将不同耕作面积的农户各项经济状况进行比较，认为在近代，虽然"华北农户的消费结构不合理，消费水平相当低下"，但是总的来看，"出现了改善的趋势"，"华北农民的生活水平得到提高，加强了华北农民的生产能力"。[③]

---

① 慈鸿飞：《20 世纪前期华北地区的农村商品市场与资本市场》，载《中国社会科学》，1998 年第 1期。

② 史建云：《商品生产、社会分工与生产力进步——近代华北农村手工业变革》，载《中国社会经济史研究》，1998 年第 4 期。

③ 郑起东：《转型中的华北农村社会》，上海书店，2004 年版。

海外学者马若孟在其著作《中国农民经济：河北和山东的农民发展：1890—1949》①中对农业进行长时段考察后，认为华北的小农经济取得了显著的成就。李伯重、王国斌、彭慕兰等将中国江南和欧洲生活水平进行比较，得出 18 世纪以前，二者并没有太明显不同的结论②。托米·本特森、康文林、李中清等通过对粮食价格与死亡率变动的长时段、多样本的计量研究，讨论人类在短期压力下死亡率的反应模式，得出"在决定短期压力下的死亡率反应模式方面，人类社会因素至少与人类生物因素同样重要"的结论。③

另一种是"沉沦观"。国内学者以章有义、夏明方、李金铮，国外学者以黄宗智为代表。与持"发展观"对中国农民生活保持乐观的学者不同，持"沉沦观"的学者则认为近代中国农业衰退，农民生活贫困，每况愈下。章有义认为，"清朝末年农民生活状况不如鸦片战争前，尤其不如 18 世纪。再由晚清到民国，由北洋军阀时期到国民党统治时期，截至抗日战争前夕为止，基本上是一代不如一代，从未出现过什么繁荣时期"④。李金铮从对近代定县农民的口粮分析出发，认为 20 世纪二三十年代的定县农民普通年头标准口粮"相差六十九万七千多斗"，"多数农民入不敷出，生活在贫困线以下，其生活之惨想是不难预料的"。由于农民生活的极度贫困，造成大量家庭经济破产，举家逃亡，出外谋生。⑤ 夏明方在《近代史研究》上发表的《发展的幻想——近代华北农村农户收入状况与农民生活水平辨析》一文中，对郑起东、史建云和慈鸿飞等对华北农民生活水平持乐观态度的学者进行了批评，认为近代华北平原农村经济得到提高和农民生活的显著改善是由于一些国内的学者有意无意的数字化的产物，不可否认在农村经济上是有增长，但是不应忽视其中的成本和代价以致混淆理论"增长"与"发展"这两个不同的概念。可见他较为赞同黄宗智"过密化"理论，认为近代中国农村经济是"有增长无发展"的。

---

① ［美］马若孟著，史建云译：《中国农民经济：河北和山东的农民发展：1890—1949》，江苏人民出版社，1999 年版。
② 参见李伯重：《江南的早期工业化（1550—1850）》，社会科学文献出版社，2000 年版；李伯重：《多视角看江南经济史（1250—1850）》，生活·读书·新知三联书店，2003 年版；［美］王国斌著，李伯重、连玲玲译：《转变的中国：历史变迁与欧洲经验的局限》，江苏人民出版社，2008 年版；［美］彭慕兰，史建云译：《大分流：欧洲、中国及现代世界经济的发展》，江苏人民出版社，2003 年版。
③ ［瑞典］托米·本特森、［美］康文林、［美］李中清等著，李霞、李恭忠译，李恭忠校，史建云审校：《压力下的生活：1700—1900 年欧洲与亚洲的死亡率和生活水平》，社会科学文献出版社，2007 年版，第 25 页。
④ 章有义：《明清及近代农业史论集》，中国农业出版社，1997 年版。
⑤ 李金铮：《二三十年代定县农民生活的考察》，载《河北大学学报》，1989 年第 4 期。

　　除了以上两种观点外，学术界还存在一种较为"中立"的观点，以王玉茹和李进霞为代表。王玉茹、李进霞在其《近代中国农民生活水平分析》中通过对农民收入和支出情况分析，对近代中国农民生活水平的总体感觉是："近代中国农民收入微薄，并且经常入不敷出，生活水平极为低下。"但是，"近代期间中国农民的生活水平并不是一直下降的"，"我们不能忽视在此期间农民生活水平的变动，不能因此而忽略它曾经增长过的事实"，"在 1936 年以前，农村大部分的生活水平是在提高的"，当然，"生活水平的提高并不能改变生活水平仍然很低的事实"。[①]

　　近代四川农民生活水平的研究在前些年也逐渐展开。中国台湾地区的学者吕实强先生在《近代四川的农民生活》一文中，通过研究清末民初 50 多年间四川的农村物价、工价和生活指数，认为在政局稳定的情况下，四川的农民生活，应该能维持其安定与自足。[②]何一民在《晚清四川农民经济生活研究》一文中质疑吕实强的观点，他利用地方志资料分析，由于人地矛盾、超经济的沉重剥削、频繁的自然灾害，"一般农民（包括自耕农、佃农、雇农）生活水平都十分低下，在饥饿线上挣扎；至于成为流民或游民的失地农民，生活更无保障，因而在广大农民身上蕴藏着反抗现存社会统治的巨大力量"[③]。谢放在《抗战时期四川小农经济与社会变迁》一文中，通过分析 1944 年璧山县农家的户均收入、生活费以及恩格尔系数，得出抗战时期四川小农生活十分艰辛的结论。[④]李德英在其著作《国家法令与民间习惯——民国时期成都平原租佃制度新探》中，利用档案调查资料，对民国时期佃农田场经营的收支、食物、服装、受教育情况和房屋等项进行研究，认为"成都平原佃户用于农事生产的投入比例比生活资料少不了多少，但佃农用于生活的费用远远大于生产资金的投入，这是不争的事实。生活的费用除了日常用于衣食住的开销外，还有礼仪费用，用于婚丧嫁娶、走亲访友等乡里间的人际交往，是各户农家必不可少的开支……这些生活费用去了佃农收入的绝大部分，有的甚至收不抵支，说明佃农的现金收入过少。但从粮食丰歉程度来看，绝大多数佃农并不缺粮，生活基本能自给"，"成都平原佃农粮食基本够吃，现金收入不够，受教育程度不高，但

---

① 王玉茹、李进霞：《近代中国农民生活水平分析》，载《南开经济研究》，2008 年第 1 期。
② 吕实强：《近代四川农民的生活》，载（台湾地区）"中央研究院"《近代史研究集刊》，1978 年第 7 期。
③ 何一民：《晚清四川农民经济生活研究》，载《中国经济史研究》，1996 年第 1 期。
④ 谢放：《抗战时期四川小农经济与社会变迁》，载《庆祝抗战胜利五十周年两岸学术研讨会论文集》，（台北）近代史学会，1995 年。

有一定好转"。①

美国学者 Chris Bramall 通过对食品消费、全省产出以及健康及教育能力的比较，对 1937—1978 年四川民众的生活水平做出了评估："总体的生活水平并没有一个全面的改善。虽然生产能力大幅度提高，人均产出也确实增加了，但仍然很难有证据支持生活水平有明显改善，在全省范围内食物呈现出相反的趋势，甚至出现饥荒的恐惧。四川的农业部门几乎不能养活本省的人口；其工业部门，尽管增长迅速，但在全国经济范围内，四川的工业产品的输出仍然非常微弱。"②

本课题拟通过对地方文献、档案资料和口述材料的分析，观察近代成都平原农民生活状况。通过对水利、地权、市场、收入、消费、负担、信仰等方面的具体研究，讨论农民生活与乡村社会及国家控制的关系。

水利是农业的命脉，本课题第一章主要探讨成都平原的水利管理与地方秩序。众所周知，成都平原之所以被誉为"水旱从人，不知饥馑"的天府之国，源于都江堰和成都平原发达的水利设施。关于都江堰的研究，已经比较充分，本课题以位于成都平原南部的地方堰渠——通济堰为例，深入探讨水利管理与地方秩序和农民生活的关系。

第二章探讨基层社仓制度，特别是社仓首领（社仓经首）的选任在清末民初的变化。通过对社仓经首选任条件、管理职能、纠纷冲突等问题的考察，探讨地方政权与地方精英对待基层公益活动的态度及相互关系。

第三章以几起抢劫案为中心，考察乡村邻里关系与纠纷处理。1911 年保路运动爆发，11 月底成都发生兵变和大规模的抢劫，一直扩展到四川各地方，新津、简阳、内江、资中、安岳等地都报告发生了抢劫事件。本章考察的劫案并非单纯的抢劫案，而是若干起邻里互告案，通过三轮互告和县官的庭审，探讨政治变动背景下的乡村邻里关系。

第四章讨论成都平原的地权结构和佃农比例。民国时期，成都平原的地权特点是土地集中与土地分散并存，特大地主与中小地主并存，不在地主与乡居地主并存。无论是地主还是佃农都有大小之分，不同层次的地主或佃农，生活状况迥然不同。成都平原的租佃关系复杂，佃农在农村人口中所占比例高于全国水平，并逐年增长。佃农比例与地理位置关系密切：土地肥沃，离城较近的

---

① 李德英：《国家法令与民间习惯——民国时期成都平原租佃制度新探》，中国社会科学出版社，2006 年版，第 195～223 页。

② Chris Bramall：*Living Standards in Sichuan 1931－1978*，London，Contemporary China Institute，School of Oriental and African Studies University of London，1989，p41.

地区，佃农比例高；反之，佃农比例降低。成都平原租佃制度发达，除了生态原因之外，还有人口压力、中小土地所有者负担过重、新兴军阀热衷于投资土地等多方面的原因。

第五章以温江为例，考察农民家庭收入与消费结构。1937 年 4 月到 1938 年 3 月，温江县农户家庭收入与同时期中国其他农村地区相比较为可观。与 20 世纪二三十年代中国农村地区家庭收入仅两百元左右相比，温江县绝大部分农民家庭都在这一水平之上，耕作面积越大，家庭收入越多，仅少数耕作面积在 10 亩以下的佃农和半自耕农家庭收入略少于两百元。一般而言，家庭收入额越高，家庭消费额也相对较高。从家庭消费来看，温江农民有较充足的食物，全年并不缺粮，用于生活改进的支出也远高于同时期的中国农村。大部分的农家收支基本能够保持平衡，甚至每年有一定盈余。

第六章仍然以温江为例，探讨农民负担与负债水平。通过对押租、地租、对政府的负担及负债的考察，我们认为温江县农民 1937—1938 年作物周年内，虽然名义地租高达 80％，但是由于押扣的有效缓冲，佃农所付地租有所减轻，加上对政府的负担较轻，温江县农民整体负担要较其他地区轻，这对于温江县农民生活水平的保障是至关重要的。

第七章讨论乡村民间信仰与国家控制。晚清以来，社会改良者不断规范民众的行为，使其更为文明；对民间的习俗和信仰，也多加控制，希图移风易俗。但在抗战这个特定时期，"破除迷信"的含义与其他时期有所不同，除了改良风俗之外，更多考虑的是社会稳定和防范异端，在经济上也有提倡节约的目的。同时，政府和民间，在面临灾荒和其他突发状况时，也有互相妥协的余地。这一方面说明民间信仰和习俗不易改变，生命力极强，另一方面也说明政府控制并非没有空隙。这些由社会精英主导的社会改良活动，意在塑造新的"国民"，成都平原乡村社会在这种"改造"中逐渐被卷入"现代化"的过程中。但总的看来，乡村社会的民间信仰仍然普遍存在，在寻常百姓的精神世界中，仍然需要神灵作为归宿。

第八章讨论乡村集镇与农民生活的关系。关于农民的生活半径，早期的人类学家认为是村庄，而施坚雅通过考察成都平原的农村市场结构，提出了"基层市场社区"理论，指出农民的生活半径是基层市场，而非村庄。多年来，人们对施坚雅的理论既有批评也有补充，本章的研究是作为施氏理论调查地的学者对学术界相关问题的回应。实证研究证明，对成都平原农民而言，乡村集镇具有非常重要的地位，不管是基层市场社区理论还是文化网络理论，不管这些理论如何解释农村社会和农民的行为，乡村集镇的社会功能中市场功能是基础，这是谁都无法否定的，而其他的解释则是对市场理论的丰富和补充而已。就此意义而言，施氏的农村基层市场社区理论仍然具有相当的学术价值和现实意义。

第九章继续讨论乡村集镇与农民生活的关系，主要为四川大学历史文化学院学生在 2013 年夏天做的一个关于川西平原赶场制度的研究，是对前一章所述施坚雅理论的进一步补充。赶场是清代以来农民日常生活的重要组成部分，川西平原在历史的发展过程中形成了三天为周期的赶场制度，通过施坚雅对高店子、脱鲁岱对中和场赶场样态的描述，大体可以反映民国时期川西平原农民的赶场活动。2013 年 7 月，四川大学历史文化学院 36 名同学对中和场进行了口述调查，并于 8 月对高店子进行了口述调查，所得材料可大体反映出新中国成立至改革开放期间川西平原的赶场样态。通过分析可以看出：国家运用政治、经济及文化政令对农民的赶场行为和农村市场进行管制和改造，同时又必须适应和受制于长期形成的民间赶场惯习，农民的赶场活动和农村市场虽然在此时期有所萎缩，但一直存在，并延续至高度城市化和商业化的当今。

第十章对本书观点进行了总结。

本书十章内容由李德英教授及课题组成员共同完成。第一章由钱蓉芳、李建艳撰写，第二章由冯帆和李德英共同撰写，第三、四、七、八章均为李德英撰写，第五、六章由罗闽鑫撰写，第九章由张杨、田玥、刘欢、袁上、张续共同撰写，第十章由李德英、张杨共同撰写。为尊重作者，本书各章均保留作者署名。在内容上各章具有独立性，同时互相关联，读者可以分开来读，也可以放到近代四川乡村社会变迁的大背景中来理解，从而更深入地了解长江上游地区，特别是成都平原农民的生活状况。

第一章　水利管理与地方秩序

钱蓉芳　李建艳

　　水利的兴衰，对农业的发展有着重要的影响，不仅历代政府会重视水利事业的发展，作为区域社会的官员和地方民众也会特别关注本地水利设施的建设与维护。

　　通济堰位于成都平原南端，是成都平原上历史悠久且至今仍发挥巨大作用的大型水利工程，地位仅次于享誉世界的都江堰。通济堰渠首位于新津县城南的南河、西河与岷江汇流处，干、支渠灌溉新津、彭山、眉山三县[①]。其地理位置在东经 103°41′～103°55′、北纬 29°51′～30°27′之间，属亚热带湿润气候区。该地区气候温和，雨量充沛，水利资源丰富，包括南河来水、西河补水、灌区西北山溪河流来水和灌区降水。[②] 本章以通济堰的水利管理为切入点，以区域水利社会为中心，详细观察基层水利运作及其所投射出的各种利益主体的互动和错综复杂的社会关系，对于研究成都平原的地方社会组织结构、社会秩序及农民生活具有极为重要的意义。

第一节　通济堰的水政管理

　　作为成都平原上历史悠久的大型水利工程，通济堰能维持长期运行离不开与之相适应的水政管理体系。本节拟讨论通济堰的水政管理，从州官兼理、设立专管机构、基层的堰长制、经费来源等方面，探讨国家对水利事业的介入在

---

① 眉山，古称眉州，1913 年改称眉山县，2000 年改设眉山市，辖东坡区、仁寿、彭山、洪雅、青神、丹棱一区五县，原眉山县改为东坡区。当代，通济堰灌区覆盖新津、彭山青神、东坡三县一区，本文引档案材料的说法，仍沿用新津、彭山、眉山（州）的说法。

② 见《通济堰志》编修委员会：《通济堰志》，中国水利水电出版社，2010 年版，第 1 页。

何种意义上存在并发生作用，探究国家政治变迁对地方社会的影响。

一、管理机构

(一) 州官兼理

据考证，西汉景帝末年（公元前 141 年），蜀郡守文翁创建通济堰。[①] 自通济堰创建之初直至有清一代，通济堰并无专职的水利官员，相关水政事宜均由州府地方官兼理。

唐开元二十八年（740 年），章仇兼琼重建通济堰。"通济堰……唐开元二十八年采访使章仇兼琼所开，自修觉山下引水灌溉新津、彭山、眉州、青神等处田亩，凡三百余里。"[②]唐末通济堰濒于淤废，五代时眉州刺史张琳主持大规模修复，时通济堰可"溉田一万五千顷，民被其惠"，百姓赞之："前有章仇后张公，疏决水利粳稻丰，南阳杜诗不可同，何不用之代天工。"[③]北宋末年战事频繁，通济堰因疏于管理而时有湮塞，至南宋已是"陇亩弥望，尽为荒野"。绍兴十五年（1145 年），眉州知州句龙庭实大修通济堰，"贷诸司钱六万缗，躬相其役，更从江中创造，横截大江二百八十余丈，与下流小筒堰一百十有九，于是前日荒野尽为沃壤。庭实又为书名曰堰规，至今不废，邦人为立祠，岁时祀之"[④]。至明代，宣德七年（1432 年），"修眉州新津通济堰，堰水出彭

---

① 《通济堰志》编修委员会：《通济堰志》，中国水利水电出版社，2010 年版，第 60～61 页。

② ［清］涂长发修，王昌年纂：《眉州属志》卷八《水利志·堰渠》，据清嘉庆五年（1800 年）刻本影印，《中国地方志集成·四川府县志辑》第 39 册，巴蜀书社，1992 年版，第 119 页。

③ ［清］吴仕臣撰，徐敏霞、周莹点校：《十国春秋》（第二册）卷四十《前蜀列传》，中华书局，1983 年版，第 597 页。

④ ［清］李心传撰：《建炎以来系年要录》（三）卷一百五十四，上海古籍出版社，1992 年版，第 159 页。《通济堰志》（通济堰志编修委员会，中国水利水电出版社，2010 年版）第 62 页引《宋史·范成大传》："成大访故迹，垒石为防，置堤闸四十九所，立水则，上中下灌溉有序。民食其利。"说明南宋隆兴年间（1163—1164 年）（按：原文作"兴隆"，当为"隆兴"），四川制置使、水利专家范成大修复通济堰。范成大确实任过四川制置使，但此处通济堰并非新彭眉通济堰，乃浙江丽水通济堰。查［元］脱脱等撰，杨家骆主编：《新校本宋史》（卷三百八十六）列传第一百四十五《范成大传》原文："梁天监中，詹、南二司马作通济堰，在松阳、遂昌之间，激溪水四十里，溉田二十万亩。堰岁久坏，成大访故迹，垒石筑防，置堤闸四十九所，立水则，上中下溉灌有序，民食其利。"又《二十五史河渠志注释》（周魁一等注释，中华书局，1990 年）第 466 页记载："丽水民言：'县有通济渠，截松阳、遂昌诸溪水入焉。'"并对通济渠作注："通济渠，即通济堰，建于南朝梁天监年间（502—519 年）。"故《通济堰志》所记，当为谬误。

山，分十六渠，溉田二万五千余亩"①；正统七年（1442年），"修江西广昌江岸、萧山长山浦海塘、彭山通济堰"②。对此，万斯同所修《明史》记载较为详细，"四川彭山县请修通济堰以资本邑及眉州新津灌溉，命州县正官率军民修之"③。

清代，雍正十一年（1733年），四川总督黄廷桂主持修复通济堰，"仿都江堰制，竹篓垒石为堤，浚渠自新津修觉寺余波桥起，至彭山回龙寺下智远渠止，共七筒。引渠灌溉新津田三千五百余亩、彭山田一万三千余亩"④。乾隆十八年至二十年（1753—1755年），眉州知州张兑和彭山知县张凤翥扩建通济堰，"引灌县小海子水入旧堰，开浚智远渠下古沟八十余里，凿翻水口分支入眉，共复彭山古渠二十八"。扩建后的通济堰可以"灌溉田七万三千一百十六亩有奇"。⑤嘉庆七年（1802年），眉州知州赵来震、彭山知县干芢和新津知县丁癸籥会同商定，"由三属按亩摊买白鸡河住民吕超沙地一段"，"开河一百五十四丈五尺"，"引金马、羊马诸河水入堰"以扩大水源等，从而使通济堰渠首达到"南自余波桥北至白鸡河，堰身全长一十一里零"的规模。⑥嘉庆十九年（1814年），四川省盐荣道分巡成绵监兼管水利道和四川分巡建昌常备道兼管水利会衔，就通济堰的分歧派候补州牧查勘，同时令新津县知县会同亲勘水势，筹议挑挖事宜。⑦清代，眉州设有州判一职，兼管水利，"佐治有州判一，司督捕兼水利"⑧，"州判专司其事，每岁秋杪，会同新彭两县履勘堤埂"⑨。光

① ［清］张廷玉等撰，杨家骆主编：《新校本明史》卷八十八志第六十四《河渠志·直省水利》，台北鼎文书局，1982年版，第2153页。

② ［清］张廷玉等撰，杨家骆主编：《新校本明史》卷八十八志第六十四《河渠志·直省水利》，台北鼎文书局，1982年版，第2155页。

③ ［清］万斯同：《明史》卷九十三志六十七，清钞本，第1299页，检索自中国基本古籍库。

④ ［清］杨芳灿等撰：《四川通志》卷二十三《舆地志·堤堰》，据清嘉庆二十一年（1816年）刻本影印，台北华文图书局，1967年版，第1121页。

⑤ ［清］杨芳灿等撰：《四川通志》卷二十三《舆地志·堤堰》，据清嘉庆二十一年（1816年）刻本影印，台北华文图书局，1967年版，第1121页。

⑥ ［清］刘锡纯纂：《重修彭山县志》卷三《食货篇·水利》，据民国33年（1944年）铅印本影印，《中国地方志集成·四川府县志辑》第40册，巴蜀书社，1992年版，第57页。

⑦ 新津县档案馆：全宗号：001，目录号：1，案卷号：2，《四川省盐荣道分巡成绵监兼管水利道和四川分巡建昌常备道兼管水利会衔：关于通济堰分歧希会同亲勘水势两有裨益而息讼端札》，第1页。

⑧ 王铭新等修，杨卫星纂：《眉山县志》卷九《职官志》，据民国12年（1923年）铅印本影印，《中国地方志集成·四川府县志辑》第39册，巴蜀书社，1992年版，第610页。

⑨ ［清］涂长发修，王昌年纂：《眉州属志》卷八《水利志·堰渠》，据清嘉庆五年（1800年）刻本影印，《中国地方志集成·四川府县志辑》第39册，巴蜀书社，1992年版，第124页。

绪三年（1877 年），眉州州判程元昌奉命"履勘丈堤埂"，"督工通济堰"。①

（二）专管机构

尽管民国以前通济堰灌区尚无官方管理机构，但晚清已有半官方的专管机构。光绪二十一年（1895 年），康寿桐任彭山知县，为了解决征收水亩钱困难的情况，设立堰工局，"设局董（一正一副，任期两年。正主出纳，副佐之，副任满则升为正。去任之正，又举一副为佐）董其事，而岁修工程则以监修（二人）、堰长（八人，每堰上下段各一人，每期两年）驻堰督之"②。所谓的正副局董，则是"地方官在有田 50 亩以上的受益户选择委派"，至于堰工局具体的运作，"局董专管征收水亩、处理纠纷等事，另设监修二人，专管岁修中修扎堰堤、疏浚堰沟事务。堰工局还设有司事三人、丁役二人，执行日常工作"③。从堰工局的组织来看，虽然由官方设立，局董的任免权也归属官方，但实际充当局董、副董者，均为地方殷实水户。

宣统元年（1909 年），官方为清除积弊，饬令成立三属堰工研究会，"钦命二品衔署理四川通省劝业道周，为札饬事：照得该县农田皆赖通济堰水以资灌溉，自应以灌田之多寡为用水之标准，从前安车地方数目、开闭时节、筒口大小，皆有一定章程。近来堰众皆□□□□（书中方框"□"为字迹缺损。全书同）益，不守定章，□□□□，常致涉讼，若不及早整顿，后患伊于胡底。除札委眉州州判随时分驻通济堰督理彭山、眉州、新津三属堰务，有事随时查勘处理，并分饬眉州、彭山外，合行札饬，札到该县，即便遵照，移商出示晓谕，传集境内堰长，择彭眉新适中之地，设立三属堰工研究会，各推明白公正廉能绅士一二人，充当会长。堰户有事告知会长，随时公请州判到场会议，当守旧规者守旧规，当改良者改良。凡修堰以前之收费、估工及劝工，以后之监督，工竣后之验收，皆必由会公同举人分别任理，而以全会监察之。不得再如从前任听堰长侵蚀款项、偷减工料，纵容堰户横挖恶截，酿成讼端，总以结合团体、维持公益、剔出积弊为宗旨。如有彼此地方官再不能决，可禀本

---

① 王铭新等修，杨卫星纂：《眉山县志》卷一《地理志·堰渠》、卷九《职官志》，据民国 12 年（1923 年）铅印本影印，《中国地方志集成·四川府县志辑》第 39 册，巴蜀书社，1992 年版，第 494、625 页。

② ［清］刘锡纯纂：《重修彭山县志》卷三《食货篇·水利》，据民国 33 年（1944 年）铅印本影印，《中国地方志集成·四川府县志辑》第 40 册，巴蜀书社，1992 年版，第 62 页。

③ 四川省水利水电厅编：《四川省水利志》第四卷《水政篇》，四川省水利水电厅，1989 年版，第 134 页。

道裁处，勿任动辄争讼，□积弊尽除。三属农田各享其利，事关重要，勿稍违延，仍将移议办法、成立情形、会首姓名告示底稿，会禀核夺，切切毋违。此札。右札新津县准此。宣统元年三月二十三日。"①堰工研究会一直保留至民国，民国4年（1915年），彭山县设立堰工研究会。"新津县知事公署为饬委事：案奉西川道尹饬，并转奉巡按使批，据前任耿道尹转详新彭眉水利委员议覆，彭山县拟设通济堰堰工研究委员会，奉批照准，饬即查照办理此饬等，因奉此，随查议覆简章，本县应设立堰工研究会，置会长一人，该绅既系该堰水户，学理优长，堪充会长，足能胜任，合行饬委，为此饬。仰该绅即便遵照就职，克期组织成立，收全该堰务，实行研究。仍将遵办情形具报查考，切切。此饬。知事沈。右饬通济堰堰工研究会会长刘汝滨准此。民国四年十二月二十七日。"②堰工研究会会长也均系在地方有一定声望的士绅，代理地方官处理本地水利管理事宜。

民初，通济堰灌区始设官方专管机构。民国元年（1912年），废除前清州判官制，设新彭眉水利知事，专管新彭眉三属水利堰务。民国2年（1913年），四川省行政公署实业司下令："查该水利知事一缺，现经本公署暂定为新彭眉水利常驻委员，奉公章程不日即将令发。"③由此，新彭眉水利知事改称新彭眉水利常驻委员，其治所水利委员公署设于新津二王庙内。民国5年（1916年），担任了一年新彭眉水利常驻委员的黄奠勋请求辞职，其在辞呈中提到自己责重权轻，只能在新彭眉三属之间尽量调和矛盾，"忽染弱疾，不时失红，动作维艰，督工办事心力俱有不逮；兼以责权不专，事恒多掣肘"④。或许确实因病不能继续担任水利常驻委员，但更深层的原因可能还是这个职位责重权轻，每多掣肘。档案材料也不乏记载，民国7年（1918年）9月13日，新彭眉水利常驻委员宋学夔咨请新津县罗知事派队弹压毁坏堰堤的游民："通济堰堤埂篾篓，近有无业游民千百成群肆行折毁，敝署巡丁过少，无力制止，相应

① 新津县档案馆：全宗号：001，目录号：1，案卷号：116，《通济堰水利修建卷及新津筒车鱼嘴纠纷案》，第1～3页。
② 新津县档案馆：全宗号：002，目录号：10，案卷号：234，《四川西川道道尹公署、四川巡按使公署、新津县知事公署：关于通济堰堰工规定，开口修扎处舞弊，抽收堰船筏捐的训令、呈文》，第8页。
③ 新津县档案馆：全宗号：002，目录号：10，案卷号：101，《四川省省行政公署、新津县行政公署：关于解送通济堰筒车帮费、水利知事公费、免摊羊马河工程费的训令、指令、咨文、呈文》，第22页。民国24年（1935年），四川省水利局成立，拟筹建新彭眉三县通济堰工程管理处，撤销新彭眉水利常驻委员。
④ 新津县档案馆：全宗号：002，目录号：10，案卷号：296，《四川西川道道尹公署、新彭眉水利常驻委员：关于通济堰、千工堰工程会勘及堰工事宜的训令、咨文》，第4页。

咨请贵知事，恳祈速为设法弹压，以维堰堤，而顾要政，实为公便。"①当年年底，西川道道尹的一封电稿中又提及新彭眉水利常驻委员的无奈之语："云绅民不服□案，已派代表赴省，面见省长，民意如斯，不敢过拂等语。"②

二、堰长制

通济堰在相当长的时间内并无专管机构，其日常运作主要还是靠基层的堰长制。"新津县派堰长二人，彭山八人，眉州二十人。"③堰长以下，设有堰勇、堰差若干名，专门从事看守堰堤、抽收船筏捐等职。

（一）充任资格

充当通济堰堰长，往往需要具备一定经济实力，并通过相关的充任流程。

现任堰长推荐人选。"具报状：下堰（按：通济堰新津段分上下两堰）堰长杨合六为报恳饬认事情。长充当下堰堰长迄今限满，理合报填，今选得本牌水户徐恒亮殷实老成，可以充当，不致误公，长是以报恳饬认。伏乞大老爷施行。同治五年十二月二十一日具。"知县传唤被推荐人选。"正堂翟签：仰该役前往太平乡即唤通济堰上下堰长田裕丰、杨六合（按：当系笔误）具报充当来任，张永和徐恒亮立即唤令随签赴县，以凭饬认接充。去役毋得迟延干咎，速速须签。同治五年十二月。"接任者来县报到。"具禀状：太平乡一支职员徐恒亮为认状事情。有通济堰本年堰长杨合六具报职接充来年上堰堰长在案，蒙准签唤，职理合来案具认接充，承办公事，经理堰务，不致疏虞干咎，中间不虚，具认状是实。伏乞大老爷台前施行。同治五年十二月二十一日具。"批复为"准认"④。又如："具报状：通济堰下堰堰长文学泰为报换事情。长充当通济堰下堰堰长一载已满，理应报换，长已同众粮户商议已妥，何其洪殷实老成，堪已充当，不致违误，中间不虚，具报状是实。伏乞大老爷台前施行。光绪元年十二月二十六日具。""正堂杨签：仰该役前往帅方明、文学泰报充当上下堰长之田裕如、何其洪立刻随签赴县，以凭饬认。去役毋藉签需索，滋事迟

① 新津县档案馆：全宗号：002，目录号：11，案卷号：90，《四川省长公署，新津、彭山县知事公署：关于通济堰改凸为直案及堰工事宜的训令、咨文、呈文》，第2～3页。
② 新津县档案馆：全宗号：002，目录号：11，案卷号：90，《四川省长公署，新津、彭山县知事公署：关于通济堰改凸为直案及堰工事宜的训令、咨文、呈文》，第4页。
③ 新津县档案馆：全宗号：001，目录号：1，案卷号：9，《新津、彭山、眉州正堂：为通济堰修堰及水利纠纷和堰长任免》，第45页。
④ 新津县档案馆：全宗号：001，目录号：1，案卷号：7，《四川承宣使，成绵龙茂道，新津、彭山、眉州正堂：为通济堰水利堰长报换和修筑情况规定卷》，第1～3页。

延干咎，速速须签。光绪元年十二月二十六日。""具禀状：太平乡民何其洪为认状事情。有通济堰下堰长文学泰具报长充当堰长一案，民奉签只得赴案任充，具报状是实。伏乞大老爷台前施行。光绪元年十二月二十八日具。"批复为"准认充"①。

可见，通济堰堰长任期一年，由现任堰长向知县推荐下任堰长人选，知县认可并传唤新任堰长。充任的前提条件是家境殷实，拥有一定数量的田亩，然后才是做事老成，具有一定的声望等软实力。在换届流程中，现任堰长起主导作用，按一比一的比例向知县推荐接任人选，知县只是以官方名义监督、认可之，一般不会否定上报人选。

光绪六年（1880年），出现了不愿充任堰长的情况。堰长罗崇先、张福兴分别上报水户潘霍霄和张洪有为下任堰长人选，不料后两人状告前者不顾实情，挟私报复：

> 具禀状：东太一支甲长潘怀儒为禀恳做主事情。甲田亩无多，在通济堰仅有水分六亩零，其弟兄分派，甲仅水分二亩许。……殊堰长罗崇先不查虚实，报甲为潘霍霄，充当下年堰长在案，蒙签饬认。甲思堰务甚重，岂任崇先挟私妄报，已投团保刘义昌、郑春发等说明，令甲呈明另议，免误堰功。甲为此赴案禀恳作主，伏乞大老爷台前施行。光绪六年十二月二十一日。②

> （据张其富，即张洪有供）小的□□□□□□，下堰堰长张福兴具报小的接充堰长一案，蒙恩签饬。但小的水亩不多，挨轮报换，不该小的充当，终来案供明，今蒙吩谕。通济堰向系报一不能报二，应否小的充当，着回家向本支团保刘义昌查实禀覆接充，小的遵谕就是。十二月二十一日供。③

文童张明远为父亲张洪有申诉："有通济堰堰长张福兴与童为上年放水口角有嫌，妄报童父张洪有为下堰堰长，何敢□恩，但童亩少粮微，力难承认，况下堰旧规东沟应报西沟水户，不得仍报东沟，乃伊与童均系东沟，伊何得妄报，且隔年报充王国吉等曾以恳除勒报等情在案，已准赏示照旧来年公举报

---

① 新津县档案馆：全宗号：001，目录号：1，案卷号：9，《新津、彭山、眉州正堂：为通济堰修堰及水利纠纷和堰长任免》，第1~4页。

② 新津县档案馆：全宗号：001，目录号：1，案卷号：12，《县正堂：新彭眉三县为会勘通济堰工、制止不按规修筑及县属堰长的任免》，第3页。

③ 新津县档案馆：全宗号：001，目录号：1，案卷号：12，《县正堂：新彭眉三县为会勘通济堰工、制止不按规修筑及县属堰长的任免》，第5页。

换，殊伊不遵批示，任意挟嫌妄报，致使童遭隔年闰充之咎，童为此声恳作主，伏乞大老爷台前施行。光绪六年十二月二十二日。"知县批复是："该处堰长究应如何报充方昭公允，仰太一支各团保在于公所集众妥议，具覆核夺。"①

事情一直悬而未决，直至翌年三月，罗崇先、张福兴再次恳请知县饬令潘怀儒、张洪有接充堰长职："长等经理堰功，将届告竣，无人承认堰长之责，况年限已逾，长等协同团保刘义昌、张廷亨、罗润堂等于今十一日公议，仍选潘怀儒、张洪有接充，不致疏忽，业已数日，伊等违抗不认。长等是以禀恳祈赏签饬认充，以专责成，而免误公，伏乞大老爷台前施行。光绪七年三月十九日。"知县再次表示应由民众集议定夺何人接任："前据张明远及该堰长罗崇先前后具恳到县，别批饬太一支各团保集众妥议，迄今未见议覆，殊属疲延，仰即传谕各团保迅遵前批，在于公所集众议定应令何人接充，联名据实回复，以凭核示，毋再玩延。"②十天后，各团保回禀众议结果，"今三月十一日，保等协同大团保刘义昌等在邓公场公所集议，仍选得潘怀儒、张洪有二人均系殷实水户，堪以承充堰长之责，不致违虞公事。保等是以遵批议举缘由，不敢隐匿，只得禀覆"。据此，知县的裁定是"据集众议定，仰即传谕潘怀儒、张洪有作速赴县认充，不准推诿"③。此后，潘怀儒、张洪有仍再三申诉，但均被驳回，直至九月初两人才不得不接任堰长一职。

此次接任纠纷，前后僵持了九个多月，一方面，作为当事人的水户，为回避充任堰长职，不惜再三申诉，拖延时间；另一方面，扮演着仲裁者角色的知县，行政效率低下、权威弱化，尽管几经波折，其裁定结果终被执行，但其最终裁定的依据是"众议结果"。

至民国，不愿充任堰长的情形愈加明显。民国6年（1917年），何嘉和上报刘汝滨接充上堰堰长，刘以自己已经身兼数职为由请辞。④而当年下堰堰长的出炉更有意思："具禀状：通济下堰经首杨东淮、魏泽楷为恳赏札委以重堰务事缘。通济下堰堰长一年一换。注案：每年于阴历六月二十四日在文昌宫齐集，各□经首凭神拈换，永远遵守。首等于二十四日集众经首……拈换堰长，

---

① 新津县档案馆：全宗号：001，目录号：1，案卷号：12，《县正堂：新彭眉三县为会勘通济堰工、制止不按规修筑及县属堰长的任免》，第6页。

② 新津县档案馆：全宗号：001，目录号：1，案卷号：12，《县正堂：新彭眉三县为会勘通济堰工、制止不按规修筑及县属堰长的任免》，第8页。

③ 新津县档案馆：全宗号：001，目录号：1，案卷号：12，《县正堂：新彭眉三县为会勘通济堰工、制止不按规修筑及县属堰长的任免》，第9~10页。

④ 新津县档案馆：全宗号：002，目录号：11，案卷号：40，《新津县、彭山县、眉山县知事公署、水利常驻委员会：关于通济堰堰工事宜的训令、呈文》，第23~24页。

适张泽敷拈得民国六年堰长，均无异说，修堰用费，首等照案支给。因此来辕恳赏札委张泽敷为民国六年通济下堰堰长，以重堰务，伏乞知事先生公鉴。民国六年八月十二日。"知事批复："如恳，饬委以专责成。"①这种拼运气的充任方式，未见源于何时，但究其原因，大概是不得已的无奈之举。

这种情况的出现，其实很大程度上与通济堰水亩收费不敷有关。因为水亩钱"由官饬役随各堰长分开征收，以资修理。惟堰长岁更，不能遍识本段水户……故每岁水亩钱恒为堰役私收，堰长则赔累不堪，多数破产"②。光绪十一年（1885 年）的一次充任纠纷明白无误地道出了充当堰长的负担之重。"具禀状：东太一支甲长帅应乾为不查妄报，恳饬另报事情。同治八年，长胞兄帅春发朋充通济堰堰长在案，赏示不虚，今张洪玉不查妄报长充当，况长与伯未分家，时承充此项，因水亩之钱措收艰难，累债甚多，又将田业出售二十余亩与钟义和，兹长仅有水四亩零，现充甲长，公事浩繁，又在练丁，何能接充此任？况载水亩二三十亩及十余亩未充过者甚多，伊不选报，独报已充之家复充，实系苦乐不均。长只得据实禀明，饬伊另报，伏乞大老爷台前施行。光绪十一年八月十三日。"知县令团保等查明覆夺，团保查覆："具禀状：东太一支支保文学和，团保王国吉、张廷亨为遵批禀覆事情。有通济堰下堰役满堰长张洪玉具报帅应乾接充堰长在案，讵应乾以不查妄报呈恳，蒙批所禀是否属实，应否另报，仰该团保等查明覆夺。保等遵批，查应乾同治八年使帅春发水名充过，有案可稽，况应乾现今甲长，水亩无多，不能垫贴，保等遵查缘由，不敢隐匿，只得据实禀覆，伏乞大老爷台前施行。光绪十一年八月二十二日。"③明确表示水亩钱征收艰难，堰长累债甚多，甚至要出售自己的田产，水亩少无法垫贴等。可见，在征收不齐的情况下堰长往往需要自己垫付，因垫累过重，故无人肯当。

（二）职责范围

堰长最主要的职责就是承担岁修各项事宜。通济堰岁修，由各堰长统筹，招工搭棚修淘，同治六年（1867 年），新津知县晓谕："尔堰长、夫头务须一

---

① 新津县档案馆：全宗号：002，目录号：11，案卷号：40，《新津县、彭山县、眉山县知事公署，水利常驻委员会：关于通济堰堰工事宜的训令、呈文》，第 27 页。

② ［清］刘锡纯纂：《重修彭山县志》卷三《食货篇·水利》，据民国 33 年（1944 年）铅印本影印，《中国地方志集成·四川府县志辑》第 40 册，巴蜀书社，1992 年版，第 62 页。

③ 新津县档案馆：全宗号：001，目录号：1，案卷号：18，《新彭眉三县知县：为通济堰筒车筒口纠纷及堰长任免》，第 5～6 页。

体遵照旧规，修淘堰沟，并将应用竹篓编制齐全，加用稻草簟笆，挨次砌塞坚固，以免河水渗漏，切毋偷减草率。"① 岁修完毕后，堰长需上报知县，如："长等充当堰长，应办堰堤，于去岁十月开工，至本年三月完工，毫无违误，堰上笆篓俱业已做好。"② 如果遇到洪水冲垮堰堤，也由堰长组织修缮。光绪十一年（1885 年），堰差禀明洪水毁堰堤事宜，新津知县分别牒移眉彭知县，"希即饬令该堰长等，将冲塌堰堤迅速培修"③。

通济堰的水亩收费，也由堰长征收。"水亩钱，通由新彭堰长经收支用，此旧制也。"④钦命四川等处承宣布政使司的一则批文中提到，议派堰工银米"仰即转饬堰长查照核定之数催收，务期实收实用"⑤。档案中也常见堰长禀恳示谕饬令各水户按时交纳堰银堰米的记载。

此外，每年岁修完毕，照例堰长还需在二郎庙敬神演戏祭堰。同治七年（1868 年），堰差伍高等恳请新津知县移之彭眉并饬令各堰长按例敬神演戏。"具禀状：眉彭新三属堰差为禀请移知事情。通济堰历来做堰工毕，四月初旬，三属堰长在二郎庙敬神演戏，有案可查。今四月堰工完竣，堰长等并不敬神演戏祭堰，以致河水欠缺。役等不敢隐瞒，只得禀请赐问移知眉彭两主，饬各堰长来二郎庙祭堰演戏，以免坏规，伏乞大老爷台前施行。同治七年四月二十八日具。"⑥得以批准，饬令照例敬神演戏。

三、经费来源

通济堰的岁修经费、日常修缮开支、专管人员薪俸，主要来源于官拨经费、堰田租银和水亩收费等。

---

① 新津县档案馆：全宗号：001，目录号：1，案卷号：7，《四川承宣使，成绵龙茂道，新津、彭山、眉州正堂：为通济堰水利堰长报换和修筑情况规定卷》，第 13 页。

② 新津县档案馆：全宗号：001，目录号：1，案卷号：12，《县正堂：新彭眉三县为会勘通济堰工、制止不按规修筑及县属堰长的任免》，第 31 页。

③ 新津县档案馆：全宗号：001，目录号：1，案卷号：9，《新津、彭山、眉州正堂：为通济堰修堰及水利纠纷和堰长任免》，第 56～57 页。

④ ［清］刘锡纯纂：《重修彭山县志》卷三《食货篇·水利》，据民国 33 年（1944 年）铅印本影印，《中国地方志集成·四川府县志辑》第 40 册，巴蜀书社版，1992 年版，第 62 页。

⑤ 新津县档案馆：全宗号：001，目录号：1，案卷号：4，《四川承宣使、布政使，眉州、彭山、新津知县：关于通济堰水亩收费、堰工修筑及筒车规定卷》，第 4 页。

⑥ 新津县档案馆：全宗号：001，目录号：1，案卷号：7，《四川承宣使、布政使，眉州、彭山、新津知县：关于通济堰水亩收费、堰工修筑及筒车规定卷》，第 46 页。

（一）官拨经费

雍正十一年（1733 年），黄廷桂主持修复通济堰后，奏请得每年官拨岁修费银五十二两。"雍正间初，经重修以后，即例定每年修理由新、彭两县在水利同知衙门请领银五十二两零，拨分两县堰长承修。"①同治八年（1869 年），彭山移文新津知县，会同赴成都水利府请领修通济堰工料银两，但具体领取多少，未有说明。②

民国 4 年（1915 年），新彭眉水利常驻委员黄奠勋从西川道道尹公署"借款五百千文以作淘修通济堰经费，应准借支"，公署要求黄奠勋"会商三县知事，迅筹款项，解缴来署，以重公款为要"。③次年，新彭眉水利常驻委员宋学夔请求拨款时，西川道尹拒绝并要求归还上年借款，"查通济堰淘修费用照案应由新彭眉三县集绅筹款办理，去年借领钱伍百千，本属暂时通融……迄今日久，借款未据筹解。本年大修都江堰款尚无着，兹据详请借款伍百元碍难照准。仰即会同三县集绅妥为筹款，办理淘河；一面速将去年借领钱伍百千设法筹解来道，以便归款"④（引文里的"五百千文""伍百千""伍百元"为档案原文的用法。"千文"是铜钱的单位，也可称为"千"；"元"是银元的意思）。民国 6 年（1917 年），宋学夔再次恳请拨款疏浚河道，但再次被拒，奉省长指令的会议决定"现值公帑奇绌，殊难照拨"，令"就地筹集或即按粮附加，以资办理"。⑤

（二）堰田租银

据《重修彭山县志》记载："白鸡河地亩自买入以后，即分佃与罗、谭等

---

① ［清］刘锡纯纂：《重修彭山县志》卷三《食货篇·水利》，据民国 33 年（1944 年）铅印本影印，《中国地方志集成·四川府县志辑》第 40 册，巴蜀书社，1992 年版，第 62 页。据《四川省水利志》记载，清康熙八年（1669 年），四川设松茂成绵道，兼管省内水利行政；雍正六年（1728 年），设成都水利同知，属松茂成绵道；雍正十二年（1734），水利同知府移驻灌县，办理堰务。（四川省水利水电厅编：《四川省水利志》第四卷《水政篇》，四川省水利水电厅，1989 年，第 4 页。）

② 新津县档案馆：全宗号：001，目录号：1，案卷号：7，《四川承宣使，成绵龙茂道，新津、彭山、眉州正堂：为通济堰水利堰长报换和修筑情况规定卷》，第 71 页。

③ 新津县档案馆：全宗号：002，目录号：10，案卷号：295，《新津县知事公署、新彭眉水利委员会：关于通济堰常驻水利委员任命、收解堰费、筒车帮费的训令、呈文》，第 24 页。

④ 新津县档案馆：全宗号：002，目录号：10，案卷号：295，《新津县知事公署、新彭眉水利委员会：关于通济堰常驻水利委员任命、收解堰费、筒车帮费的训令、呈文》，第 11~13 页。

⑤ 新津县档案馆：全宗号：002，目录号：11，案卷号：40，《新津县、彭山县、眉山县知事公署，水利常驻委员会：关于通济堰堰工事宜的训令、呈文》，第 48~50 页。

姓耕种，每年但由二王庙僧经理收取干租，并无压钱。嗣因地被水冲，即停止收租，后又逐渐淤积，仍由罗、谭等家垦种。民国十年，二王庙僧本华商明三属堰务首人，拟各与原佃升租，罗、谭等先则不允，后则竟称系祖业遗留。本华乃诉经新津县传讯，并丈明罗余氏等佃种之田七十余亩、谭德沛等佃种之田三十七亩零，并经讯实两姓所种之田，悉属通济堰产。判由通济堰认给罗余氏开垦费钱二百钏，谭德沛钱一百钏，均改作压钱。各向通济堰另约承佃，每年罗余氏称租钱四十钏，谭德沛称租钱二十钏。……谭德沛狡悍，判决以后转将此业分佃数姓，重取压钱，以为骗赖地步，因是又纠纷年余。至民国十三年，始将各佃押金由通济堰各予折认六成，始将全业接收。注案：新津县，每亩岁各称租钱四千文。"至此，在新津县境内，通济堰共计"成熟田地一百零二亩五分二厘四毫三丝，基地三亩八分八厘五毫。合安压租银二百七十两，压租钱二百六十三千，共收称租钱一百五十八千八百二十文"①。民国 5 年（1916年），堰长何嘉和从前任廖承周处接管堰务事宜，向县知事禀明接收置买堰田红契八张、佃户四十家、压租钱二百四十九千文、租谷七十二石五斗五升、租钱一千文。②故实际上民国 10 年（1921 年）以前，通济堰堰田已收押租，不过，堰田租银和官拨经费一样，都只是很小一部分收入，但在经费拮据的年代，也算聊胜于无。民国 6 年（1917 年），何嘉和禀报因物价上涨，经费入不敷出，需要变卖剩谷十九石，以资接济。③当时通济堰经费的紧张程度可见一斑。

（三）水亩收费

乾隆年间大修通济堰后，彭山知县张凤翯在《详议善后事宜》中建议根据水源先后、灌溉早迟、筒口高下、得水远近，把通济堰灌区分为上、中、下三则，每则制定不同的收费标准。即所谓"每岁修护工费，宜分别有则也。查通济堰由新津历彭山达眉州，则水源有先后之不同，灌溉有迟早之迥异，应分别筒口情形之高下，得水地处之远近，酌定数目，共济其事。自新津起至彭山土堰止，向系旧有水利，应列为上则；又自彭山会中筒及西支堰至文殊堰交眉州

① ［清］刘锡纯纂：《重修彭山县志》卷三《食货篇·水利》，据民国 33 年（1944 年）铅印本影印，《中国地方志集成·四川府县志辑》第 40 册，巴蜀书社，1992 年版，第 58~59 页。
② 新津县档案馆：全宗号：002，目录：10，案卷号：295，《新津县知事公署、新彭眉水利委员会：关于通济堰常驻水利委员任命、收解堰费、筒车帮费的训令、呈文》，第 15 页。
③ 新津县档案馆：全宗号：002，目录：10，案卷号：295，《新津县知事公署、新彭眉水利委员会：关于通济堰常驻水利委员任命、收解堰费、筒车帮费的训令、呈文》，第 14 页。

界止,应列为中则;又自向家筒至白鹤湃、金竹湃,列为下则。如遇大修,上则每亩应派银二分五厘,中则每亩应派银二分,下则每亩应派银一分五厘;岁修,上则每亩派银一分五厘,中则每亩派银一分,下则每亩银派五厘。其筒车、牛车均系高田,应查明照下则派办;或有新开旱地改为水田,随时报明,核实加派,隐匿田亩者罚做"①。订立了按亩分则征收水费的办法。

这种按亩分则征收的水费,即"水亩钱","由新彭堰长经收支用"②,然而,水户每每隐瞒水亩,拖欠水费。档案中常见堰长恳请官方晓谕百姓按时交纳堰银堰米。光绪二年(1876年),堰长田裕如、何其洪上报"堰堤修理过半,各水户堰钱堰米每多估抗推延,为此禀恳示谕催收";光绪十年(1874年),堰长赵子忠、张洪玉上报"堰堤修理过半,各水户堰钱堰米每多估抗推延,为此禀恳示谕催收"③。类似的恳请大概是经常之事,连表述都如出一辙。为此,光绪二十一年(1895年),彭山知县康寿桐组织全面调查全堰水亩,查得水亩"上堰载水亩一万一千四百五十七亩六分九厘二毫,中堰载水亩一万一千五百三十二亩四分零一毫,下堰载水亩七千九百七十三亩六分七厘五毫,西支堰载水亩五千七百七十四亩九分四厘一毫。四堰共载水亩三万六千七百三十八亩七分零九毫"④。同时,康寿桐还制定了按三期计收水费的办法:"自估工后开局日至年底为第一期,每亩照派定原数征纳;自来年首至封工为第二期,照派定原数加二十文或三十文征纳;自封工后至八月底为第三期,又加二十文或三十文。过此未完,则由役抬垫清扫。"⑤这种分期加征的办法,类似收取"滞纳金",具体效果如何,从《重修彭山县志》载《光绪二十九年至民国十二年通济堰收支一览》来看,大体上,清末时通济堰每年可收钱七千千文("千文"是铜钱的单位,也有称"千"的)左右,民初逐年增加,水亩钱明显占通济堰收入的绝大部分。但就收支平衡来说,大体清末盈亏之后尚有所结余,而

① [清]涂长发修,王昌年纂:《眉州属志》卷八《水利志·堰渠》,据清嘉庆五年(1800年)刻本影印,《中国地方志集成·四川府县志辑》第39册,巴蜀书社,1992年版,第123页。
② [清]刘锡纯纂:《重修彭山县志》卷三《食货篇·水利》,据民国33年(1944年)铅印本影印,《中国地方志集成·四川府县志辑》第40册,巴蜀书社,1992年版,第62页。
③ 新津县档案馆:全宗号:001,目录号:1,案卷号:9,《新津、彭山、眉州正堂:为通济堰修堰及水利纠纷和堰长任免》,第15、47页。
④ [清]刘锡纯纂:《重修彭山县志》卷三《食货篇·水利》,据民国33年(1944年)铅印本影印,《中国地方志集成·四川府县志辑》第40册,巴蜀书社,1992年版,第60~61页。
⑤ [清]刘锡纯纂:《重修彭山县志》卷三《食货篇·水利》,据民国33年(1944年)铅印本影印,《中国地方志集成·四川府县志辑》第40册,巴蜀书社,1992年版,第62页。

民初则以亏损为主。①可见，通济堰的主要收入来源是水亩收费，有所谓"通济堰民捐民修"②，水亩钱的征收方案由官方指定，但具体的征收工作皆由堰长承担，并直接由堰长用于修缮维护通济堰事宜。

船筏捐也是通济堰比较重要的收入之一，下文将专辟一节讨论。此外，同治七年（1868 年），修筑二王庙时结余有银五十两，存在当铺，所得月息用作二王庙的烛火钱。但民国以后，不仅官拨经费得不到落实，甚至连这一点本属通济堰的经费也被挪作他用："前清同治七年，贵县陆前任监修落成，节存银五十两，发商通顺当铺生息，月息五钱，饬由该庙住持按月领作灯油之用，历办无异，卷可覆查。民国以来，此款为贵前任周开办警察经费不足，全数提借，而该庙神灯因兹旷废……"至民国 5 年（1916 年），有商人允诺"将该庙原存本银伍拾两设法如数拨还，襄兹善举"。③

国内外从事水利史研究的学者们，总是试图将水利问题与中国的政治、经济、社会文化的发展联系起来，或沿用西方的某些理论体系，或探究本土化的解释模式。"国家与社会"的研究范式在社会史领域得到广泛运用，在区域水利社会史研究中，学者们也越来越重视国家和社会在水利事务中所扮演的角色，探讨国家对水利事业的介入。

部分学者提出了清及清以前的历代王朝后期水利事业"民间化"的阐释体系，认为在各王朝后期，主要是清王朝后期，水利兴修的主体、资金来源、管理体制等方面均呈现出官办水利民间化的趋势。郑振满较早地提出了这一研究理路。他认为由于地方官府财政紧张，"官办"有逐渐向"民办"过渡的趋势，说明了明清时期政府的作用在不断削弱，而乡族组织的势力却不断壮大。④ 张建民的研究也证实了清代两湖地方水利兴修过程中民间力量的加强。⑤钞晓鸿认为清代以来，汉中地区民办水利勃兴，官办水利日益具有民间化趋势，官府

---

① ［清］刘锡纯纂：《重修彭山县志》卷三《食货篇·水利》，据民国 33 年（1944 年）铅印本影印，《中国地方志集成·四川府县志辑》第 40 册，巴蜀书社，1992 年版，第 60~61 页。
② 新津县档案馆：全宗号：001，目录号：1，案卷号：9，《新津、彭山、眉州正堂：为通济堰修堰及水利纠纷和堰长任免》，第 45 页。
③ 新津县档案馆：全宗号：002，目录号：10，案卷号：295，《新津县知事公署、新彭眉水利委员会：关于通济堰常驻水利委员任命、收解堰费、筒车帮费的训令、呈文》，第 19~21 页。
④ 郑振满：《明清福建沿海农田水利制度与乡族组织》，载《中国社会经济史研究》，1987 年第 4 期，第 38~45 页。
⑤ 张建民：《试论中国传统社会晚期的农田水利建设——以长江流域为中心》，载《中国农史》，1994 年第 2 期，第 43~54 页；《清代两湖堤垸水利经营研究》，载《中国经济史研究》，1990 年第 4 期，第 68~84 页。

对水利社会的控制更为间接。①佳宏伟认为清代财政赋役制度的变革，使得地方政府的支配力量日益削弱，导致了清代汉中府堰渠水利兴修中民间力量逐渐占据主导地位。②可见，明清以来地方水利兴修的民间化已成为不少研究者认同的观点。不过，也有对此提出异议的学者，鲁西奇、林昌丈在考察汉中地区堰渠水利和列举其他地区水利事业的基础上，提出"在同一时期，民间力量在水利事务中的作用的确表现出逐步加强的趋势，但看不出官府（国家）的影响有一个与此相应的、逐步衰退的过程"；历代王朝国家从未试图全面干预水利事务，并不存在国家主导水利事务的阶段，也就无所谓"民间化"的说法。③这样的质疑颇有参考价值。但其实每位学者的结论都是基于特定的研究区域或范围，不可能存在放之四海而皆准的解释体系，而相互间的批判正是对某一理论的修正和完善。

通济堰灌区所展现的国家对水利事业的介入情况，也稍与历代王朝后期水利事业"民间化"的阐释体系有所出入。通济堰从创建之初直至清末，相关水政事宜均由州官兼理，而恰恰是晚清时期，出现了半官方性质的专管机构堰工局，这在一定程度上反映出官方加强了对水利事务的管理。至少，这样的事实表面上并不支持国家逐步退出对水利事务的介入与干预的观点。另外，历来通济堰大修由官方主持，但因并未设有专管机构，其日常的维护工作应当还是靠民间力量来完成的。所以，民间力量一直存在，无所谓"民间化"，只是民间力量可能有相对加强的趋势。

从长时段的观察来看，通济堰水政事宜从州官兼理到民初设新彭眉水利常驻委员专管，表现出来的是国家企图加强对地方水利事务的控制，这是国家对是否介入水利事业的一种意愿。至于这种意愿在何种程度上发生作用，则是另外一回事。堰工局虽为官方设立，但充当局董、副董者，均系地方股实水户，档案中也少有堰工局的相关记载；堰长的报换需得到官方认可，但也仅仅是走个流程；在堰长充任纠纷中，作为仲裁者的知县显得效率低下，权威不足。民国政府积极介入地方社会的管理，派新彭眉水利常驻委员专管通济堰事宜，但这一职位责重权轻，每多掣肘；在岁修经费的拨发过程中，民国政府更是捉襟见肘，甚至出现了挪用通济堰存银本息的情况。总的来说，国家企图介入水利

① 钞晓鸿：《清代汉水上游的水资源环境与社会变迁》，《清史研究》，2005年第2期，第1~20页。
② 佳宏伟：《水资源环境变迁与乡村社会控制——以清代汉中府的堰渠水利为中心》，载《史学月刊》，2005年第4期，第14~21页，第32页。
③ 鲁西奇、林昌丈：《汉中三堰——明清时期汉中地区的堰渠水利与社会变迁》，中华书局，2011年版，第170~174页。

事务，干预社会生活，只是其意愿，但在实际操作中被大打折扣，并没有发生多大作用。历史由晚清进入民国，这样的事与愿违也愈加明显，而这反过来又可能刺激国家加强干预水利事业的企图。

第二节　通济堰的堰规与违规处理

通济堰在两千多年的发展过程中，积累了相当丰富的工程管理经验，也在此基础上形成了各类堰规。本节将围绕通济堰的堰规及违规处理办法展开，通过对岁修准则、水缺通航规定及违规处理的描述，展现官方法令与民间惯例之间的博弈，以进一步揭示国家权力在地方上的实际效用。

一、　岁修准则及违规处理

（一）准则规定

每年的岁修是通济堰赖以维持的基本条件，因此，在通济堰的诸多堰规中，最重要的也莫过于岁修准则及围绕岁修的相关准则。首先是岁修时序制度。通济堰岁修有相应的时间安排，一般来说，每年农历九月中旬至下旬由三县知县会同查勘堰渠，估计工程量，十月初开工，第二年清明前必须竣工，不得随意更改。光绪二年（1876年），新彭两县的堰长在状告眉州堰长拖延开工日期时，提到"今九月十七日，蒙三属恩廉赴堰估工，当即三属堰长、总催人等，公同商议，定期于十月十五日搭棚，十六日开工出篓"[1]。光绪七年（1881年），眉州知州移知新彭知县，"敝州定期于九月二十六日束装前往堰所，即于二十七日勘丈堰堤水缺，估计各项工程，以及提筒湃口……移贵县，烦为查照来移事理，届希即前诣堰所，会同勘丈，以便兴工"[2]。

具体的岁修事宜，由各堰长统筹，招工搭棚修淘。《重修彭山县志》记载："每岁修理……新垒石之篓，分水之缓急定砌篓之长短，篓长五尺为一托，最长之篓为六托，体长三丈，篾宽三指，眼大一拳，中空一拐，桩石饱满篓头，再为篓帽包之，中藉稻草，砌石一笆三簋，层累而上，高至水则五字六为止。

---

① 新津县档案馆：全宗号：001，目录号：1，案卷号：9，《新津、彭山、眉州正堂：为通济堰修堰及水利纠纷和堰长任免》，第8页。
② 新津县档案馆：全宗号：001，目录号：1，案卷号：12，《县正堂：新彭眉三县为会勘通济堰工、制止不按规筑及县属堰长的任免》，第20页。

至疏浚沟流，则自二王庙前水则起，至李子沟止，其深浅一以红砂地浮板及磨磐鱼儿等石下五寸为度，所谓堰齐五字，滩见石鱼者是也。"① 同治六年（1867 年），"成都府新津县正堂陆，为晓谕事：照得通济大堰灌溉新彭眉三属粮田七万余亩，工程浩大，关系匪轻，案查向来通身堰堤，惟南河中漕水势汹涌，更属紧要，应用水篓六托，白夹盖篓十二托，篾宽三指，眼宽四寸，中空一尺，毋许搀用慈竹，没篓稻草三把，一笆三簹；至修淘堰沟，或二三尺深浅不等，总须挖至老底，一律疏通，上以余波桥海底石板为凭，下以瑞林寺沟底过江石鱼为则，总以一律培修妥善，免误水利"②。均对拦河坝竹篓制式、淘淤深度作出了明确的规定。

每年岁修完毕，由三属知县查勘验收。光绪八年（1882 年），岁修结束后，堰长禀报："长等充当堰长，应办堰堤，于去岁十月开工，至本年三月完工，毫无违误，堰上笆篓俱业已做好。"知县批复："前已会同眉州、彭山县亲勘矣。"③

"同治十二年，候补道謇闻会定章程，其第十六条云：一堰埂（这里原始资料用此字）宜禁止践踏也。堰堤做起盖篓，上做路篓一条，以便夫棚各项匠役往来，不致践毁篾片，俟堰工告竣，夫棚尽撤，则禁止行人，以免践踏。"④为此，每年修淘完毕，还需要安排堰差、堰勇看守堰堤，以防止偷窃堰篓、践踏堰堤等破坏行为的发生。

（二）违规处理

通济堰有着完整的岁修制度，而制度的存在也正是约束行为的需要，因为通济堰岁修过程中的违规现象屡见不鲜。

首先是偷工减料。偷工减料的表现往往是不按照旧有规定修堰。"乃近年以来，三属堰长、夫头人等，只图收资入己，并不查照旧例兴修，一切工料，概行偷减，以致有碍粮田，水户等屡次兴讼。更有附近居民，乘间在于堰所行窃篓筏，种种弊端，实属可恨。现在动工之际，诚恐仍蹈前辙，除饬书役密行

① ［清］刘锡纯纂：《重修彭山县志》卷三《食货篇·水利》，据民国 33 年（1944 年）铅印本影印，《中国地方志集成·四川府县志辑》第 40 册，巴蜀书社，1992 年版，第 57 页。
② 新津县档案馆：全宗号：001，目录号：1，案卷号：7，《四川承宣使，成绵龙茂道，新津、彭山、眉州正堂：为通济堰水利堰长报换和修筑情况规定卷》，第 13 页。
③ 新津县档案馆：全宗号：001，目录号：1，案卷号：12，《县正堂：新彭眉三县为会勘通济堰工、制止不按规修筑及县属堰长的任免》，第 31 页。
④ ［清］刘锡纯纂：《重修彭山县志》卷三《食货篇·水利》，据民国 33 年（1944 年）铅印本影印，《中国地方志集成·四川府县志辑》第 40 册，巴蜀书社，1992 年版，第 59 页。

查禁外，合行示谕，为此示，仰通济堰三属堰长及夫头、居民人等知悉。自示之后，尔堰长、夫头务须一体遵照旧规，修淘堰沟，并将应用竹篓编制齐全，加用稻草簟笆，挨次砌塞坚固，以免河水渗漏，切毋偷减草率；其附近居民，亦不得仍前在堰行窃滋扰，倘敢不遵，许该书役等指名具禀，以凭拘案，重惩不贷，各宜禀遵。（下缺）……同治六年十月二十七日。"[1] 光绪六年（1880年），几乎一模一样的示谕再次告诫民众，务必按照惯例修堰。[2] 光绪四年（1878年），新彭堰长状告眉山堰长不照旧规办理堰务。"具禀状：太一支通济堰堰长袁贤生、徐洪模为恃横坏规禀恳作主事情。长等系新邑堰长，与眉彭堰长照旧规同办堰务，不敢减料，殊有眉州王堰长棚内何篓夫希图减料，不照旧规篓样，每竹篓一根，约短二尺有余，篓眼又稀。长等见知，向斥非是，不惟不服，反横言估抗，言长等不该管伊之事。长现有伊减料篓据可验，长等恐有违误，只得禀明，伏乞大老爷台前施行。光绪四年十一月十三日。"知县相当重视，批示："修理堰工有关农田水利，编造堰篓必须工坚料实，方能以资灌溉而免遗误。据禀眉州王堰长棚内何篓夫不照旧规，如系篓夫偷减，王堰长岂能包容。但堰工不照旧规，殊非善计，且恐殃及邻封，候据禀牒知眉州查办，可也。"并牒知眉州知州。[3] 几天后，袁贤生、徐洪模再次状告眉州王堰长等，不遵旧规换底篓三层，只换两层。与此同时，通济堰水户也状告眉州堰长，"殊眉州王堰长等受脚行之贿，图搕来往船只，先封河缺，使沟底不干，其于二王庙一带沙石难淘，概不理。开春来水不进沟，有误三属。户等不敢坐视，只得恳王堰长等来案，祈饬照旧开缺淘修，免误农田，三属均沾，伏乞大老爷台前施行。光绪四年十一月二十日。"[4]

偷工减料的行为出现后往往会发生互相推脱、推卸责任的情况。光绪七年（1881年），新津与彭山起争执，"通济堰堰长张洪有、潘怀儒为减料坏规禀恳移知事情。今十二日长等同彭山堰长等业已开工扎堰，殊有彭山堰长串弊码头颜大兴、徐志太、梁成斌等不照旧规做堰，擅改章程，偷工减料，篓窄眼宽，

---

[1] 新津县档案馆：全宗号：001，目录号：1，案卷号：7，《四川承宣使，成绵龙茂道，新津、彭山、眉州正堂：为通济堰水利堰长报换和修筑情况规定卷》，第13页。

[2] 新津县档案馆：全宗号：001，目录号：1，案卷号：10，《新津县正堂：张锦云告教谕卫承诰灵柩违例入城，陈柄贤告胡东衲贱贾塌买房子，刘崇阳具报罗康宁充当堰长案，示谕立兴文社案，通济堰工修筑情况》，第40页。

[3] 新津县档案馆：全宗号：001，目录号：1，案卷号：9，《新津、彭山、眉州正堂：为通济堰修堰及水利纠纷和堰长任免》，第66~68页。

[4] 新津县档案馆：全宗号：001，目录号：1，案卷号：9，《新津、彭山、眉州正堂：为通济堰修堰及水利纠纷和堰长任免》，第69页。

堰不坚固，将来有坏三属农田，长等若不禀明，恐祸贻匪轻。长等只得禀恳作主，移知彭山照旧饬修，伏乞大老爷台前施行。光绪七年十月十七日。"新津县知县备文移知彭山县，严饬该县堰长等照章办理，不准偷减，以期坚固。但彭山的回复是："据敝县通济堰堰长崇兴、杨文宗、李春荣、廖世倬、毛光灿、张玉忠、季光廷禀称情，身等充当现年通济堰堰长，沐恩吩谕堰工依照上年章程，着彭眉新三县堰长互相经理收篓，恩谕何等严密，身等焉敢偷减。窃新津堰长等居心草率，于出篓时经彭邑催差余顺斥伊等减料等语，十月十六日杨文宗经理收篓，收得新津张堰长之篓，篓短二尺余，篾窄眼大，当将提出，其篓现存棚内，可勘。伊等自识情虚，先将身等蒙并新津搪塞，移文来县，身等始知反架以身等偷工减料。是以据请叩恩仁天赏差勘查，若身等果有偷减情形，自甘坐罪，伏乞，等情，据此，除禀批示并饬该堰长等务各遵照旧章妥为办理，不得互相攻讦，贻误工程，致干重咎外，拟合备文移知，为此合移贵县，请烦查照，须至移者，右移新津县正堂。光绪七年十一月十七日移。"① 双方各执一词，理由都是对方不按旧规修堰，相互推诿，孰是孰非，不得而知。

其次是毁坏堰堤。行人践踏堰堤，民众私自偷拆堰篓的情况司空见惯。"近来积弊则不但行人往来视为过河捷径，且钓鱼搬拿无分昼夜，循环践踏，先已篾坏石散，一遇洪水泛滥，则堰堤立见冲溃，应出示禁止行人、钓鱼、搬拿，以保坚固。"② 为此，知县不得不时常贴出告示，警示民众。"县正堂陆示谕通济堰附近居民人等知悉：照得通济堰堤现在动工兴修，尔等毋得在彼闲逛骚扰，并支使妇女孩童拆毁篓筑，乘隙窃拿家具等项。倘敢不遵，许该堰长堰差等指名具禀，以凭拘案，重惩，决不宽贷，毋违牌示。一示余波桥、大渡口。同治六年十一月十七日。"③ "县正堂罗示：照得通济堰堤，岁修工程浩大，乃有无知男妇，私将篾篓拆坏，取篾以作柴薪，实于堰工有碍，合行出示严禁，尔等后宜悛改，看堰差役人等，稽查切勿稍懈，倘有拆取篾篓，禀案唤究不贷。光绪十年十月十三日。"④ 屡屡告诫，既是防患于未然，也反映了当

---

① 新津县档案馆：全宗号：001，目录号：1，案卷号：12，《县正堂：新彭眉三县为会勘通济堰工、制止不按规修筑及县属堰长的任免》，第23~25页。

② [清] 王梦庚原稿，陈霁学修，叶方模、童宗沛纂：《新津县志》卷七《城池》，据民国11年（1922年）铅印本影印，《中国地方志集成·四川府县志辑》第12册，巴蜀书社，1992年版，第586页。

③ 新津县档案馆：全宗号：001，目录号：1，案卷号：7，《四川承宣使，成绵龙茂道，新津、彭山、眉州正堂：为通济堰水利堰长报换和修筑情况规定卷》，第20页。

④ 新津县档案馆：全宗号：001，目录号：1，案卷号：9，《新津、彭山、眉州正堂：为通济堰修堰及水利纠纷和堰长任免》，第30页。

时类似毁坏情况的严重性。民国 7 年（1918 年），新彭眉水利常驻委员宋学夒咨请新津县知事派队弹压破坏堰堤者："通济堰堤埂篾篓，近有无业游民千百成群肆行拆毁，敝署巡丁过少，无力制止，相应咨请贵知事，恳祈速为设法弹压，以维堰堤，而顾要政，实为公便。"① 而毁坏堰堤，最严重的莫过于强行从堰堤拖过船筏或是私自开缺通过，下一节将专门讨论通济堰通航准则及此类违规情况。

二、通航准则及违规处理

（一）准则规定

民国元年（1912 年），委任眉州直隶州分州知事兼管新彭眉三属水利堰务的李知事，在给新津县的一份移文中指出："窃通济堰系新彭眉三州县派亩修扎，灌田不下十四五万亩之多，册注七万余亩者，双亩也。每年用费约万金，该堰埂竹篓装石，自白鸡河起，历金马河、羊马河至余波桥止，长八里许。向章去腊底开水封口后，一路河道船筏不准过堰，并沿堰堤埂所关概不准泊船起货，以及堰埂上钓鱼人、打鱼船、行路人至封工后一切禁止，防害堤埂。自唐代创修以至今日，定章森严，行之千余年无异，有碑有案。"②

通济堰每年十月开始岁修，十二月禁止各类船筏通过，也称封工；次年正月下旬准许在指定地点抬船过坝，也称抬船过堰；六月二十四日前后，可以人工开缺，船筏可由水缺上下，也称水缺通航。

对于抬船过坝，有着严格的规定："通济堰自封工之日起，无论船筏一律不准通过，惟于火烧堰处准其将船抬过，并派有人监察，亦不得任意妄抬，致伤竹篓，至中漕一段，关系尤重，无论何时何项船筏永久不得通过，载在定章，严为禁令。"③

船筏通过通济堰，还需要交纳一定的船筏捐。"县属通济堰抽收通过船筏费，系因堰堤封工之后，抬船过坝，每船缴费百文，向来民间习惯。每届阴历

---

① 新津县档案馆：全宗号：002，目录号：11，案卷号：90，《四川省长公署、新津、彭山县知事公署：关于通济堰改凸为直案及堰工事宜的训令、咨文、呈文》，第 2～3 页。

② 新津县档案馆：全宗号：002，目录号：10，案卷号：40，《四川实业部、新津县知事、眉州知事：关于裁汰通济堰陋规、移送帮车费以及处理抗缴船筏捐事件的训令、呈文、咨文》，第 19 页。

③ 新津县档案馆：全宗号：002，目录号：11，案卷号：39，《四川省长公署、新津县知事公署、新津县水利委员会：关于抽收通济堰过堰船筏捐的训令、呈文》，第 16～17 页。

六月二十四日及洪水冲缺后，往来船筏自由经过，即未抽收抬船之费。"①

（二）违规处理

抬船过坝、水缺通航，既关系到船户的直接利益，也关系到通济堰堰堤的保护，还涉及通济堰的经费来源，堰长、堰差的履职与否，其他地方势力的利益等，违规的情况也更加复杂。

最为常见的违规情况是船户私自从水缺处通过或强行由坝上拖船而过。"具禀状，通济堰看堰差伍高、陈俸、周超为带案禀究事情。役等奉示看守通济堰冲毁堰堤，以免来往船户窃放。今早有侯老板撑船一只，由堰毁处经放，役等阻止，被伊估抗反行唁骂，遂串夏头、张头，朋将役等凶詈，各走，役等将侯老板带案禀究，以儆效尤，伏乞大老爷台前施行。同治七年五月二十九日。"② 可见，对于这种情况，看守堰堤的堰差具有不小的权力，可以将违规者扭送报官。光绪十二年（1886年），六月初六河水猛涨，罗老四等撑船由堰堤横撑横运，以致船底挂坏堰堤篾篓，堰差也如数向知县禀报，得到的回复是"仰再随时巡查，如罗老四等再敢横撑挂坏堰堤，许即扭获送究"③。出于对堰堤的保护，官府往往相当重视，对情节严重者会重究不贷。

此类违规事件屡禁不止，清民易代之际更为严重。民国元年（1912年），委任眉州直隶州分州知事兼管新彭眉三属水利堰务的李知事特地移文新津县知事，请示谕民众，加以禁止。"委任眉州直隶州分州知事管理新彭眉三属水利堰务李，为移请维持以示惩儆而重堰规事。……乃今年藉改革之世，一般滥人遂欲起而乱章，从中渔利，包揽直放，始犹黑夜偷走，继更无忌白日直过，甚有纠众身带洋炮马刀闯放棚头。夫子谁敢向阻？似此，千家万户性命攸关。此风一倡，现棚内有二百余工人尚敢肆行，将来散棚，仅堰差五人看守，堰堤何能保全？虽敝分州职司堰务，徒有其责，且办公无地，若不借重天力，诸多碍难之处，为此据情备文移请贵县爱民德政溥及邻封，赏予出示禁止，深加维持，如敢违犯，获则从严惩办，俾得堰埂保全，则三属水户每饭不敢忘恩。敝分州亦与沾感焉。是为德便，须至移者。右移特任四川成都府新津县正堂陈。

---

① 新津县档案馆：全宗号：002，目录号：11，案卷号：39，《四川省长公署、新津县知事公署、新津县水利委员会：关于抽收通济堰过船筏捐的训令、呈文》，第6页。

② 新津县档案馆：全宗号：001，目录号：1，案卷号：7，《四川承宣使，成绵龙茂道，新津、彭山、眉州正堂：为通济堰水利堰长报换和修筑情况规定卷》，第66页。

③ 新津县档案馆：全宗号：001，目录号：1，案卷号：18，《新彭眉三县知县：为通济堰筒车筒口纠纷及堰长任免》，第33页。

中华民国元年三月二十九日。"① 新津县也相当配合，"合行示禁，为此示。仰一路河道船筏夫以及诸色人等一体知悉，自示之后，尔等如敢任意违犯上项情事，一经本知事拿获，定行从严惩办，决不姑宽。并着沿河周围备人，随时巡查禁阻，查拿送究。事关农田水利，勿得稍涉疏忽，致干未便，切切。特示。中华民国元年四月初八日，阴历二月二十一日。"②

民国6年（1917年），新彭眉水利委员宋学夔拿获违规过坝的船户姜兴顺，希望新津县知事能从严惩治，以儆效尤。"径启者：本日午间有船户姜兴顺装载砖瓦通过通济堰中漕，呼止不应。水浅堤高，擦声如雷，甚将该船底擦破而下，其堰堤之损坏可知。当将船户姜兴顺并船只一并拿获。查通济堰自封工之日起，无论船筏一律不准通过，惟于火烧堰处准其将船抬过，并派有人监察，亦不得任意妄抬，致伤竹篓。至中漕一段，关系尤重，无论何时何项船筏永久不得通过。载在定章，严为禁令。兹船户姜兴顺胆敢越过中漕，破坏堰埂，若不严加惩处，不足以儆效尤。兹将船户姜兴顺押送前来，祈为收禁，实为公便，相应函达贵知事请烦查照是盼。此致新津县知事杨。计送人犯姜兴顺一名。委员宋学夔。中华民国六年六月二十一日。"姜兴顺因此被处以"省笞五百，锁墩两月"的惩罚。③ 违规船户虽免于皮肉之苦，但要囚禁两个月，处罚不轻。

由于通航涉及抽收船筏捐，这就牵扯船户、堰长、堰差及其地方势力等的利益，导致经常出现违规及相互推诿的情况。虽然看守堰堤有堰差专门负责，但堰长经理堰务，需承担堰堤的修缮坚固及保护的职责，因此对破坏堰堤之事，尤其是堰差监守自盗的情况比较敏感，也急于需要撇清关系，保全自身。

光绪十年（1884年），新津、彭山两县的堰长状告眉州差役串通李良福私放船只，并且对李良福的身份表示质疑。"具禀状：通济堰堰长张洪玉、赵子忠为禀恳示禁以免贻害事情。长等充当堰长，经修堰堤，本年业经短水修沟，船筏不得运放，由堰埂捡开湃缺使水湃下，以便修淘堰沟。近有两岸上下船筏数百余只，意约晚间由湃缺估放。长等恐役等人众放船，有坏堰堤，酿出别故，贻害匪轻。况堰务重件，事关三属，长等若不禀恳示禁，将来有误农业，

---

① 新津县档案馆：全宗号：002，目录号：10，案卷号：40，《四川实业部、新津县知事、眉州知事：关于裁汰通济堰陋规、移送帮车费以及处理抗缴船捐事件的训令、呈文、咨文》，第19页。
② 新津县档案馆：全宗号：002，目录号：10，案卷号：40，《四川实业部、新津县知事、眉州知事：关于裁汰通济堰陋规、移送帮车费以及处理抗缴船捐事件的训令、呈文、咨文》，第18页。
③ 新津县档案馆：全宗号：002，目录号：11，案卷号：39，《四川省长公署、新津县知事公署、新津县水利委员会：关于抽收通济堰过堰船筏捐的训令、呈文》，第16~19页。

长等不无受累，为此禀恳示禁，伏乞大老爷台前施行。光绪十年十一月初四日。"① "具禀状：通济堰新津堰长赵子忠、张洪玉为纠串估放禀恳勘究事情。长等短水经淘堰沟，由堰埂开缺湃水，上下船筏欲由湃缺估放，长等恐坏堰堤，禀恳示禁到案，未沐批发。遭眉州差役王总催、刘正串得李良福来堰，自称李老太爷督办堰务，另开湃缺，估将船筏由中缺贿放，毁坏堰堤新篓数根，可勘。长等向阻，役等恃横不服，反将堰夫数人打落下水，幸有小船捞救，未遭毙命。况李良福不知何人，亦非堰长，且无州札，役何得把持贿放，有坏堰务。但水户人众，农田有误，长等有经理之责，只得禀恳勘究，伏乞大老爷台前施行。光绪十年十一月初七日。"② "具禀状：通济堰彭山堰长宋定邦、唐德光、卢申、李正发、周永成、李三乐、盛会堂、姚启忠为协禀勘究事情。长等充当堰长，同办三属堰务，现今湃水淘沟，兹遭眉州差役王总催、刘正希图厚利，串得李良福来堰，自称李老太爷督办堰务，另开湃缺，估放船只，毁坏堰篓数根，可勘，于中取利。长等向阻，反被役等不服，将堰夫数人打落下水，小船捞救，未遭溺毙。况眉彭新三属历来仅有堰长，并无督办，明系伊等估放图利，有坏堰规。长等有经理之责，只得协禀勘究，伏乞大老爷台前施行。光绪十年十一月初七日。"③

但李成栋（即李良福）表示自己是奉眉州知州之命来堰监工，并非自己与堰差串通图利，反而是新彭堰长想要从中渔利。"具禀状：眉州通济堰监工首事武生李成栋为霸阻纠凶禀明作主事情。生系眉州通济堰监工首事，生奉州主札谕，来堰监工，开缺放水，以便搬拿泥土做堰。生于本月初五来堰，会同三属堰长商议开缺，众堰长无人□□。生于初六日协同三属堰差何荣、刘正、王春、何正等开缺放水修做，众船筏由缺放走。生同堰差等不准勒取船筏钱文。殊有新邑张堰长、赵堰长，彭邑姚堰长等仗横霸阻，希图渔利，不许船筏放走。生斥说，讵张堰长等不依，纠同堰夫等用石块乱打凶殴，有堰差等可质。生不敢监工修做，只得禀明作主，以免霸阻酿祸受累，伏乞大老爷台前施行。光绪十年十一月初七日。"④ 三天后李成栋再次为自己申辩："具禀状：眉州通

---

① 新津县档案馆：全宗号：001，目录号：1，案卷号：9，《新津、彭山、眉州正堂：为通济堰修堰及水利纠纷和堰长任免》，第31页。
② 新津县档案馆：全宗号：001，目录号：1，案卷号：9，《新津、彭山、眉州正堂：为通济堰修堰及水利纠纷和堰长任免》，第32页。
③ 新津县档案馆：全宗号：001，目录号：1，案卷号：9，《新津、彭山、眉州正堂：为通济堰修堰及水利纠纷和堰长任免》，第33页。
④ 新津县档案馆：全宗号：001，目录号：1，案卷号：9，《新津、彭山、眉州正堂：为通济堰修堰及水利纠纷和堰长任免》，第34页。

济堰监工首事武生李成栋为查实禀明恳赏并究事情。生具禀新邑张堰长、赵堰长，彭邑姚堰长等在案，未沐批示，何渎？缘奉州主札谕，于本月初六日来堰，会同堰长无人。初七日，生同堰差何荣等开缺放水，搬拿泥土做堰，众船筏由缺放走，被新邑文生刘思元串同西支堰管事李二老司协同张堰长等霸阻取利，不许船筏放走。生当斥说，不准取钱，船筏由缺放走，约放船三四十只，遭李二老司等仗横，督同堰夫等用木条阻挡堰口，木条发开，当将捡柴男女二人打落水中，生喊船捞救，幸未淹毙。讵李二老司等不依，其支堰夫等用石块乱打行凶，生躲避邓公场，被李二老司等跰至邓公场，向生撒闹，言生私开堰缺。生当来县禀案，当时生不能尽行识认，兹生查实系刘思元、李二老司同姚堰长等霸阻取利，滋闹事情。生只得禀明作主，祈赏并究，以免霸阻酿祸，沾德，伏乞大老爷台前施行。光绪十年十一月初十日。"[1]

一旬之后，张洪玉、赵子忠再次状告堰差何荣、刘正、王春及李良福，指出其意图掩饰私开的水缺，并强调堰差仅有看守之责，不得参与修堰。"具禀状：通济堰堰长张洪玉、赵子忠为情虚串捏再恳勘究事情。长等以纠串估放具禀李良福即李成栋，沐准勘唤，何渎？缘通济堰历由堰长修理，虽派堰差，仅可看守，不能承办，今堰差何荣、刘正、王春、何正仗伊等久充堰差，希图渔利，与李成栋串弊一局，开缺放船，见长等禀案，伊等情虚畏勘获咎，复于自拆新缺，赶将去岁所存旧篓扎砌堰缺，面盖新篓，意图掩饰，反串三属堰差捏禀抗公，况旧篓扎新缺，明年水涨，难免冲毁。长等若知而不言，何以对三属水户，是以再恳勘究，以免积弊，而重堰功，伏乞大老爷台前施行。光绪十年十一月十八日。"[2]

双方各执一词，反复陈情，到底孰实孰虚，知县表示需要核实所禀是否属实，除传唤所有涉案人等到案外，又派差役前往现场查看。差役查看后回禀："工书何作轩、原差赵贵为禀明事情。通济堰堰长赵子忠等具禀王总催等纠串估放等情一案，书等奉票前往，查勘通济堰堤二王庙对处堰埂始留有缺口湃水，以便修淘堰沟，船筏经过。据赵子忠等指出南河直到堰堤，王总催等另开放船湃缺，长约一丈七尺不等，现已用篓篓扎好，下系旧篓，面盖新篓，水有渗漏，属实。惟勘时王总催、李成栋、王春等差传未到，所有奉勘情事，不敢

① 新津县档案馆：全宗号：001，目录号：1，案卷号：9，《新津、彭山、眉州正堂：为通济堰修堰及水利纠纷和堰长任免》，第36页。
② 新津县档案馆：全宗号：001，目录号：1，案卷号：9，《新津、彭山、眉州正堂：为通济堰修堰及水利纠纷和堰长任免》，第40页。

隐匿，理合禀明恩主台前施行。光绪十年十一月二十二日。"① 由此看来，大概是新彭堰长所说不假。

有意思的是，在事情僵持不下之时，新彭一方对李良福的身份展开攻击，不仅新彭堰长表示怀疑，士绅、民众也认为李是假冒身份。"具禀状：东太一支支保文学和，团保张廷亭、罗崇儒、王国吉、郑春发、田国安，文生罗炳星、刘锐，武生张成英、杨定邦，监生杨进章、刘崇和、罗锦堂，民高朝用、文自新为串冒贿拆恳移免害事情。保等均系通济堰水户，殊有眉州差王总催刘正串弊李良福来堰假冒官长，拦江设税，估将堰堤成功中处，另拆一缺，贿得钱文，截放上下船筏经运，有坏两边堰埂，害及三属农田。切正中处乃系成功，被伊等拆毁，水流漕深，难以坚固，异日必由此冲毁。保等见知，只得协恳，祈赏赐文移知眉彭，以免害农，伏乞大老爷台前施行。光绪十年十一月初八日。"②

新彭堰长更是指出通济堰历来没有派绅监工的例子，用没有先例来否定李良福身份的合法性。"具禀状：通济堰堰长张洪玉、赵子忠，彭山堰长宋定邦、唐德光、卢申、李正发、周永成、李三乐、姚启忠、盛会堂为协恳移知事。缘通济堰自道光初年，蒋都宪定案后，每年三属历来堰长征工修堰，堰差催收堰费，眉州分州督管水利，监修堰堤，案卷可查，此外何劳派绅督工？多年无异。今冬月，突来一人，自称李太爷，系眉州督工，并未通会新彭，亦未会同堰长局，串总催何云、刘正、王春等擅将中漕已固之堰堤，另挖一缺，宽一丈七尺许，深一丈五六，拦将设税，收取船筏钱文。经长等并水户等见知，各具禀在案，蒙恩批示，饬书役同长与水户等勘明不虚，实系李太爷与催差等舞弊。兹伊不惟不闭门思过，乃面眉州蒙禀，致眉州移文来县，反以长等为咎。如不禀明，将来堰务费弛，三属均受其害。为此恳移主究，均沾，伏乞大老爷台前施行。光绪十年十二月十二日。"③

事实上，且不论是否存在图利动机，李成栋（即李良福）的身份不假，在眉州知州给新津知县的一份移文中，称"据敝县通济堰监工绅首武生李成栋以

---

① 新津县档案馆：全宗号：001，目录号：1，案卷号：9，《新津、彭山、眉州正堂：为通济堰修堰及水利纠纷和堰长任免》，第41页。

② 新津县档案馆：全宗号：001，目录号：1，案卷号：9，《新津、彭山、眉州正堂：为通济堰修堰及水利纠纷和堰长任免》，第35页。

③ 新津县档案馆：全宗号：001，目录号：1，案卷号：9，《新津、彭山、眉州正堂：为通济堰修堰及水利纠纷和堰长任免》，第43页。

纠众霸阻等情来案禀称情，生奉恩札谕，在堰监工……"① 这份移文于十一月二十一日发出，十一月二十七日到新津，但档案中未见新津一方对此声明的回应。

（三）船筏捐风波

前文通济堰经费来源一节，已经提到民国时期各类经费奇绌，通济堰经费也日趋紧张。船筏捐成为开源的一个途径，官方企图增加船筏捐，但遭到船户的抵制。

民国 4 年（1915 年），新彭眉水利常驻委员请求对通济堰过堰船只每船抽收钱一百文，作为水利委员招募堰勇的经费，得到批准。"新彭眉水利常驻委员署为录批咨明事，按奉西川道批，据敝委员会同三县详请过船抽费化私益公一案，奉批。据详，通济堰过堰船筏拟请每只抽钱一百文，以作水利委员招勇办公之费，既经该知事等会同意见相同，且属化私为公，自可照准。惟既径详仰候巡按使批示遵办，并由该委员分咨新津等县知事知照此批等。因奉此，相应录批咨请查照，除分咨外，此咨新津县知事沈。委员黄奠勋。中华民国四年十二月二日。"②

次年，对于新增船筏捐的具体征收办法，三县绅民公议并请求立案。

具禀：六区团总胡念祖、杨鸿勋、吴克铨、张光炳、陈耀周、赵相琦，局士任登元、吕廷琮，绅民刘毓槃、彭志祖、何德懋、卫子玉植壁为公同议明请移立案事。缘通济堰水利委员黄招募勇丁巡查堰堤，无处筹款，会同三县详请于通济堰盘堤船只除新邑船捐而外，每只抽寄放费钱一百文，无货寄放免取，由委员设卡抽收，以资勇费。奉批。会同新津县筹议，前奉县主暨委员召集到署，协同公议，议定规则三条，详载于后，两无妨碍，可以遵行，是以禀请立案，并祈移知委员，以便永远照办。为此协禀伏祈知事先生公鉴。洪宪元年三月。

附载公议规则三条：

一、议每年由新津开办船捐起，至六月二十四日止，上下船只，每只取盘堤寄放费钱一百文，空船分文不取。六月二十四日后，堰堤未被水

---

① 新津县档案馆：全宗号：001，目录号：1，案卷号：9，《新津、彭山、眉州正堂：为通济堰修堰及水利纠纷和堰长任免》，第 42 页。

② 新津县档案馆：全宗号：002，目录号：10，案卷号：234，《四川西川道道尹公署、四川巡按使公署、新津县知事公署：关于通济堰堰工规定，开口修扎处舞弊，抽收堰船筏捐的训令、呈文》，第 44 页。

冲，由船户向委员呈请开缺，每只仍照前取费钱一百文；若遇洪水泛滥，堤埂已冲开，往来船只并不盘堤寄放，则不抽取分文，以示体恤，以符旧规。

二、议每船抽寄放费钱一百文，此次作为定案以后，永远不得加增，免其船户受累，亦不得另立名目，格外多取，致碍定章。

三、新津船捐上年办理抬船过坝，时有堰差各项人等藉盘堤损堰为名，往往索取小费，今既化私为公，每船抽钱一百，所有堰差各项人等均由委员作正开支，不得再向船局船户索取分文，致碍定案。①

由此，相较旧规，增加了寄放费一百文，延长了收取时间，如果六月二十四日以后是人工开缺而非洪水冲开堤埂，仍要抽取寄放费。对此，胡念祖、何德懋后来表示，新彭眉水利常驻委员关于抽收船筏捐事宜，已经征得上级同意，虽然"以堰在新津，应否收捐宜会同地方绅士斟酌办理"，但"沈知事召集绅等到署，谓木已成舟，碍难中止，务望设法成全"，他们也是"万不得已"。②

民国6年（1917年），彭山县呈请省长公署订立通济堰抽收过堤费的条规："彭山县知事公署为咨请核办事……窃通济堰堤长十里有奇，灌田十余万亩，岁修费万余金，丰歉之关系影响三邑。该堰每年于五六月间，往来船户及该地游民每每私挖水缺，以便行舟，或偷篾以供燃料之用，习成恶尚，防不胜防。去岁，合堰官绅再三磋议，与其明禁各船户之经过，难保不私挖水缺或私自抬船提货，踏破篾篓而不顾，不若抽收过堤费，招丁保护更为公私两便之举，禀准在案。惟规约不严，弊端渐启，去岁委员黄奠勋首夺报少，不以所收之费培补堰堤，任其损坏，以致正值需水之际而堰堤已早陷塌。会有鉴于此，特于彭邑开通济堰工联合会再三磋商，拟就规约八条，粘呈察核是否有当，理合呈请咨会新彭两县转呈省长公署批示……"初拟定的《通济堰抽收过堤费规约》涉及抽收目的、堰费用途、工作人员、负责人、惩罚措施和抬船过坝地点。③五月底，四川省长公署认为条款尚缺周全，增改为九条，拟《通济堰堤抽收船筏通过堤埂堰缺费条规》，对经费用途、过往船筏领票通过、经办人员

---

① 新津县档案馆：全宗号：002，目录号：10，案卷号：295，《新津县知事公署、新彭眉水利委员会：关于通济堰常驻水利委员任命、收解堰费、筒车帮费的训令、呈文》，第23~24页。

② 新津县档案馆：全宗号：002，目录号：11，案卷号：91，《靖国军、四川省长公署、新津县知事公署：关于通济堰纠纷案的训令、呈文》，第37~38页。

③ 新津县档案馆：全宗号：002，目录号：11，案卷号：40，《新津县、彭山县、眉山县知事公署、水利常驻委员会：关于通济堰堰工事宜的训令、呈文》，第18页。

及监督办法、计算起止日及条款生效时间作了详细的说明。关于征收时间，明确规定为，"每年收费实数及开支各项，均自堰堤封工之日开收起，至次年封工之日出，为一年度"，并未提及六月二十四日前后的区别。[①]

增加捐税，自然是船户们不愿意接受的。同年八月，新彭眉水利常驻委员咨请新津县知事迅速晓谕船户照常纳捐以维堰务事[②]，正是因为船户仍按旧规行事，并不承认新订条规。九月底，船户再次以历来的抬船过坝收费原则，请求撤销全年纳船捐的新规，但得到的答复是："查委员抽收通济堰缺船捐费，系奉省长命令，常年均收，不得以六月二十四日之后准其豁免，仰即照常完纳。"[③] 不过，船户们并未因此妥协。十月份，新津县西南两河汪洪兴等船户状告新彭眉水利常驻委员宋学夔，再次强调"新津通济堰向无堰捐，每年腊月底封缺后，所有往来船只抬船过坝，货船每只户等出钱一百文，以作起放费，由船捐处收归地方公用，空船未出"。去年绅民们是不得已才接受了黄奠勋委员提出的船筏捐新规。但是，新任水利常驻委员宋学夔"恃官为符，不遵定案，至六月二十四日后，洪水冲缺，无论货船、空船，一概勒收，图饱私囊"，并对违规的船户拘案罚办。[④] 对此，四川西川道尹公署令新津县知事查覆事实，以免有不实之处。十一月，新津县知事回禀："县属通济堰抽收通过船筏费，系因堰堤封工之后，抬船过坝，每船缴费百文，向来民间习惯，每届阴历六月二十四日及洪水冲缺后，往来船筏自由经过，即未抽收抬船之费。本年宋委员遵奉前省长饬发条规，并无时逾阴历六月二十四及洪水冲缺之后豁免之语，故该委员仍然遵规抽收，未从习惯。汪洪兴等以为往年习惯，洪水冲缺之后即不缴费，该委员饬令照缴，稍用语言恐吓，自系实情，并未拘案罚办……拘案押罚，查无实在证据。堰差搕索，亦无其事。唯船户过坝，须先拿票而后验放，争先恐后，人情之常。奸商□役，由此弊生，船户后到，急欲先行，私与堰差稍给茶资，或十文或二十文不等，即可提前验放。然此弊端亦不恒有，偶遇船多拥挤，时或有之，现经知事出示严禁，并咨请宋委员即将此役责革，

---

① 新津县档案馆：全宗号：002，目录号：11，案卷号：39，《四川省长公署、新津县知事公署、新津县水利委员会：关于抽收通济堰过堰船筏捐的训令、呈文》，第14～15页。

② 新津县档案馆：全宗号：002，目录号：11，案卷号：39，《四川省长公署、新津县知事公署、新津县水利委员会：关于抽收通济堰过堰船筏捐的训令、呈文》，第21页。

③ 新津县档案馆：全宗号：002，目录号：11，案卷号：39，《四川省长公署、新津县知事公署、新津县水利委员会：关于抽收通济堰过堰船筏捐的训令、呈文》，第23页。

④ 新津县档案馆：全宗号：002，目录号：11，案卷号：39，《四川省长公署、新津县知事公署、新津县水利委员会：关于抽收通济堰过堰船筏捐的训令、呈文》，第2～4页。

以除弊端。"[①] 十二月，四川省长公署下发指令，认为对堰差的处理毋庸置疑，但对于三属知事和黄委员订立的条规与地方习惯有无妨害，要求认真调查后回禀。新津县知事、新彭眉水利常驻委员表示"查照抽收过堤经费条规，对于地方习惯并无妨害"。并强调：为避免私自割堤，招堰勇专门查堰监修，以抽船筏过堰之费作为招募经费，但若不是全年抽收，不足以承担招勇之费。近年来军役繁兴，人民负担较前加重，能减免则理当酌免，但保护堰堤关系到三县农田水利，水利常驻委员的俸薪有限，办公经费犹患拮据，别无余款，添助招勇，故请求仍按条规全年抽取船捐，以维堰务。[②] 可见，即便官方有充足的征收理由，但触及船户实际利益时，仍然会遭到抵制。

上文已经提及，国家企图介入通济堰灌区的水利事务，而在实践中力不从心，灌区水利事务实际上由民间力量占主导地位。但本章涉及的通济堰维护过程的各类违例事件，往往由官方出示晓谕严行禁止，或由官方出面作出仲裁，又该如何理解？

通济堰经历千百年的历史，形成了一套世代相传相守的民间惯例，不仅灌区民众得遵守，也成为官方处理灌区水利事务的依据，不论是晓谕还是仲裁，都离不开遵照"旧规""旧例""定章"等字眼。一方面，国家权力需要利用民间惯例实现其介入地方事务的企图；另一方面，民间惯例有时也需借由官方渠道得以发挥其约束作用。

而当民众自身利益受到侵犯时，又会抬出民间惯例来对抗国家法令，此时国家权力往往会受到制约。新彭两县堰长可以通过指出通济堰并无派绅监工的先例，来否定李良福身份的合法性，尽管李良福确实系官方指派。民国加征船筏捐得到省府的同意，也有专门的法令下达，但是船户们以历来抬船过坝收费原则为依据，抵制国家的新规定，官方虽一再强调新法令的有效性，但船户们仍然按旧规行事。

可见，民间惯例是通济堰灌区被普遍认可的行为准则，是维护灌区水利秩序的基础，而国家在某种程度上需利用民间习惯以实现其在地方上的权力。

---

① 新津县档案馆：全宗号：002，目录号：11，案卷号：39，《四川省长公署、新津县知事公署、新津县水利委员会：关于抽收通济堰过堰船筏捐的训令、呈文》，第6～7页。
② 新津县档案馆：全宗号：002，目录号：11，案卷号：39，《四川省长公署、新津县知事公署、新津县水利委员会：关于抽收通济堰过堰船筏捐的训令、呈文》，第12～13页。

第三节　通济堰的水利争端

通济堰不仅关系到新彭眉三属的农田灌溉，也关系到民众生命和财产安全，全堰上下因不同的利益诉求而产生的水利争端屡见不鲜。本章主要选取筒车阻水纠纷和堰堤高低曲直之争这两个案例，分析通济堰上下游绅民的争执过程及官府的介入与协调，以回应水利共同体问题。

一、筒车阻水纠纷

通济堰因为架设筒车而导致的水利纠纷，大概是次数最多、逾时最长的，"至新、彭所争执，自乾隆以来历百余年而不可解者，则惟筒车与筒车埝"①。

（一）筒车规定

筒车是一种以水流作动力的取水灌田的工具，故架设筒车一般要在渠底修筑拦水埝，以缩小过水断面，增大水流速度。新津县境内多为旱地，因渠低田高，多用筒车提水。但如果没有节制的拦沟截水，往往会导致下游缺水甚至断流，因而导致上下游的用水矛盾。

官方禁止随意安设筒车。张凤翥在《详定（通济堰）善后事宜》中指出："安设筒车，宜酌定地势，以杜阻截下游水利也。查通济堰筒车，现在四十余架安设上游，拦沟截水，翻车取水，每遇水缺，下游数万田亩均无涓滴。经会同新津徐令督同新彭堰长沿沟查勘，凡水流湍急之处，易于翻灌，许令安设，以济高田；其漫流之地，必须坚扎高埝拦截，概不许妄违古制，私行安设。永令堰长照此查察禁止。"②

对于已安设的筒车，也必须按规定拦截，道光元年（1821年）官府明令"各筒车所扎鱼嘴，只准顺扎一丈六尺，毋得横截官沟。"③

---

① 〔清〕刘锡纯纂：《重修彭山县志》卷三《食货篇·水利》，据民国33年（1944年）铅印本影印，《中国地方志集成·四川府县志辑》第40册，巴蜀书社，1992年版，第63页。

② 〔清〕涂长发修，王昌年纂：《眉州属志》卷八《水利志·堰渠》，据清嘉庆五年（1800年）刻本影印，《中国地方志集成·四川府县志辑》第39册，巴蜀书社，1992年版，第123～124页。

③ 〔清〕刘锡纯纂：《重修彭山县志》卷三《食货篇·水利》，据民国33年（1944年）铅印本影印，《中国地方志集成·四川府县志辑》第40册，巴蜀书社，1992年版，第63页。

（二）违规拦截

尽管有明文规定，但随意安设、任意拦截的现象仍然屡禁不止，导致争讼不断。"自雍正十一年以来至宣统三年，凡百七十余年，新与彭眉筒车之讼，前后凡八次。……中间虽迭经委勘申禁，然旋禁旋违，旋违旋控，各利其利，亦无可如何者也。及入民国，仍互争不已。"①

同治七年（1868年），彭山县堰长状告筒车车户贿赂堰差，横截通济堰，导致下游无水可用，请求新津知县作主。"具禀：彭山县堰长黄济川、喻正发、沈万清、李泽远、刘定邦、郑洪沛、李源兴、干玉泉为禀恳作主事情。通济堰已蒙恩主不惮劳苦，督修成全，彭眉众姓，无不沾感，赖被李子湾、帅店子各处车户贿串堰差，不遵定例，顺扎鱼嘴，乃敢横砌官沟，致使逆水还河，下流水户不能栽插。蒙恩屡饬堰差伍高、郑福等拆毁，恨伍高、郑福受贿，只将水面车埝拆去，并不将横扎之车埝底石拆完，如长等与本官返回，伊等又令各车户仍旧将官沟横扎，□□贿弊，有害下流水户不能得水，实负恩主德泽。为此禀明，祈恳作主，彭眉沾德无□矣，伏乞大老爷台前赏察施行。同治七年闰四月二十日。"②

光绪十年（1884年），新彭两县联合晓谕两属筒车水户，"特授彭山县正堂（全衔）张、署理新津县正堂（全衔）施：为申明是章，会衔示禁事。照得通济大堰灌溉新彭眉三属粮田数万余亩，沿沟必无阻滞，水势始可畅流，是以新彭两属，安设筒车，原定顺水斜扎一丈六尺，不得横截官沟。嗣于同治十二年，蒙委员候补道骞会督勘明，详定章程，一律改为顺扎，檄饬示谕各在案。无如日久弊生，近有无知之徒，只图利己，不顾损人，或扎车埝以横截，或安鱼嘴于对岸，均属有碍下流水道。昨经本两县会同委员候补县正堂陆，亲历沿河履勘，自新属瑞林寺起，至彭属高桥子止，共安筒车七十余架，虽无横截情形，半皆对岸安有鱼嘴，长数尺及一丈至数丈不等。其间新属月儿地、杨石厂两处，为下堰流水之源，因各安鱼嘴，以致水势缓流，除饬令分别赶紧拆去，并再饬差沿沟确查外，合行申明定章，会衔示禁，为此札。仰通济堰沟两属筒车水户人等知悉，自示之后，尔等如有安设鱼嘴，有碍水道者，统限十日之内，即行拆去，务遵旧章，一律顺水斜扎鱼嘴一丈六尺，毋得再行横截官沟，

---

① ［清］刘锡纯纂：《重修彭山县志》卷三《食货篇·水利》，据民国33年（1944年）铅印本影印，《中国地方志集成·四川府县志辑》第40册，巴蜀书社，1992年版，第64页。

② 新津县档案馆：全宗号：001，目录号：1，案卷号：7，《四川承宣使、成绵龙茂道、新津、彭山、眉州正堂：为通济堰水利堰长报换和修筑情况规定卷》，第57~58页。

致令下游农田乏水。倘有不遵，一经本两县随时亲诣查出或被告发，定即唤案严惩，决不宽贷。孰得孰失，其早自择，勿贻后悔，各宜禀遵毋违。特示。一示通济堰沿沟各处。光绪十年二月初八日"①。但这似乎并未收效。同年十月，眉彭士绅、民众再次恳请新津知县示谕筒车水户照章办事。"具禀：文生向叶芳、毛光宇、万斯年，监生向奎光、夏侯永，民毛礼畔、高朝钦为禀恳复旧事情。乾隆年间，修复通济堰，增接灌县西河小海子有源之水，归入堰沟，使新眉彭三属堰田水源畅茂，民生充裕。但志书详载，务于水行湍急处，始安筒车，且只顺扎鱼嘴一丈六尺，不准横截，有碍下流；又虑放水不均，俱仿照都江堰水规，一千亩田安筒口三寸五分。自此以后，三属农民，水益充足矣。迄今，余波桥以下车埝横截，寸寸高扎，逆水还江，而下流之水，又以筒口毁坏，洩入大河，遂使眉彭下段千百余亩不能栽种，苦乐亦□殊不均矣。身等切思协力扎堰，仅以车埝而还水大江，眉彭之害，伊于胡底。情不得已，只得禀恳仁天灭除横截，安固筒口，则水利益畅，而眉彭沾德矣。伏乞老父师台前赏察施行。光绪十年十月初三日。"新津知县批示："查向定章程，筒车顺水斜扎，不得横截官沟。据禀现于余波桥以下车埝横截实属有违定章，候即示谕照章办理，可也。"②三天后，眉州绅民又有类似的恳请，新津知县只得再次晓谕各筒车水户务必按既定章程顺扎鱼嘴一丈六尺，不得横截。

至民国，违规拦截的情况并未减少。民国8年（1919年），眉山士绅亲自查勘后向眉山知县禀报，"民国以来，县中历任堰工者疏于觉察，新邑沿河堰民乘机任意增修、横截鱼嘴，并于鱼嘴对面砌成乱石横埂，使水力直射筒车交错之点，几至绝流。甚有故意妨害之徒，于筒口应封闭之际，将筒口扯开，决水以冲水碾。查阅旧章，并未定有决水冲碾之明文，此种行为在农田未用水之际，或可有决冲；在农田需水之日决冲水碾，按现行法例实犯决水荒废他人田亩之律。……呈请钧署转咨彭山、新邑两县，据情出示晓谕沿河堰民，筒车横扎之处以及鱼嘴对面横扎之石埂，速即消灭；定章后所增修之筒车，速即撤毁；筒口在封闭之际不得擅自开放。使水畅流，下堰堰民沾感，绅等亦铭感无极。"眉山县知事为此咨请新彭知事出示晓谕以维护上下游平等用水。③

① 新津县档案馆：全宗号：001，目录号：1，案卷号：16，《新彭眉三县：为通济堰工程筒车及堰长任免和修建情况》，22～23页。
② 新津县档案馆：全宗号：001，目录号：1，案卷号：9，《新津、彭山、眉州正堂：为通济堰修堰及水利纠纷和堰长任免》，第27页。
③ 新津县档案馆：全宗号：002，目录号：11，案卷号：199，《四川省长公署、新彭眉知事公署：关于通济堰岁修、保护堰堤、筒车开闭及帮费事宜的训令、呈文、咨文》，第36页。

虽然成都平原有着较为优越的自然环境，雨量充沛，不存在严重的缺水情况，但通济堰灌区涵盖新、彭、眉三县，上下游之间用水有先后之分，上游筒车车户为了自身利益，随意安设筒车、任意拦截堰渠，导致下游水户无水可用，因而产生诸多矛盾。

二、堰堤高低曲直之争

（一）高低之争

新津县地处成都平原，南河水自西向东绕城根而过，西河水由北而南汇入南河，通济堰渠首即位于新津城南南河、西河与岷江的汇流处。开创之初，通济堰引南河水灌溉，后随着通济堰扩修、水源增加，水势逐渐汹涌。清乾嘉年间，新津县城经常遭遇水患。"嘉庆十九年，河水泛涨，南城冲塌两段，计长三十五丈有奇。"[①]道光十三年（1833 年），知县宋灏"捐廉四百两，率众修理坚固"[②]，并留下《修新津县南城记》。他认为："新津南城圮于水，欲修城必先治水，新津诸水过于堰，欲治水必先度堰。"而新津县城受害的主要原因在于堰堤逐年抬高，因此，只有深挖淘、低作堰，"沟见石鱼，堰齐四字，水则有常，城金堰铁"[③]。彭山县对此的记载是："历来于堰身之高低曲直颇有争持。先是新津人以堰高遏水，于县城有碍。道光间，新津知县宋灏定以堰齐四字为准，经彭眉水户争控，改为四画半，而控不休。"[④]这就是所谓的堰顶高低之争。

直至民国 4 年（1915 年），新津与彭、眉还在为堰堤高低而争讼。新津县城乡士绅何德懋等向新津知县知事禀报："道光初年，宋主莅任，留心堰务，体察情形，始知堰水之不足用在沟浅，新津之遭水害在堤高，于是会同三县官绅相度地势高下，仍遵照唐章仇公于二郎庙岩下所立水则，堰齐四画，不准增

---

① ［清］王梦庚原稿，陈霁学修，叶方模、童宗沛纂：《新津县志》卷七《城池》，据民国 11 年（1922 年）铅印本影印，《中国地方志集成·四川府县志辑》第 12 册，巴蜀书社，1992 年版，第 587 页。

② ［清］王梦庚原稿，陈霁学修，叶方模、童宗沛纂：《新津县志》卷七《城池》，据民国 11 年（1922 年）铅印本影印，《中国地方志集成·四川府县志辑》第 12 册，巴蜀书社，1992 年版，第 587 页。

③ ［清］王梦庚原稿，陈霁学修，叶方模、童宗沛纂：《新津县志》卷四十《艺文下》，据民国 11 年（1922 年）铅印本影印，《中国地方志集成·四川府县志辑》第 12 册，巴蜀书社，1992 年版，第 737 页。

④ ［清］刘锡纯纂：《重修彭山县志》卷三《食货篇·水利》，据民国 33 年（1944 年）铅印本影印，《中国地方志集成·四川府县志辑》第 40 册，巴蜀书社，1992 年版，第 58 页。

高，使新津无沉溺之患，沟淘见底，道水畅流，俾彭眉无干旱之忧。三县议定详请饬遵，载诸邑乘，班班可考。嗣后，历年久远，彭眉暗将堰堤加高。同治初年，新津复遭水灾数次，合邑绅耆协词禀县，县主翟公会同彭眉详请委员踏勘，随即勘明新津受灾原由，实为堰高所致，据情上禀，奉批，以后不准加高，仍照前案堰齐四画，修筑刊碑，泐石永远遵行，刷印碑文呈验，是以由同治迄今，堰田并未闻缺水，新津亦未被水淹，安知非遵章修堰之效。无如多历年所，近又闻渐次增高，因多年未受水灾，邑人痛定忘创，遂未过问。今年天道亢旱，河水缺乏，不仅通济堰为然。而彭眉官绅堰长不责己之不深淘沟、不坚筑堰，致令河水漏泄，有害民田，而反欲于西河韩荡间移堰堵水，希图偷工减费，不顾邻国为壑，言之令人发指。案通济堰老堤原在韩荡，今欲提高半里移修于韩荡之西，地势较高一丈有余，河身不止偏窄一半，一旦洪水泛涨，抬高水头，不独对岸田地为之冲毁，即逼近之城郭难保无虞，利己损人，谁甘缄默！爰集绅耆履勘两次，实系正河下游淤有浅滩，若能略事疏通，则西河之水自能畅流入堰，何须变更旧例，贻害邻封。是以协禀恳详上宪转饬彭眉，将通济堰堰堤仍照向来老埂修筑，不准挪移地点，违章加修；并饬将正河下游沙滩及时淘浚，以导河流，而杜争竞。为此协禀，伏乞县知事先生台前施行。中华民国四年十二月十五号。"①

在堰堤高低之争中，官方的介入并未能调解缓和双方矛盾。据《重修彭山县志》载："至同治十二年，檄委候补道骞阘到堰会勘，始以五字加六定案。"②但新津并不认可之，上文新津士绅的陈情中从未谈及"改为四画半"或"五字加六"，而是始终坚持"沟见石鱼，堰齐四画"的标准。而此次争讼中，地方士绅扮演着积极的角色。上级官员来堰勘察，会召集地方士绅会同查勘，且士绅在这样的地方事务中颇有发言权。

（二）曲直互控

民国 6 年（1917 年），新津再次遭遇洪水，"新津人不以为是河心淤沙之害，而以为是堰身凸出致江面过狭所致。遂在西岸扎支水鱼嘴数处，横入江心，以为抵御。其支水有长至百余丈者"。第二年秋天，"更控请将堰身改直，

---

① 新津县档案馆：全宗号：002，目录号：10，案卷号：234，《四川西川道道尹公署、四川巡按使署、新津县知事公署：关于通济堰堰工规定、开口修扎、查处舞弊、抽收堰船筏捐的训令、呈文》，第 12~15 页。

② ［清］刘锡纯纂：《重修彭山县志》卷三《食货篇·水利》，据民国 33 年（1944 年）铅印本影印，《中国地方志集成·四川府县志辑》第 40 册，巴蜀书社，1992 年版，第 58 页。

俾江水流畅，免妨城根"①。但是，彭眉两县则认为："堰身旧线如此，若移改则堤脚不坚，容易崩溃；且西岸横扎支水，逼水东趋，于堰身尤有大害。"②至此，新津与彭山、眉山三县双方从堰堤高低之争发展为曲直互控。

新津县档案馆馆藏档案详细记录了当时双方的互控过程③。双方一直上诉至四川省长公署，而事情的调解也借由省长公署颁布的各个训令方得以成。民国8年（1919年）秋天，西川道道尹聂正端"召集三属官绅，公同履勘"，提出了改凸为椭、改横为顺的折中办法。即"将堰身凸出处改为椭圆，线长三十丈，宽一丈五尺。西岸支水凡碍河心者，改为顺水，鱼嘴改为向西偏，直对西岸堤湾下角"。并拟定"试办一年，查看利弊，再为永久计划"。④此次调解措施，由四川省省长杨庶堪签发《四川省长公署训令第一零八四一号》生效，但是，新津仍并不肯就此妥协，继续上诉且不按新规修筑堰堤。

民国11年（1922年），西川道尹会勘委员李观成协同三属官绅及水利常驻委员亲自勘查后，拟订立三距离标准，即"由城根至对堤椭线极点处，丈量一距离；由吴姓石墙至对堤线，丈量一距离；由大佛崖壁至对堤椭线极点处，丈量一距离，皆至现有堤基为准。每岁修堰，不得逾越尺寸，以免过窄河心，至起争执"。并表示，"当经博咨众议，三县绅首堰户，佥无异词，知事、委员等各皆赞同，拟此标准办法，庶足以息历年争端而维永久"⑤。此后，档案中少见关于通济堰堤高低曲直之争的记录。而此次纷争的解决，仍然离不开地方士绅的参与，解决办法也是广泛征求各方意见后才最终拟定。

探讨水利社会史研究，自然无法回避水利共同体问题。共同体理论可以追溯至马克思有关前资本主义社会生产方式的论述。20世纪五六十年代，日本学界提出"水利共同体"理论，以研究水权和水利的兴修与管理、水利组织、水利与聚落等，其基本论点可概括为两个方面："一、在中国近世（大致相当

---

① ［清］刘锡纯纂：《重修彭山县志》卷三《食货篇·水利》，据民国33年（1944年）铅印本影印，《中国地方志集成·四川府县志辑》第40册，巴蜀书社，1992年版，第58页。

② ［清］刘锡纯纂：《重修彭山县志》卷三《食货篇·水利》，据民国33年（1944年）铅印本影印，《中国地方志集成·四川府县志辑》第40册，巴蜀书社，1992年版，第58页。

③ 新津县档案馆：全宗号：002，目录号：11，案卷号：90，《四川省长公署，新津、彭山县知事公署：关于通济堰改凸为直案及堰工事宜的训令、咨文、呈文，民国7年（1918年）1—12月；案卷号：200，《四川省长公署、新津县知事公署：关于通济堰堤改凸为直一案的训令、呈文》，民国8年（1919年）1—11月。

④ ［清］刘锡纯纂：《重修彭山县志》卷三《食货篇·水利》，据民国33年（1944年）铅印本影印，《中国地方志集成·四川府县志辑》第40册，巴蜀书社，1992年版，第58页。

⑤ ［清］刘锡纯纂：《重修彭山县志》卷三《食货篇·水利》，据民国33年（1944年）铅印本影印，《中国地方志集成·四川府县志辑》第40册，巴蜀书社，1992年版，第67页。

于宋元明清时期），国家不再试图按照中古时代将自耕农编组为'编户齐民'的方式来控制农民，而是以村落共同体或一个水系的水利组织来进行把握。'在水利方面，堰山、陂塘等不仅成为经济上不可或缺的保证物品，并且官方的约束也涉及于此，而它们两者之间可能有相互倚靠之关系。'换言之，水利共同体这种基于水利工程与水利协作的社会组织，实际上成为王朝国家借以控制乡村社会的工具之一，而这一共同体之成立，也有赖于王朝国家权力的适当介入。二、水利共同体以共同获得和维护某种性质的'水利'为前提，共同体之成立与维系的根基在于'共同的水利利益'；在水利共同体下，水利设施'为共同体所共有'，修浚所需力夫、经费按受益田亩由受益者共同承担；而水利共同体'本身虽具有作为水利组织之独立自主的特性，但在营运上却完全倚靠其为基层组织的村落之功能。另一方面，村落也完全经由水利组织的协作，完成作为村落本身之部分生产功能'。在这个意义上，水利共同体具有村落联合的特性。"①

近年来，国内对于水利共同体逐渐展开讨论和反思。钞晓鸿以关中地区存留的大量水册等民间文献为依据，注重关中水利共同体内部的生态环境，对日本学者的水利共同体理论提出了质疑。他认为：地权形态不足以解释所谓水利共同体的松懈与瓦解，其解体也未必统一于明末清初时期；对于水利灌溉、水利组织的考察必须结合各地的自然、技术、社会环境来分析。②钱杭则强调："我们可以不去过多地顾及共同体理论的概念体系，不必在实际生活中去刻意'寻找共同体'，而是把握住共同体理论的核心范畴——共同利益，运用共同体理论的分析方法——结构、互动，深入到中国历史上那些实实在在的水利社会中，这些水利社会已被各类文献清晰记录了发生、发展、兴盛和衰亡的全过程，观察研究它们的内部结构，以所获观察研究成果——中国案例，来检验、丰富共同体的理论体系，并从类型学的角度，全面深化对中国水利社会史的认识程度。"③钱氏之言可以说是对水利共同体理论的一种超越，也给予后来的研究者诸多启发。

本章讨论的通济堰灌区地跨新津、彭山、眉山三县，灌区上下游之间存在

---

① 张俊峰：《"水利共同体"研究：反思与超越》，载《中国社会科学报》，2011年4月7日，第006版，前沿。

② 钞晓鸿：《灌溉、环境与水利共同体——基于清代关中中部的分析》，载《中国社会科学》，2006年第4期，第190~204页。

③ 钱杭：《共同体理论视野下的湘湖水利集团——兼论"库域型"水利社会》，载《中国社会科学》，2008年第2期，第168页。

着紧密的联系，每年的岁修由三县的知县会同查勘、估计工程量，由各县堰长组织协调，分工负责所属堰渠的修理疏浚工作，并在长期地运作过程中形成了关于岁修、通航、用水等的制度性规定，可以说在通济堰灌区形成了一个相互关联的社会网络。

但是，虽同属于通济堰灌区，新、彭、眉三县的利害关系却并不完全一致，上下游之间也屡屡因为不同的利益诉求而产生水利争端。通济堰既然贯通三县，不免存在灌溉迟早、用水先后、土地高低之分等。新津地处上游，境内多为高地，所以需要安设筒车以灌溉高地；彭、眉地处下游，尤其是眉山处于堰尾，一旦水量减少，堰尾往往会无水可资灌溉。同时，通济堰不仅关系到新、彭、眉三属的农田灌溉，也关系到民众生命和财产安全。新津县城屡受洪水威胁，因而需要严格控制水位；但彭、眉考虑到保证下游水量，又希望保持高水位。由此，通济堰上下游之间产生了诸多矛盾，通济堰灌区并没有在水利事务中形成以灌区为范围的共同利益，民众也没有形成共同的身份认同。

水利在新、彭、眉三县的经济社会生活中有着极为重要的作用，但并不一定就会以通济堰为基础形成一个地域共同体，也不必非要寻求这么一个共同体。且虽然不能称其为水利共同体，但围绕着通济堰的兴修与利用，仍然形成了一个社会关系网络。对于研究者来说，共同体理论是研究藉以展开的一种分析方法。研究者可以借鉴其分析方法，而不一定套用理论本身，因为最终希望揭示的乃是这个社会关系网络中真实存在的各种社会关系，正如我们看到的通济堰上下游的各种矛盾与互动，从而展现该地区真实的社会结构与运作秩序。

小　结

区域水利社会史研究为人们深入了解地方社会提供了一个良好的切入点。本章在吸收、借鉴以往学术成果的基础上，利用新津县档案馆馆藏关于通济堰的历史档案，旨在透过清末民初通济堰的水利管理，观察基层水利社会的运作及其所折射出的各种利益主体的互动及其错综复杂的社会关系，以展现成都平原的组织结构与社会秩序。

黄宗智先生在《学术理论与中国近现代史研究——四个陷阱和一个问题》一文中指出："我自己的经验是理论读起来和用起来可以使人兴奋，但它也能使人堕落。它既可以使我们创造性地思考，也可以使我们机械地运用。它既可以为我们打开广阔的视野并提出重要的问题，也可以为我们提供唾手可得的现成答案并使人们将问题极其简单化。……对理论的运用将像一次艰难的旅行，其中既充满了令人兴奋的可能性和报偿，也同样布满了陷阱和危险。"①所以，笔者时刻提醒自己要谨慎对待各种史学理论，既不排斥更不盲从，在充分挖掘、认真解读史料的基础上，给出客观结论，做实证性的研究。

晚清以来的中国近代社会，国家其实企图逐步加强对地方水利事务的控制，尤其是民国政府积极介入地方社会的管理，但却在具体实践中力不从心，灌区的水利事务管理实际上由民间力量占主导地位。民间力量主导地方水利事务，又主要依靠世代相传相守的民间惯例；国家法令与民间惯例既有一致的地方，也有排斥之处；国家在某种程度上尚需利用民间习惯以实现其在地方上的权力；民间惯例才是通济堰灌区行之有效的准则，是维护灌区水利秩序的基础。

通济堰灌区辖新、彭、眉三县，形成了一个相互关联的社会网络，但上下游之间免不了因不同的利益诉求而产生诸多矛盾，并未能以通济堰为基础形成一个地域共同体。虽不能称其为水利共同体，但对于研究者来说，更关心的是这个社会关系网络中真实存在的各种社会关系、该地区真实的社会结构与运作秩序。争端的解决过程，官方均有介入协调，但收效甚微，其权威并不得到认可。相反，地方士绅在整个事件处理过程中积极主动，且颇有发言权。他们充分利用自身威望，对地方事务的熟悉程度，尤其是对地方惯例的解释，推动着事态的发展，也进一步证明了民间力量在地方事务中的主导地位。

---

① 黄宗智主编：《中国研究的范式问题讨论》，社会科学文献出版社，2003 年版，第 102～103 页。

第二章　社仓经首选任与乡村社会

冯　帆　李德英

　　前一章以通济堰为例，深入探讨了水利管理与地方秩序和农民生活的关系，反映了自晚清以来，国家试图通过逐步加强对地方水利事务的控制，积极介入地方社会的管理。而同时国家对乡村社会的社仓控制亦有所加强。本章借助四川省新津县档案馆所藏关于社济仓（即社仓）的资料，以新津县社济仓为例，对清末社仓经首略作探讨，通过对其管理职责、选任、更换以及产生纠纷的分析，讨论了社仓经首与地方政府及乡村社会的关系。

　　社仓，作为中国古代民间仓储制度中的重要部分，一直备受海内外学者重视，近年来关于清代社仓研究更是硕果累累。[①] 既存研究从政治制度史和区域社会史等不同视角进行考察，取得了丰硕的成果。主要成果集中在社仓制度的历史沿革、社仓性质、社仓的功能等方面，对于社仓内部的具体运行机制、社仓与地方社会的关系等研究稍显不足。其中，对于社仓首领，即社长的具体研究更是缺乏，鲜有专门论述。

　　社仓制度是中国古代仓储制度的重要组成部分，也是乡村社会最重要的民间组织之一。南宋时期，著名理学家朱熹所确立的以米谷为贷本，岁贷收息、

---

① 参见穆崟臣：《近百年来社仓研究的回顾与展望》，载《中国农史》，2011 年第 3 期；穆崟臣：《试论乾隆朝社仓的管理与运行制度》，载《满族研究》，2008 年第 4 期；白丽萍：《清代两湖平原的社仓建设》，载《武汉大学学报》，2006 年第 1 期；白丽萍：《试论清代社仓制度的演变》，载《中南民族大学学报》，2007 年第 1 期；吴洪琳：《论清代陕西社仓的区域性特征》，载《中国历史地理论丛》，2001 年第 1 期；吴洪琳：《清代陕西社仓的经营管理》，载《陕西师范大学学报》，2004 年第 2 期；姚建平：《清代两湖地区社仓的管理及其与常平仓的关系》，载《社会科学辑刊》，2003 年第 4 期；刘永刚、饶赟：《浅论清代陕甘地区仓储制度及其流变》，载《延安大学学报》，2008 年第 3 期。

春借秋还的借贷方式，建立了由乡间士人与地方政府共同管理的经营模式。①

明末清初，四川经历了长达四五十年的战乱，直至乾隆时期，才在各地建立社仓。乾隆元年（1736年）清政府令四川建社仓，"最初以粜卖常平仓谷价银，除买补正项外，余银全买粮作社仓本，以此倡导绅民捐输。乾隆二年秋，买谷2970石，绅民捐谷25600石。达州、内江等30余处州县旧有贮谷21000石，全省旧贮新购共有社仓粮49570石"②。乾隆三年（1738年），"照常平仓例，每谷400石建仓廒一间，其工料银于存公银内动支"③。同年，又复准社仓管理费用的解决办法，规定"将息谷10升中以7升归仓，以3升给社长作为修仓折耗。如有逃亡情况，仓长向地方官报告，核实后于7升息谷内开销"④。这些措施使社仓在四川乡村迅速发展起来，并作为民间组织，为乡村社会带来了许多变化。这些变化最终也影响了地主、农民、乡绅与政府之间的关系。由殷实粮户所担任的社仓经首，在乡村社会网络中，与佃户、团甲、知县等产生了密切的联系。它们相互渗透交织，构成了一张由社仓经首、团甲以及知县组成的权利网络，共同管理社仓事务。

第一节　社仓经营模式与经首职责

社仓经首，又可称为社长、社首、经掌、仓正等，是社仓的管理者。其较为正式规范的称呼是社长，多存在于清政府所颁发的诏书中。如雍正二年（1724年），社仓条例规定"每社设立社长，择端方立品，家道殷实者二人"⑤。雍正五年（1727年）的谕旨中提出："委官收发经管是常平仓，而非社仓矣，应令该抚饬令府县官，劝谕绅衿士庶，量力捐输，于该地方乡宦士人内，择选公正殷实之人二名，立为正副社长俾其经理。"⑥而其他称呼则多见于地方文

---

① 参见《建宁府崇安县五夫社仓记》，[宋] 朱熹：《晦庵先生朱文公文集》（第37册）卷七十七，景上海涵芬楼藏明刊本，四部丛刊初编第1058~1107册，第51~52页；《延和奏札四》，[宋] 朱熹：《晦庵先生朱文公文集》（第6册）卷十三，景上海涵芬楼藏明刊本，四部丛刊初编第1058~1107册，第64页；《社仓事目》，[宋] 朱熹：《晦庵先生朱文公文集》（第46册）卷九十九，景上海涵芬楼藏明刊本，四部丛刊初编第1058~1107册，第93、99页。
② 《钦定大清会典事例》，卷一百九十三，户部，积储，第77页。
③ 《钦定大清会典事例》，卷一百九十三，户部，积储，第77页。
④ 《钦定大清会典事例》，卷一百九十三，户部，积储，第76页。
⑤ 《钦定大清会典事例》，卷一百九十三，户部，积储，第70页。
⑥ 《皇朝文献通考》，卷三十五，市籴四，《钦定四库全书·史部》，第126页。

献中，在四川地方志中，大多称为社首，即"查川省民皆务本，贫富登记……按年挨次承充社首，一年一换"①，或者"社仓额贮仓斗谷9755石9斗9升4合8勺，向分设三乡，交社首经管"②。但是根据新津县档案馆珍藏的清代档案，时人则多称其为社仓经首。例如"成都府新津县正堂赵为札委事，案据三乡社济仓经首陈南山、蒋发金、李国友充当限满，投明保总杨技卓、高寿元、杨朝梁，以限满报损等情，禀举三乡粮户杨一清、古芝顺、杨映宽，接充社济仓经首一案"③等等。由于本文是以新津县清代档案为主要研究资料，故在此文中，统一称为社仓经首。

社仓经首掌管着社仓内部的大小事务。清朝前期，社仓经首除了仓储的日常管理之外，最为重要的工作是主持乡里社谷的借贷与监督。据雍正二年（1724年）规定，社仓经首的借贷工作是指"社长预于四月上旬申报，地方官依例给贷，定日支散，十月上旬申报，依例收纳，两平较量，不得抑勒多收，临放时，愿借者先报社长，州县计口给发，交纳时，社长先行示期，依限完纳"④。监督工作则指结册上报以及对地方官员侵蚀行为的监督。具体来说，借贷与仓谷册共设有两本，社仓与州县知县各执一册。同时，每次借贷的事情结束之后，社仓经首与本县知县分别将总数申报上司，"如有地方官抑勒那（挪）借强行粜卖侵蚀等事，许社长呈告上司。"⑤

但是，清末时期，社仓经首所需管理的事务开始繁琐起来，所谓的借贷工作发生了根本性的转变，即由借贷谷物的借贷关系转变成租佃社田的租佃关系。究其根本，是源于社仓经营方式的转变。清初，社仓是以息谷与捐谷作为支撑其经营的资本。但是到了清末，社仓则将土地与租佃关系纳入了经营模式之中的了以田产作为社仓的资本，以田租收入取代息谷的一个更加自给自足的生产与经营模式。

四川新津县在乾隆年间分别于长乐、太平、兴义三乡建立社仓，由社仓经首经管。至嘉庆二十三年（1818年），社仓额贮仓斗谷应为9755石9斗9升4

① "附酌定经管社谷草程札"，（嘉庆）《纳溪县志》，卷四，《中国地方志集成·四川府县志辑》（第32册），巴蜀书社，1992年版，第208页。
② （道光）《新津县志》，卷二十一，仓储，《中国地方志集成·四川府县志辑》（第12册），巴蜀书社，1992年版，第608页。
③ 新津县档案馆：全宗号：001，案卷号：88，《社济仓三乡佃约卷》，第12页。
④ （乾隆）《震泽县志》，卷三十，积贮，《中国地方志集成·江苏府县志辑》（第23册），江苏古籍出版社，1991年版，第277页。
⑤ （乾隆）《震泽县志》，卷三十，积贮，《中国地方志集成·江苏府县志辑》（第23册），江苏古籍出版社，1991年版，第277页。

合 8 勺。后因社仓经首亏空过多，嘉庆二十四年（1819 年），"知县王衡追出谷 4100 余石，汇修在治西经藏寺计仓廒 12 间。道光四年（1824 年），署知县吉达善移交花户领状 6133 石。道光六年（1826 年），知县陈齐学接催共收本息谷 6297 石 4 斗"①。然而，即便如此，社仓实际储存与应存量仍是差距巨大，粮户歉交者多，社谷也多亏短，致使到了道光六年（1826 年），社仓的储存量仍旧未达到嘉庆二十三年（1818 年）的应存额。即使"每年鼠食搬撝，折耗役食册费归经理者添补，粮户仍苦赔累"，于是，"道光十二年（1832 年），知县宋灝以粮户赔累之苦，报换维艰，禀请各大宪将现在仓谷变卖于各乡，置办社田"，并且规定"每岁租谷，交经理者收贮，社仓粮户始免赔累，且十数年足原额外，又可更置田亩"②。随后，三乡经首张文衡、胡明清、董学诗等人，分别于三乡置买社田，"三乡共置买社田 195 亩 1 厘 6 毫 6 丝 9 忽。共载粮 4 两 3 钱 1 分 9 厘 7 毫。共岁收租谷 212 石 6 斗，折仓石京斗 441 石 2 斗。每岁完纳地丁修仓役食及册费等项，去京斗谷 51 石，实岁收社田京斗谷 392 石 2 斗"③。从而完成了社仓由收取息谷到收取田租的经营方式的转变。

根据新津县所存档案，直至宣统年间，社仓都是以收取地租为主要形式，以维持社仓的运营，而社仓经首收取佃户的租谷则用以经理社仓，包括弥补鼠食搬撝折耗，修整社仓墙瓦，支付役食工费，以及赈济灾民，等等。

经营模式的转变，也导致了社仓经首工作内容的转变，社仓经首由主持借贷工作，转变为管理社田的租佃关系，开始进行社田置买、招佃、退佃以及追佃的工作。

一、招佃、退佃与追佃

社仓经首置买社田，以扩大经营，但是，这并不是定制，并不需要每年进行，社田租谷"十数年足原额外，又可更置田亩"④。

同时，社仓经首主持社田招佃与退佃事务。佃农向社仓经首租佃社田，经凭中人说合，将压租银两交与社仓经首，立租佃契约，呈于知县备查。从三乡

① （道光）《新津县志》，卷二十一，仓储，《中国地方志集成·四川府县志辑》（第 12 册），巴蜀书社，1992 年版，第 608 页。
② （道光）《新津县志》，卷二十一，仓储，《中国地方志集成·四川府县志辑》（第 12 册），巴蜀书社，1992 年版，第 608 页。
③ （道光）《新津县志》，卷二十一，仓储，《中国地方志集成·四川府县志辑》（第 12 册），巴蜀书社，1992 年版，第 609 页。
④ （道光）《新津县志》，卷二十一，仓储，《中国地方志集成·四川府县志辑》（第 12 册），巴蜀书社，1992 年版，第 608 页。

佃户给新津县新知县的呈文中，可以了解社济仓的租佃关系。

招佃：

> 兹民登凭团甲周明德，金树堂及中证张玉福，甘愿照钱出压银24两佃耕。

> 大老爷禄，案下社济田大小6块共计12亩，比日，凭中将压租银两交与经首收清至，每年租谷12石4升，秋收晒干推运上仓过风，凭仓斗交撤，不得短少。升合如有短少，许在压租银内扣除，恐口无凭，立佃约存案备查。①

据这则社济田约，人们可以清楚地了解社济仓社田的经营模式。起初，佃户若想佃耕社田，需要经过团甲、中证人与经首说合。经双方协调统一后，将所佃社田的压租银两交予经首，签订契约。其后，每年秋收后，晒干推运上仓过风，交予经首租谷。如果租谷有短少，则折合成银两，于压租内扣除。

退佃：

> 具退状：长乐乡社田佃户，王干氏为孤苦难耕，甘愿退佃事情。宣统元年闰二月，氏子王福田出押银24，约佃长乐乡社田12亩，耕租年纳租谷12石4升，不料次年氏子病故无嗣，累债无（债务），又兼秋雨连绵，田谷生芽者多是，年租谷颗粒未上，去岁银遭时乱，田谷收回迭被同志会众扰，复不知何时将谷概行撮去，无谷完纳，氏斯孤独难以耕种，投明经首王子才等说明，甘愿以押银折底谷24石零，将田退去，祈饬经首另行招佃，生死两感。伏乞

大老爷台前施行

将移交新任孙核办

中华民国元年三月十□日②

从以上两则契约可以看出：（1）社仓经首拥有组织招佃与退佃的权利；（2）由社仓经首管理压租银两，并每年收取租谷，若谷有短少，可自行在压租内扣除。

这里需要特别关注的是社仓经首的追佃工作。在社仓经首的工作当中，最为困难的则属追佃。社仓经首既需要面对官府的盘查，也需要面对佃户的抗租

---

① 新津县档案馆：全宗号：001，案卷号：88，《社济仓三乡佃约卷》，第6页。宣统元年（1909年）又二月初十日立。

② 新津县档案馆：全宗号：001，案卷号：88，《社济仓三乡佃约卷》，第7页。

和逃租行为。面对佃户的抗租情况，社仓经首虽然有追佃的职责，但是并没有追佃的能力。他们只能依赖于团甲或者地方政府。具体来说，追佃的过程大致可分为三个阶段。第一阶段，社仓内部工作人员进行追佃工作。在这一阶段，社仓经首主要是令仓内仓夫等对佃户进行催缴。但是这一阶段征收欠款的成功率并不高。第二阶段，社仓经首会同团甲进行追佃工作。第三阶段，社仓经首向知县投明情况，由知县派差，协助追佃。同时，如果佃户抗租不交，那么则由差役将其押入县衙。以下有一案例可具体说明这三个阶段：

宣统元年（1909 年），新津县长乐乡有一佃户伍春玉"佃耕社田 15 亩，有压佃 30 两，年纳租谷 15 石"。病故后，其妻伍胡氏同长子伍秋桃，以及伍老二、伍老三、伍老四，"办丧亏欠租谷七石零，许次年补清颗粒未补，去岁该上租谷 15 石 2 斗 5 升颗粒未上"，"连年拖欠租谷 22 石 5 斗 5 升"。起初，经首迭令仓夫催其上缴佃款，即第一阶段。但追缴租谷失败，"伊母子互推延今，毫无着落"。随后，于宣统元年（1909 年）三月，社仓经首陈子冰、余心田、萧瑞生三人将此事禀明知县，知县派差役，令"该役即将抗延之人，立即随签带，县以凭就追"，便将佃户伍春玉之子，伍秋桃、伍老二、伍老三押回，扣留在待质所。

然后，其母亲伍胡氏上书言明，在其夫身故后，"有子四人各应分压佃银 7 两 5 钱"，并且"已于去年正月请恩团族王泽沛、周明德、伍春第、伍仕英等言明，三子将各应分压佃银，并所种小春概交长子伍秋桃收交社谷，二、三子分耕刘天顺佃田，惟长子伍秋桃一人自耕社田纳租，如有亏短欠租，不得累及三子，二、三子有事亦不得累及秋桃"。后来，根据知县提审，判定长子缴谷 12 石，伍老二、伍老三缴谷 10 石，于八月收获谷物之时，由经首会同团保雇工收获伍秋桃等佃耕田谷。①

从这一案例当中，可以明显地看出，知县在追佃事情中所拥有的关键性作用和权利。社仓经首与知县在追佃这一事务上开始合作，由此，地方政府借帮助社仓经首追佃，而参与到社仓管理运行当中。

二、管理谷石、压租银两以及社仓内部开支

社仓谷石与压租的管理，以及翻修等日常开支是社仓经首的另一个重要工作职责。在每年秋收后，待佃户将谷晒干推运至公仓，经首需要将各佃户缴仓租谷逐一亲收入仓，并记录在册，以待之后查楚。将谷物归仓后，经首还需注

---

① 新津县档案馆：全宗号：001，案卷号：88，《社济仓三乡佃约卷》，第 47~50 页。

意日常仓储的管理，以防谷物霉变，侵蚀亏短。如新津县有社仓房壁，土墙修建，高约九尺。光绪三十四年（1908 年）三月，由于"去年雨水过多，墙脚淋湿倒塌，约有四丈之谱"。仓夫邹顺等向经首禀明后，经首雇用工匠对其估工，"云称上有房罩，不能筑堵，须用红石修砌，以垂久远，当凭估计约用石价工货食费，共约需钱三十钏之多"。① 随后，社仓经首徐道轩、古之顺、李国友向县知事禀明此事，待批准后，进行修葺。

三、调查灾情及佃户受灾情况

社仓经首除了招佃追佃与谷石等日常管理之外，还有一职责是对天灾人祸的危机处理。经首们需要对其受灾情况进行查明，并根据灾情酌情减租。

如光绪三十三年（1907 年）九月，新津县太平乡佃户禀言："雨水甚重，田底冷冻，秧苗不发，谷穗短吊，大众歉收，毋亩得谷一石二三斗者多，除完租谷人工粪草，折本者多，每天一亩歉收谷七斗八斗者，亦不少。"经首查明之后，则将佃户缴纳租谷的期限放宽，暂定于光绪三十四年（1908 年）四月小春黄熟之时缴清。② 又如宣统元年（1909 年）七月十五日，新津县太二支社济田佃户周全安等人向知县呈请，以七月十三日夜下冰雹的事情为借口，企图减租，甚至逃租。后经过经首的调查，查明真相是"七月初八日夜天降冰雹系在长乐乡，十三日夜在太二支方兴场一带，由邛州九龙埂落至县属沙湾地方止，长约数十里，宽约五六里，远近打落黄谷轻重不一，惟查社济田内打落黄谷约三分之谱，收成约有六七"③。结果佃户企图减租的行为失败。

社仓经首通过社田的置买，主持佃户招佃与退佃，并与团甲、知县合作追佃，以及管理谷石、修葺社仓、赈济灾民等这些事务，构成了社仓的经营模式。这种以社田田租为主的经营方式，使得社仓更易持久，同时也免除了农民利息的负担，从而更有助于改善农民生活。随着社仓经营模式的改变，社仓经首的工作内容也随之改变，地方政府借助追佃，开始参与到社仓的经营过程之中，且其权利逐步扩大，由最初的监督稽查之职，扩大到帮助追佃，甚至干涉社仓经首选任与更替，从而使得社仓的官方色彩愈加浓厚。

---

① 新津县档案馆：全宗号：001，案卷号：88，《社济仓三乡佃约卷》，第 29 页。
② 新津县档案馆：全宗号：001，案卷号：88，《社济仓三乡佃约卷》，第 13 页。
③ 新津县档案馆：全宗号：001，案卷号：88，《社济仓三乡佃约卷》，第 59～60 页。

第二节　社仓经首的选任与更换

社仓经首的选任与更换规则，大都是根据当地的实际情况所制定，各地不一，具有较大的差异，其基本原则是由民间公举乡里具有一定威望和财力的人担任。但是这在实际选任的过程中，也存在选拔标准的转变与差异。

一、选任标准：从注重品行到殷实粮户

康熙十八年（1679年）清政府规定，社仓经首由"本乡敦重善良之人"担任①；康熙四十二年（1703年），户部规定社仓由"本乡诚实之人经管"②；康熙六十年（1721年）谕曰："凡建设社仓，务须选择地方敦实之人董率其事。"③雍正二年（1724年），规定"每社设立社长，择端方立品，家道殷实者二人"④；雍正七年（1729年），根据宁远大将军岳钟琪所呈报的社仓条约十六事建议，"公举殷实良善素不多事之人充当仓正、仓副"。⑤至嘉庆四年（1799年），嘉庆帝谕令："各该督抚等将各省社仓仍听本地殷实富户择其谨厚者自行办理，不必官吏经手，以杜弊窦而裕民食。"⑥从这些规定中可以清楚地看到，清政府在选取社仓经首时，考量的主要是两点：一是家境殷实，二是品行。其中更为强调的是品行，要求经首"诚实""敦重善良""品行端方"等。

然而，光绪年间，选取的重点则发生了变化，由更注重品行转变为家境是否殷实。光绪三十三年（1907年），四川新津县兴义乡社济仓经首李国友任期已满，推举新经首杨映宽。起初，不仅没有考察其是否年迈，是否有腿疾等具体情况，而且在查明有腿疾不能胜任后，仍是强调"伊等均为殷实大粮，堪充此任，且杨映宽下有二子，力能充当"。⑦直至宣统元年（1909年）十月，前

---

① ［清］赵尔巽：《清史稿》第十四册，志九十二，食货二，中华书局，1976年版，第3559页。

② 《钦定大清会典事例》，卷一百九十三，户部，积储，第66页。

③ ［清］赵尔巽：《清史稿》第十四册，志九十二，食货二，中华书局，1976年版，第3559页。

④ （乾隆）《震泽县志》，卷三十，积贮，《中国地方志集成·江苏府县志辑》（第23册），江苏古籍出版社，1991年版，第277页。

⑤ 中国第一历史档案馆编："宁远大将军岳钟琪所拟社仓收放稽查条约"，《雍正朝设立社仓史料》（中），载《历史档案》，2004年第3期。

⑥ （同治）《苏州府志》，卷十七，赋六，《中国地方志集成·江苏府县志辑》（第7册），江苏古籍出版社，1991年版，第440页。

⑦ 新津县档案馆：全宗号：001，案卷号：88，《社济仓三乡佃约卷》，第15页。

经首推荐新任经首的标准也是如此。

> 具禀状：三乡社济仓经首陈子冰、余心田、萧瑞生为限满应报禀恳札委事情。去九月，首等充当社济仓经首，收是年租谷并前届尾欠租谷，首等已收储，兹首等充当限逾，应宜报换投明三乡总保高寿元等协同公议。首陈子冰报与长二支民许永顺，首余心田报与太二支民李安才，首萧瑞生报与兴二支民杨仕瀛，均系殷实粮户堪充社济仓经首之任，不致违误公事。但首等协议已妥，不敢擅专，只得禀恳札委，以专责成，伏乞大老爷台前施行。①

在这次的推荐当中，可以很清楚地看到，三乡社济仓经首陈子冰、余心田、萧瑞生在报换新任经首时，着重强调新任经首为殷实粮户，可以接任社仓经首一职，而对于其人品以及工作能力丝毫未提。

二、新旧社仓经首报换流程

关于新旧社仓经首的报换流程与方法，清政府并没有具体的明文规定，仅是强调新经首需由公举产生，或"公举本乡之人"②，或者"公举殷实良善素不多事之人充当仓正、仓副"③ 等。这是为了保证社仓由民间自行管理，防止官员挪用倒卖，从而避免"社仓大半借端挪移，管理首事与胥吏从中侵盗，至歉岁颗粒无存。以致殷实之户不乐捐输，老成之士不愿承办"④ 这一弊端，从而"以杜弊窦而裕民食"。⑤ 除此之外，对于经首的任期、报换等事宜均缺乏明确规定，以至于关于社仓经首的任期在不同时期、不同地方均显示出不同的特点。

在社仓经首的任期方面，其规定十分灵活。雍正二年（1724 年）清政府规定，"如正副社长管理十年无过，亦以八品冠带给之"⑥。乾隆四年（1739年），户部议准陕西巡抚张楷奏定社仓事例，规定"一社长三年更换"⑦；乾隆

---

① 新津县档案馆：全宗号：001，案卷号：88，《社济仓三乡佃约卷》，第 62 页。宣统元年（1909 年）十月二十八日具。
② ［清］赵尔巽：《清史稿》第十四册，志九十二，食货二，中华书局，1976 年版，第 3559 页。
③ 中国第一历史档案馆编："宁远大将军岳钟琪所拟社仓收放稽查条约"，《雍正朝设立社仓史料》（中），载《历史档案》，2004 年第 3 期。
④ ［清］赵尔巽：《清史稿》第十四册，志九十二，食货二，中华书局，1976 年版，第 3559 页。
⑤ （同治）《苏州府志》，卷十七，赋六，《中国地方志集成·江苏府县志辑》（第 7 册），江苏古籍出版社，1991 年版，第 440 页。
⑥ ［清］赵尔巽：《清史稿》第十四册，志九十二，食货二，中华书局，1976 年版，第 3559 页。
⑦ ［清］赵尔巽：《清史稿》第十四册，志九十二，食货二，中华书局，1976 年版，第 3560 页。

四十一年（1776年），陕西针对此条例进行了修整。该规定指出："陕西省正副社长，经营一年，公慎无过，赏息谷一京石；二年无过赏给三京石，三年则赏五京石；如不愿赏谷，即以此五京石之数，令地方官置给匾额。"① 虽然这讲述的是社仓经首的奖励规则，但是从中不难看出，这一时期，社仓经首的任期并没有时间限制，可以连任，从一年到十年不等。

至嘉庆年间，四川地区的做法是："查川省民皆务本，贫富登记大约以粮之多寡为定，今于每甲每里将余粮最多之户，定为一册，按年挨次承充社首，一年一换。"②

清末新津县的做法是：社仓经首任期为一年，当时间限满时，由前任经首推荐，投明三乡总保，待三乡十支集绅议举，公举无异后，禀明知县进行交接。在这个过程中，存在着报一不报二的原则，即是指前经首推荐新经首一名，待公举无异议之后，不能更换。

宣统元年（1909年）十月初三，新津县三乡社济仓经首陈子冰、余心田、萧瑞生充当限满，投明总保禀举三乡粮户许永顺、李安才、杨仕瀛为长乐、太平、兴义社仓经首，禀明知县执行。但是，于同年十一月初十日，新津太平乡总保高寿元向知县禀举："今届报交前，经首陈子冰等，不令三乡预闻，亦不通知保在场，暗窃保名，为首私行，禀报在案，保见报单始知，且所举新经首，保素不认识，亦不知妥否，似此窃名朦举，保只得禀请衡夺以免日后受累，伏乞。"随后，知县便下令，如果陈子冰等所举经首没有投明该总保，凭众公议，捏词私报，则令凭众另举妥实之人承充。③ 而前经首陈子冰、余心田等人进行解释与辩驳，道"社济经首历系一年一报，报一不二"，且"首思若待另举他人，势必交涉不休，本年租谷3百余石，颗粒未收，何时开仓收纳。至兴义经首报与杨仕瀛，业已接札自认，首余心田报与李安有错写为李安才，以致总保高寿元禀明在案，批饬另举等谕"。并且进一步阐述："十八日，高寿元来县赶集，首等待持批向问高寿元云称李安有乃系殷实富户，堪充经首之任。"经过高寿元同意之后，三乡经首重新向知县禀明，就此批准接任。④

这一案例中，显示出社仓经首推荐与公举，继而接任的这一过程。同时，也清楚地说明了投明总保集绅民公议这一步骤举措的重要性。如果缺乏此步

① 《钦定大清会典事例》，卷一百九十三，户部，积储，第88页。
② "附酌定经管社谷草程札"，（嘉庆）《纳溪县志》，卷四，《中国地方志集成·四川府县志辑》（第32册），巴蜀书社，1992年版，第208页。
③ 新津县档案馆：全宗号：001，案卷号：88，《社济仓三乡佃约卷》，第64页。
④ 新津县档案馆：全宗号：001，案卷号：88，《社济仓三乡佃约卷》，第66页。

骤，无论是否有报一不报二的原则，新任经首仍然不具备接管社仓的权利，且不会被任命，它是选任社仓经首的重要一环，也是社仓经首获得社仓管理权的关键。

三、新旧经首进行社仓交接

当新任经首产生之后，则需要对社仓内事务进行交接。具体交接的过程是，由总保协同新旧两届经首、仓房吏书、仓夫等在场，新经首将谷查明确数，翻晒风盘，查点盘交。交接完成之后，若有谷物有霉变短折，则由新经首自甘着赔。

如光绪三十四年（1908年）八月，三乡社济仓经首徐道轩、古之顺、李国友接任社仓经首，即将"兹前经首已将伊等届内佃欠收楚，会同首等核算，除支给完粮等项，逐一开单粘鉴，首等实接的前经首移交义斗谷659石，存银5两7钱3分，如数接楚"①。随即将接受的单子，禀明县知事，以备存查。交接清楚之后，社济仓内谷石若侵蚀亏短，则自甘着赔。

关于新旧社仓经首交接的内容，具体可参照这份光绪三十三年（1907年）所移交的清册：

接前届移交义斗谷659石正，内押租谷17石5斗3升5角，银5两7钱3分

本年应收各租佃谷327石8斗

奉赵主批示减让各租佃谷65石5斗6升

变卖完粮等项谷38石，价2两1钱正，合进银77两9钱正

变卖完租股谷10石5斗，价2两1钱正，合进银22两4钱7分

变卖改修石墙谷石，价2两1钱正，合进银21两正

进租股息银2两7钱正，进息银平头银1钱2分正

一支完租股谷9石，原额2两5钱，银22两5钱正

一支租股數平银1两8分

一支完正粮银10两9钱3分

一支完津贴银8两3钱2分

一支完捐输银21两8钱7分

一支完和抬钱19千294文，价14千，合银13两7钱5分

① 新津县档案馆：全宗号：001，案卷号：88，《社济仓三乡佃约卷》，第39页。

一支完纳各款敷平银 5 钱 2 分

一支奉批体恤仓房银 15 两正

一支土墙倾颓改修石墙银工料共 25 两正

一支镇石墙底脚工食钱 4550 文，计 35 工，每工 130 文

一支镇石墙□□□□买石三船钱 1800 文

一支培修周围墙垣盖砖 400 皮钱 3200 文

一支添买片瓦 2000 皮钱 2800 文

一支翻盖仓厂并墙垣工食钱 8060 文，计 62 工

一支箩筐篅席撮箕等钱 2800 文

一支太平乡□□□水亩钱 5000 文，除年出□□

一支仓书口食谷 8 石

一支仓夫口食谷 6 石

一支年底奏销册费谷 6 石

一支赵主交代册费谷 6 石

一支仓首薪水谷 15 石

一支风盘工资钱 7895 文

一支盘短折耗谷 32 石

共进银 129 两 9 钱 2 分正

共支银 118 两 9 钱 7 分，品除存银 10 两 09 钱 5 分正

共支钱 36 千 105 文，价 15 千，合银 24 两 07 分

银钱两抵尚欠银 13 两 1 钱 2 分

共进谷 986 石 8 斗

共支谷 197 石 2 斗 6 升

实存义斗谷 789 石 5 斗 4 升，内押租谷 17 石 5 斗 2 升 5 角，外欠银 13 两 1 钱 2 分①

从这份清单中，可以看到新旧经首交接时，所需盘交的完整内容。按形式来分，即是谷石与银钱。具体可分为三类：第一，本年实收情况。包括接管前届经首所移交的义斗谷与押银，以及本年应收的各佃租谷。第二，本年支出情况。这需要将所支出的条款，包括上交捐输、修整土墙、薪水食费等所有开支，一一记录核实。第三，本年实际存储情况，即计算收支，总结实存谷物与

① 新津县档案馆：全宗号：001，案卷号：88，《社济仓三乡佃约卷》，"光绪三十三年经首移交清册"，第 43 页。

银钱。待将社仓事务逐一核查记录，交接清楚，存单呈于知县备查之后，则最终完成了新旧社仓经首报换这一过程。

第三节　社仓经首报换过程中的纠纷与矛盾

社仓经首，作为社仓的管理者，最初通过社仓的运营，与其他乡村基层组织与势力，诸如地方政府、团保等相互联系，相互渗透，并且有效地加强了他们在基层的权利。但是，随着清末社仓经营的困难，以及各方势力对社仓经营的干预，社仓的官方性质愈发浓厚，使得愿意担任社仓经首这一职位的人大大减少，"老成之首士，不愿承办"①。由此各个基层势力之间的矛盾加深，并在社仓经首们交接时，表现得尤为明显。

案例一　社仓经首与殷实粮户之间的矛盾

根据之前对社仓经首选任标准与更换过程的描述，至清末时期，社仓经首的重要选拔对象是殷实粮户，由前任经首推荐，经过公举同意，报予知县批准后，进行交接与任职。但是由于社仓经首这一职务对于殷实粮户来说，已缺乏吸引力，从而殷实粮户都"不愿承办"。因此，在社仓经首的更替中，殷实粮户便纷纷推诿，继而使得殷实粮户与社仓经首之间的矛盾加深。

光绪三十三年（1907年）十月，新津县三乡社济仓经首陈南山、蒋发金、李国友任期已满，投明总保后，向县知事禀举三乡殷实粮户杨一清、古芝顺、杨映宽接充，并且经过县知事的批准，要求"该粮户杨一清、古芝顺、杨映宽即便遵照接充长乐、太平、兴义乡社济仓首，札到速即来案，会同具认，务将各仓谷石还，风盘接管，妥为经理"②。但是，这三位被推荐的殷实粮户却不愿意接手这"烫手山芋"，纷纷向县知事言明不能担任该职务并说明原因，从而引出了一系列复杂的接充过程。

当知县的札到令之后，粮户杨映宽立即作出了回应。他的儿子杨江替父亲向知县说明，"生父于光绪二十三年（1897年）年三月赶集张家场，路经西河板桥，哭遭贼匪拉搕，将生父推入水中，左膝被石摧伤，右脚筋亦被折损，垂年届七旬，行动需人扶掖，以衰老残废之人"，所以不能充担社仓经首一职。

---

① 《钦定大清会典事例》，卷一百九十三，户部，积储，第90页。
② 新津县档案馆：全宗号：001，案卷号：88，《社济仓三乡佃约卷》，第12页。

并且，家中没有成年男子，自己本人"又现当先主寺蒙养学堂教员，每逢星期，始得归家省视一次。虽子弟有服劳之文，而学务、仓储均是重要，顾于此终必失于彼，只得禀恳恩廉俯念生父不能从公于迈，生亦力难兼顾，仍饬前经首李国友等另举殷富妥人承充，以专责成，而重公款。伏乞"①。从而希望知县令前经首另举殷实粮户担任。当知县了解此事之后，则令前经首李国友查明，若杨映宽老病属实，则令其另举殷实粮户接充；否之，则令杨映宽接充。

光绪三十三年（1907 年）十月十九日，兴义乡李国友又回禀知县，强调"伊等均是殷实大粮，堪充此任，杨映宽下有二子，力能充当"②。知县随即令差役前去，"即饬杨一清、杨映宽迅即遵答赴案具来以览，交权而重报"③。由此，殷实粮户杨映宽一家与社仓经首的矛盾进一步加剧。

光绪三十三年（1907 年）十一月初三，杨江禀明知县，直指经首李国友违抗知县命令与报换不公。杨江指出，在上一次已经禀明知县，"生因父老迈残废不便当公。生现充蒙养学堂教员，力难兼顾"这一情况，知县已经令李国友查明"该生之父是否年迈残废不能从公，如果属实，刻即另举殷实粮民接管"。但是，李国友并没有"遵批另举"，反而"以违札抗缴具禀"。杨江强调自己所言属实，可传人证证明，即"复传询保甲，生果否家无成丁，虚实不难立辨"。同时，他指责前经首李国友既执着于社仓经首报一不报二之说，且于报换时，"毫不慎选，并不问其人之堪当与否，是率天下之人皆可从公也"。遂要求知县令李国友复充，以儆效尤。④

接到此呈文后，知县令该管支团保进行查明。"如果杨映宽实是年老残废，家言次子仅小，该生一人先充教，负不能经管社仓属实，即是李国友原举不慎，应即责令复充以儆充报，如杨映宽并无老疾，家有次子可以代劳公事，即札原举不慎，何饬杨映宽？札充当以符原举，该生不得一再亲渎此请。"⑤

最后，该支保陈文典、团保刘长坤查明禀覆："查得杨映宽原有二子，除次子杨鸿藻前往湖南湘潭县右堂何桂芬厅署探亲未家，其长子杨江西安充先主祠初等小学堂教员，映宽年届七旬，两足残废属实。"⑥本来此事应当就此结束。但是，此时正当新津县县衔换人之际，因此，知县则将此事又交予新任知

---

① 新津县档案馆：全宗号：001，案卷号：88，《社济仓三乡佃约卷》，第 14 页。
② 新津县档案馆：全宗号：001，案卷号：88，《社济仓三乡佃约卷》，第 15 页。
③ 新津县档案馆：全宗号：001，案卷号：88，《社济仓三乡佃约卷》，第 16 页。
④ 新津县档案馆：全宗号：001，案卷号：88，《社济仓三乡佃约卷》，第 19 页。
⑤ 新津县档案馆：全宗号：001，案卷号：88，《社济仓三乡佃约卷》，第 19 页。
⑥ 新津县档案馆：全宗号：001，案卷号：88，《社济仓三乡佃约卷》，第 21 页。

县核夺。在新任知县上任之后，李国友与杨江又开始了新一轮的交锋。光绪三十三年（1907年）十一月二十九日，李国友指责"杨映宽违签不遵，私窃支团保陈文典等名朦禀，实有抗公地步，况杨映宽下有二子，虽一师范外有一子，力能经理"①。而杨江则反驳李国友"捏情续禀"，表明杨映宽实是年老残废，家中并无次子，仅有该生一人，且现充教员。并向新知县讲明，自己现在担任师范教员，难以兼顾社仓，要求县知事饬李国友复充。②

最终，于光绪三十三年（1907年）十二月十四日，知县裁决，"社仓经首杨映宽，查验实有腿疾，候饬另即报换"，经首李国友又复充了一年③。至此，长达三个月的社仓经首报换事件才得以解决。

此案透露出以下信息：其一，在这场社仓经首报换的纠纷当中，殷实粮民杨江与经首李国友各执一词，相互指责推诿，双方矛盾激烈。其二，地方团保对社仓经首有着查明监督的作用。当经首与殷实粮民产生矛盾时，地方团保可查明情况，且具有一定的公信力。其三，社济仓经首职务确实是一拖累，以至于当粮民与经首矛盾加剧，杨江指责李国友违抗札令与报换不公时，提出的惩罚竟是让李国友复充一年，以儆效尤。由此可见，在当地粮户杨江心中，担任社仓经首已是一种惩罚。其四，知县虽然对社仓经首的任用人员没有决定的权利，但是，对社仓经首的任用与任期等仍然具有很大的影响力。在社仓经首报换过程中，起到了裁决的作用。

案例二　新旧经首之间的矛盾

社仓经首报换时所产生的矛盾，并不仅限于经首与殷实粮户之间，在新任经首接任之后，与前任经首仍然会产生诸多纠葛。

宣统二年（1910年）二月，长二支监生王子才呈请知县，前任经首陈子冰推迟报换时间，"迟至去腊始行报生，致使各佃租谷均悬未收"。指责其"任意玩公"，并"祈恩廉或饬子冰复充，或饬伊将去岁租谷收好归仓"。④ 但知县并没有批准，令王子才自己查明确数，认真接管，不要借故推卸。

之后，宣统二年（1910年）六月十四日，三乡社仓经首杨惠廷、王子才、姜绍明向知县言明接任与盘交谷石的情况。"前经首陈子冰等去岁秋前不报换，秋后收新谷三十余石"，而后又于腊月自行报换，今年开市后，首等催促前任

---

① 新津县档案馆：全宗号：001，案卷号：88，《社济仓三乡佃约卷》，第25页。
② 新津县档案馆：全宗号：001，案卷号：88，《社济仓三乡佃约卷》，第27页。
③ 新津县档案馆：全宗号：001，案卷号：88，《社济仓三乡佃约卷》，第32页。
④ 新津县档案馆：全宗号：001，案卷号：88，《社济仓三乡佃约卷》，第71页。

经首交仓盘撬，又屡遭推延，至五月十三日，现任经首杨惠廷等人和仓夫才开始盘查，且结果不符。二十二日封仓，实收义斗谷1013石，且包括了新谷30余石在内。但是据仓夫禀上宪案，"除支给外，应实存仓义斗谷1500余石"，要求前任经首应该将去岁租谷收清。① 同年七月，现任经首又呈请，指出前任经首更换时，未将佃户租簿转交，使得收租困难，要求知县饬令前任经首陈子冰等人收清去岁租谷，且转交租簿。

随后，前任经首陈子冰、余心田、萧瑞生禀明知县，言王子才等人说述之事是纯属诬告，并逐一进行反驳。首先，在经首移交之时，陈子冰等人已经将收支盘清，与新经首交接清楚，有案存查。声称："首等充当光绪三十四年分社济仓经首，接得前经首移交谷789石5斗4升，连收是年额租327石8斗，共成谷1147石3斗4升，除变卖照章支应暨填给前首事移交银两外，实存谷1029石3斗8升8角。今5月内首等协同旧新两届经首仓房吏书仓夫等在场，任凭新经首等乘得炎天，将谷翻晒风盘，首等实撬交得仓谷1029石3斗8升8角，与新经首王子才等收楚，内有尾数不敷，系折银补足所有。首等本届实收实支实存移交各情理合分别另缮简明清单粘鉴，以清界限，为此粘禀报销备案存查。"其次，否认新任经首指责其越收宣统元年租谷30余石之说，且认为是王子才等人将收租挪用，捏词塞责。最后，针对租簿的问题作出回应。强调"社济仓务，历来无簿移交。原新津仓务在昔滥至极点，光绪初年蒙孙主整顿，通详各宪，遂将田亩丈清，并坐落与各佃姓名租数，一一勒石竖碑四通照办。以后佃有更换第书约具，禀发存仓房。由是有仓夫以守谷催租，有佃户以运谷上仓，有仓房以管案存约计数，每届经首无甚繁难，法良意美"。并且指责新任经首王子才等人"今伊等欲朦索簿实图创簿，非欲揽权踞蚀，究欲何为"。②

两方争执不下，直至宣统二年（1910年）十月，经县城总保张光沛、何德懋、杨朝梁、尹谧、高寿元以仓厂收租为重，从中说合，消嫌释怨。最后知县令后届王子才等经首于十冬两月内，迅速催旧租缴仓。

此案例比较复杂，涉及诸多问题。首先，是经首报换的时间问题。根据此案例中的说法，社仓经首应该是五六月报换，七八两月盘交。同时，由于报换与盘交时间的推延，加之佃户乘机逃租，加深了新任经首工作的困难，新任经首同前任经首的矛盾也愈发激烈。其次，前任经首在盘查清楚，交接完成之后，并不能完全抛开社仓经首的责任。如有问题，仍然有可能进行追究。

---

① 新津县档案馆：全宗号：001，案卷号：88，《社济仓三乡佃约卷》，第72页。
② 新津县档案馆：全宗号：001，案卷号：88，《社济仓三乡佃约卷》，第74页。

以上这两个案例，只是四川新津县社仓经首报换纠纷中的一小部分。它们分别反映出社仓经首报换过程中所产生的各种问题。其一，社仓经首这一职务在殷实粮户心中的地位下降。殷实粮户已经不再心甘情愿地担任此职务，纷纷进行推诿。由此，殷实富户之间，或是乡绅之间为了逃避担任此职务，从而矛盾加剧。其二，对于社仓经首报换事宜，团保虽然只有"公议之责"，但是在实际处理社仓经首的事务中，团保的权利却不仅限于如此，对于社仓经首矛盾的调解，团保有时比知县更加有效。在社仓管理的权力网络中，乡绅与知县的势力此消彼长，乡绅在有意退却，而团保和知县则加深了他们对于社仓的控制力。

这种现象，与王国斌先生所提到的"江南模式"显然不吻合，王先生认为："19世纪仓储情况所显示的是：一种精英活跃的江南模式，可能已经变得更为普遍。对于社仓，官方很少加以领导，更不进行系统监督。"① 在四川地区，所谓的社会精英似乎对参与社仓管理的积极性并不高，官府仍然起着重要作用。

第四节　地方精英不愿出任社仓经首的原因

社仓经首报换过程中产生的纠纷与矛盾，究其根本，则是社仓经首这一职位在人们心中地位的下降所导致。而造成此种现象的原因有以下几方面。

一、社仓经首的权利有限

社仓，自建立以来，即是强调由民间管理，属于民间组织。社仓经首是由地方公举产生，管理社仓大小事务，并规定地方官员不得干涉，对社仓只有监督的权利。如嘉庆四年（1799年），嘉庆帝曾谕令："各督抚等将各省社仓仍听本地殷实富户择其谨厚者自行办理，不必官吏经手，以杜弊窦而裕民食。"②

总体说来，清代社仓是社仓经首自行管理的民间组织。社仓管理应是"一切条约，有司无预"，即便"州县挪借，许社长首告，盖虽州县不许干预出

---

① ［美］王国斌著，李伯重、连玲玲译：《转变的中国：历史变迁与欧洲经验的局限》，江苏人民出版社，2008年版，第114页。
② （同治）《苏州府志》，卷十七，赋六，《中国地方志集成·江苏府县志》（第7册），江苏古籍出版社，1991年版，第440页。

纳"。① 地方官吏仅仅只有监督稽查的权利，即社仓"定例社首仓粮谷石，听民间自行办理，不必官吏经手，应令社长每岁年底，将出贮数目造册结报地方官，造具册结申报院司道府，仍兴造册咨部查核等因"②。

但是，实际情况却并非如此。不管清代各地社仓具体的情况如何，但就光绪以降四川新津县而言，社仓经首的权利十分有限，社仓管理中官方色彩愈加浓厚。其主要表现为：其一，社仓经首在管理社仓的过程中，许多有关社仓的事务都需要经过知县的批准，大到包括社仓经首报换之事，小到诸如社仓墙体翻修、食费工钱支出等事务。例如光绪三十四年（1908 年），社仓前面土墙由于去年雨水过多而倾塌，社仓经首却没有权利直接调拨银两进行整修，他们只能对其修整所花银两进行估算，报予知县，待批准后，才能对其进行修整。③其二，社仓内部设立吏书撰写书约清册，设立钥匙官，与经首共同掌管仓房钥匙。"由是有仓夫以守谷催租，有佃户以运谷上仓，有仓房以管案存约计数"，"又每仓锁匙官与经首各执其一"，④ 社仓经首自主权利非常有限。其三，在社仓经首收缴租谷的过程中，如果遇到欠租不缴的佃户，社仓经首便无他法，既无权，又无役，只能够依靠地方政府，将欠租名单呈请于知县，由知县派差役进行追缴。

二、社仓经首相关制度的缺失

清代社仓制度中，缺乏对社仓经首任职的相关规定。社仓经首的选任是遵从各地民间的习惯做法，或是一种约定俗成的规定。根据前文对社仓经首报换的描述，清代社仓经首的选任规则，体现在国家与地方上不尽相同。在社仓经

---

① ［清］王庆云著，《石渠余记》，北京古籍出版社，1985 年版，第 180 页。

② "附酌定经管社谷草程札"，（嘉庆）《纳溪县志》，卷四，《中国地方志集成·四川府县志》（第 32 册），巴蜀书社，1992 年版，第 208 页。

③ 社仓经首徐道轩等人呈请新津县县知事原文：

社济仓经首徐道轩、古之顺、李国友为禀明作主事情。社济仓前面房壁，系是土墙，高约九尺，去年雨水过多，墙脚淋湿倒塌，约有四丈之谱，仓夫邹顺等禀明在案，兹自等雇得工匠前往估工，云称上有房罩，不能筑堵，须用红石修砌，以垂久远，当凭估计约用石价工货食费，共约需钱三十钏之多，首等不敢擅专，只得禀明作主。伏乞。

县知事批文：□举已悉，仰即克日与工务须，坚固经久，切勿偷减，所需工价涉三十钏，准予作正开支，此谕。

光绪三十四年三月二十三日具

新津县档案馆：全宗号：001，案卷号：88，《社济仓三乡佃约卷》，第 29 页。

④ 新津县档案馆：全宗号：001，案卷号：88，《社济仓三乡佃约卷》，"宣统二年七月二十八日，社济仓经首监生陈子冰等为粘禀报销备案存查，并祈跟咨安朦以维公议事"，第 74 页。

首的选任条例当中，清政府仅仅是强调殷实端方的粮户与地方公举，从而保障社仓民间运营的性质，对于社仓经首的其他规定，诸如任期、担任次数、更换时间等等则未提及。因此，这些细则在地方上表现出一种不确定性。"顷与来省府州确询各处办理情形，择其善者定为章程，虽徒法不能自行，然有法较愈于无法。"① 在新津县，通过县衙的约具，大致可以总结出有关清末新津县社仓经首的规定：由殷实粮户担任，经前任经首推荐，协同团保进行公举产生，任期为一年，五六月报换、七八月盘交，且报一不报二。但是，这些规定同样也没有被严格执行。如当被推荐的殷实粮民本人年老残迈，不能担任，可由家中成丁代替。若家无成丁，甚至可以找信任的人充当副职协助管理。当前任经首换报不实时，虽然经首任期为一年，但经知县批准则会被要求继续复充，或违背报一不报二的原则，另举他人。在报换方面，前任经首也会延迟报换与盘交时间，其后虽然与新任经首产生纠纷，经团保协调之后也不了了之。凡此种种足以证明社仓经首制度在地方执行中的不确定性。而这种不确定性则使得社仓经首的工作难以开展，致使殷实粮户借故推诿接任，佃户借机欠租逃租。

三、社仓经首工作的赔累

根据前文对社仓经首工作的分析，清末新津县社仓经首的工作主要可归纳为三大类：第一，招佃、转佃与追佃；第二，管理谷石、压租银两以及社仓内部开支；第三，当灾情来临之时，需调查灾情与佃户受灾情况。工作可谓是相当繁琐。在这当中，社仓经首最难处理的莫过于社仓谷石的追缴。社仓经首，究其社会身份，是属殷实粮户，既非官吏，也无权无役。若遇丰收之年，佃户主动自行运谷还仓，社仓经首则能够很好地将租谷完纳；但是若遇到谷物歉收之年，面对社田佃户的逃租以及欠租的行为，社仓经首却是无能为力，只能凭借地方政府的力量，由县知事派差役协同追缴。譬如宣统二年（1910 年）十月，三乡社济仓经首王子才等人，追缴租谷失败，即将欠租佃户名单报予知县，由知县发签派役前往三乡进行追缴，令"即饬粘单内开武永安等速将去岁旧欠租谷，赶紧如数运仓完纳，以实仓储，倘敢抗违，该役即将抗违之人，随签带县，以凭讯究"②。不仅如此，即便将租谷追回，完纳归仓，社仓经首还

① "附酌定经管社谷草程札"，（嘉庆）《纳溪县志》，卷四，《中国地方志集成·四川府县志辑》（第 32 册），巴蜀书社，1992 年版，第 208 页。

② "附酌定经管社谷草程札"，（嘉庆）《纳溪县志》，卷四，《中国地方志集成·四川府县志辑》（第 32 册），巴蜀书社版，1992 年版，第 208 页；新津县档案馆：全宗号：001，案卷号：88，《社济仓三乡佃约卷》，第 82 页。

需要精心管理，否则"每年痞烂鼠耗，惟社首是问。或有停仓，或者民叹，其本末亦惟社首是赔"①，或者"照侵欺钱粮例处分"②。此租谷追缴与管理的困难，则是社仓经首的第一赔累。

社仓经首的第二赔累是官府的盘查。地方官府对社仓谷石具有盘查的权利，以防社仓经首私自亏挪。每年年底社仓经首都需要将仓贮数目造册结报于地方政府。知县要结报，就需要盘查，那么盘查所需的各项费用，便顺理成章的由社仓经首支付。"州县既须结报，即不免盘查，既不免盘查，则不无使费。虽使官清吏肃，不敢格外苛求，而夫马饭食为费已属不少，且奸胥滑吏以访闻社仓亏短，怂恿本官盘查，如日前有社首禀称，一年之内曾经盘查三次，此社首之赔垫者一也。"③

社仓经首最后的赔累则在于难以平衡邻里关系。社仓经首主要主持社田租佃以及谷物租借的工作，需要与乡间邻里打交道，若稍有不慎，则会招致怨言，或者引起事端；更甚者，会被佃户抓住把柄，当成借口用于逃租。例如宣统二年（1910年），新旧经首延迟报换，相互推诿，此时太二支社仓佃户周全安、游起章等人则乘势企图逃租，向县知事禀明，去年遭受旱灾，导致插秧失时歉收，而今年又遭受到长达半月的秋雨，导致田谷倒偃。佃户呈文说，由于社仓经首报换推迟延今，称要两季收齐，指责"新旧经首，不思去遭旱灾冰雹，今受水灾，一季不足，何能携两季之租"，希望知县对其进行减租。④除此之外，社仓经首在邻里关系上的赔累还表现在借贷谷石方面。社仓经首除了很难收回谷物外，还难于确保将谷物借给有需要且勤劳的贫民。虽有规定"各

---

① 汤宗何："太平寺社田序一首"，（民国）《渠县志》第12卷，文徵，民国21年（1932年）铅印本，第1242页。

② ［清］嵇璜、刘墉等撰：《清朝通志》，卷八十八，食货略八，商务印书馆，1935年版，第7269页。

③ "附酌定经管社谷草程札"，（嘉庆）《纳溪县志》，卷四，《中国地方志集成·四川府县志辑》（第32册），巴蜀书社，1992年版，第208页。

④ 新津县太二支佃户周全安等人呈给知县原文：

　　　具禀状：太二支社仓佃户周全安、游起章、周长寿、王恒仁、葛洪兴、李光钦、姜国松、胡长生、舒洪顺、周洪顺为旱潦奇灾，协恳勘主事情。户等均系社仓佃户，去逢旱灾，栽插失时，不惟田谷白穗具受雹灾，具禀禄主，堪明在案，可查，又兼社济经首，报换互推延今，称要两季收齐，况今夏栽插虽迟，田谷茂盛，不料谷黄之际，秋雨连绵，半月之久，不惟田谷倒偃，且均萌芽，仅有半收之谱，赏堪不虚。而新旧经首，不思去遭旱灾冰雹，今受水灾，一季不足，何能携两季之租，户等不揣冒昧，协恳勘主，均沾雨露，伏乞大老爷台前施行。

　　　批：县正堂赵批，本年秋案为系，虽经本孙□诚投堰，即已大开晴霜并未成灾，系致仅有半收之谱，此事显系藉以狡赖，以为骗租之谋，乃□公谷，先仰该管首，乃确切查明，事候核夺。

　　　　　　　　　　　　　　　　　　　　　　　宣统二年八月十二日具代作郑子谦

　　新津县档案馆：全宗号：001，案卷号：88，《社济仓三乡佃约卷》，第77页。

省出借社谷，地方官预造排编细册注明编户姓名住址存案。凡不务农业，游手好闲之人不准借给"，但是，社仓经首本身即是乡间殷实粮民，"既非官吏，又无衙门，其例不应借之人，衡宇毗连，朝夕相见，或以情求，或以势胁，一经借给，收纳为难，岁月逡巡，逐成亏空，此社首之赔垫者又一也"①。

以上种种赔累，使得殷实粮户不愿担任社仓经首。虽然，清政府诱以官职以及物质奖赏，社长"二人果能出纳有法，乡里推服，令按年给奖，如果十年无过，该督抚题请给以八品顶戴"②。或者"正副社长经营一年，公慎无过，赏息谷一京石，二年无过赏给三京石，三年则赏五京石；如不愿赏谷，即以此五京石之数，令地方官置给匾额"③。新津县社济仓经首且有 5 石租谷作为薪水。但这些利益与社仓经首的工作难度与赔累来说，实在不成正比，故"身家殷实，老成端方之人，则视社首为畏途，多方营免而不肖"④。

小 结

关于社仓制度的研究，海外学者多从国家、社会的解释体系中加以阐释。魏丕信认为，"社仓"和"义仓"属于半民间性质，"这些机构尽管是按照政府制定的原则经营的，而且每年还得报告经营情况，但却是由地方精英们具体管理的，恐怕没有地方政府的直接干预，且仓谷也完全来自私人捐输"⑤。王国斌也认为，19 世纪中国官方对仓储控制的积极性在减弱⑥。就四川新津县而言，似乎民间精英对社仓管理的积极性也在减弱，而国家对社仓的控制则有所加强。这可能与社仓制度的经营模式有关。绝大多数学者研究的社仓仓谷来自捐输，而晚清时期，新津县的社济仓则是社田经营，社仓经首只是代替地方政府行使出租土地、收获地租、管理仓储等职责，其自主管理的权利有限，很多

① "附酌定经管社谷草程札"，（嘉庆）《纳溪县志》，卷四，《中国地方志集成·四川府县志辑》（第32册），巴蜀书社，1992 年版，第 208 页。
② （乾隆）《震泽县志》，卷三十，积贮十九，《中国地方志集成·江苏府县志辑》（第 23 册），江苏古籍出版社，1991 年版，第 277 页。
③ 《钦定大清会典事例》，卷一百九十三，户部，积储，第 88 页。
④ "附酌定经管社谷草程札"，（嘉庆）《纳溪县志》，卷四，《中国地方志集成·四川府县志辑》（第32册），巴蜀书社，1992 年版，第 208 页。
⑤ [法]魏丕信著，徐建青译：《18 世纪中国的官僚制度与荒政》，江苏人民出版社，2003 年版，第 165 页。
⑥ [美]王国斌著，李伯重、连玲玲译：《转变的中国：历史变迁与欧洲经验的局限》，江苏人民出版社，2008 年版，第 114 页。

工作需要借助地方政府的力量才能完成。同时，担任社仓经首所获得的利益与所受赔累不成比例，利薄事繁，所以地方士绅往往推诿，不愿担任。同一时期，在新津县具有同一性质的水利设施通济堰堰长的选任也具有同样的情形①。由此看来，至少在晚清时期，地方士绅管理地方事务的兴趣和积极性亦有减弱的趋势，这为民国时期国家对地方事务干预力度的加强埋下了伏笔。

---

① 通济堰堰长任期一年，由现任堰长向知县推荐下任堰长人选，知县认可并传唤新任堰长。充任的前提条件是家境殷实，拥有一定数量的田亩，然后才是做事老成，具有一定的声望等软实力。在换届流程中，现任堰长起主导作用，按一比一的比例向知县推荐接任人选，知县只是以官方名义监督、认可之，一般不会否定上报人选。光绪六年（1880年），出现了不愿充任堰长的情况（新津县档案馆：全宗号：001，目录号：1，案卷号：12，《县正堂：新彭眉三县为会勘通济堰堰工、制止不按规修筑及县属堰长的任免》，第3页）。至民国，不愿充任堰长的情形愈加明显（新津县档案馆：全宗号：002，目录号：11，案卷号：40，《新津县、彭山县、眉山县知事公署，水利常驻委员会：关于通济堰堰工事宜的训令、呈文》，第23～24页）。

第三章 邻里关系与纠纷处理

李德英

在前两章的基础之上，本章以新津县几起抢劫案例为中心，具体探讨了在清末民初的新政权背景下，国家政权变动对民众生活之影响，以及农村邻里关系的危机与互动。

1911年，四川爆发保路风潮，川人为争路权与清廷展开了各种形式的斗争，既存研究对保路运动及其对辛亥革命的影响关注较多，成果斐然[①]。但学界对激烈变动之后，基层社会秩序、社会治安、民众所面临的危机关注不够：政权的更替给普通民众日常生活带来怎样的影响，基层社会秩序和社会治安是否能保持良好和稳定，民众如何应对因激烈变动造成的社会混乱，这些都是值得思考的问题。笔者近年来一直关注四川省成都市新津县清末民初的司法诉讼档案，通过这些档案观察1911—1912年政权更替的前后几个月，基层社会的危机与互动，发现"抢劫"两个字在这几个月里出现的频率远远超过该县前两百年档案中出现的次数，抢劫事件频发，百姓手足无措，看上去成为这几个月该县主要的社会危机。本文通过几个抢劫事件案例，考察新津县乡村民众在社会危机中采取的态度，以及士绅和政府为维护社会秩序所采取的措施与作出的努力，从而观察激烈的社会变动之后官、绅、民之间的关系。

第一节 引子

四川省新津县位于川西平原西部，岷江中游，距省会成都39公里，这里

[①] 关于保路运动的既存研究很多。参见苏全有、邹宝刚：《近三十年四川保路运动研究综述》，《重庆交通大学学报》（社科版），2010年第10卷，第5期，以及2011年四川大学历史文化学院与四川博物院联合举办的"纪念辛亥革命暨保路运动100周年国际学术研讨会"会议论文集相关论文，2011年10月。

河流纵横，资源丰富，是成都平原最著名的"鱼米之乡"。这里也是成都水路通往乐山、宜宾的必经之地，是重要的战略要地。这里民风淳朴，士人好读书，"新津去成都不百里，文翁之化尤有存者，故士皆读书好古，各能自奋，虽大成者无多，而户咏家弦声闻四境，少干谒之私，有自爱之志"①。这里男耕女织，勤劳简朴，"男事农功，女勤纺织，布帛菽粟，简朴相尚，愚者守拙，黠者争利，唯奸盗之风不能悉化，亦其俗然与"②。

尽管道光县志称该县"奸盗之风"不能完全平息，但该县在宣统三年（1911年）以前，社会治安相对稳定，县衙的司法案卷中抢劫之案并不多，从乾隆到光绪，只有三卷有涉③。而从宣统三年（1911年）下半年起，该县劫案频发，以抢劫报案的案卷就有28卷，每一卷平均有20～25起劫案。仅据当时县军事巡警厅半年（1911年10月7日至1912年3月）报案统计，劫案即达382起，平均每天发生抢劫案2起④。这些抢劫案，时间主要集中在1911年农历十月十八日之后。

十月十八日夜⑤，新津县兴新支⑥观音堂的农民倪朝钦家被劫⑦。

十月十九日夜，太一支村民岑国模存在县城当铺的货物衣物被劫⑧。

十月二十日，东二支佃农王万成家被劫⑨。

十月二十一日白天，南区黄清和家被劫，儿子黄仕奎被抬炮击中而死⑩。

十月月二十一日夜，长二支村民李三兴家被劫⑪。

---

① （道光）《新津县志》卷一五，（台湾地区）《新修方志丛刊·四川方志之三十九》，台湾学生书局，1968年刊印，第310页。

② （道光）《新津县志》卷一五，（台湾地区）《新修方志丛刊·四川方志之三十九》，台湾学生书局，1968年刊印，第310页。

③ 见新津县档案馆清代档案目录。

④ 四川省新津县志编纂委员会编纂：《新津县志》，四川人民出版社，1989年版，第649页。

⑤ 后文皆为农历。

⑥ 晚清时期，新津县乡村实行乡支保制度，"乡"下设"支"，"支"下设"保"，"保"下设"甲"，"甲"下设"牌"，类似保甲制度。民国元年（1912年）承袭旧制，但将全县划为东、南、西、北、中五个区，区下仍设支、保、牌。民国2年（1913年）实行区段制，区以下废支设段，段以下仍设保、甲、牌。参见四川省新津县志编纂委员会编纂：《新津县志》，四川人民出版社，1989年版，第29～30页。

⑦ 新津县档案馆，清代档案，全宗号101，第9页。

⑧ 新津县档案馆，清代档案，全宗号213，第62页。

⑨ 新津县档案馆，清代档案，全宗号101，第22页。

⑩ 新津县档案馆，清代档案，全宗号213，第48页。

⑪ 新津县档案馆，清代档案，全宗号213，第49页。

十月二十二日中午，兴一支三条沟村民刘兴镒家被劫。①

十月二十四日夜，兴新支观音堂李黄氏（40 岁）家被劫，丈夫李天贵被砍死。②

十一月初一，长一支村民蔡湾离家被劫。③

……

1911 年农历十一月，当大汉军政府的县级官员到达新津县任职时，摆在面前的是一个又一个抢劫案的状纸和呈文。抢劫案发生的时间主要集中在 1911 年农历十月十八日以后。

"农历十月十八日"，这是一个什么日子？

第二节 抢劫，从成都开始

1911 年春，清廷将川汉铁路筑路权收归国有的做法，激起川人的愤怒。保路运动揭开序幕。5 月，成都成立四川保路同志会，各州县先后成立协会。遭到清廷镇压。7 月，全川罢市罢课，赵尔丰拘捕蒲殿俊、罗纶等人，并造成成都血案，消息通过"水电报"传遍川西南。各县同志军纷纷起义，声援成都。10 月 10 日，武昌爆发革命，全国响应，各省纷纷独立。四川总督赵尔丰迫于压力交出政权，其旧部保留为"巡防军"，赵尔丰以文告宣示四川自治，由川人推举蒲殿俊为都督，朱庆澜为副都督。1911 年 11 月 27 日（辛亥年农历十月初七日）大汉四川军政府成立。蒲殿俊曾允诺发给各军恩饷三月，并给十天假。但事后四川财政竭蹶，不能如愿以偿，军政府只答应给省城内所驻先锋队发一月恩饷。"初殿俊许各军休假 10 日，给 3 月饷酬用。至期索饷者纷纷，巡防军无人统治，尤骚扰。"④ 1911 年 12 月 8 日（农历十月十八日）是该发饷之日。这天早上，省城先锋队三千多人"聚众不服，要挟多端，稍拂其意，竟将发饷委员戕毙，立时叛乱"⑤，然后开始洗劫成都。"分劫银行典当、

---

① 新津县档案馆：清代档案，全宗号 001，第 1～2 页。

② 新津县档案馆，清代档案，全宗号 101，第 16 页。

③ 新津县档案馆，清代档案，全宗号 213，第 68 页。

④ 向楚：《四川辛亥之役》，《辛亥四川风雷》，成都出版社，1991 年版，第 17 页。

⑤ 《四川独立后之浩劫》，戴执礼编：《四川保路运动史料汇纂（下）》，（台湾地区）"中央研究院"近代史研究所史料丛刊（23），1994 年版，第 1904 页。

盐库、蕃库及全城官商，火三日不熄，变兵饱掠，出城飏去。"①

时人报道："十月十八日巡防营变后，趁势放火抢劫大汉银行及濬川源、官银行、天顺祥各票号，继至各商号搜刮一空，各典当焚烧殆尽，即大小铺户、里巷公馆，无一幸免者。""其被劫情形，自一而再，自再而三，甚至有被劫五六次者。损失之巨，数逾千万。此真罕闻之浩劫。是役除银行票号外，东大街一隅，被害最甚。如正大裕、马玉隆、章洪源、庆协泰、复茂长等，每家损失约五七万，有全城如洗之概。"②

成都的劫案，也使住在成都的外国人非常恐慌，他们向自己国家的领事寻求帮助，希望离开成都，他们的描述也反映出成都被洗劫的惨状："这些人申诉，他们个人的几乎全部财物不是被抢劫去，便是遭到毁坏。"③

洗劫成都的变兵，在溃散途中，一路洗劫市镇及乡村。"十月十八日、十九日，城外市镇均被骚扰。此二日中，清兵溃散出城，经过一路市镇，插有汉旗处之当商巨户，劫掠一空。"④ 十八日兵变后，二十一日、二十二日，四川各地方，如新津、简阳、内江、资中、安岳等地均报告发生大规模抢劫事件。

农历十月十八日的兵变，使四川各地社会治安受到很大影响。大汉军政府成立后虽然下令"告诉道台以下各级在职官员：他们目前可以继续任职，或是在预先提出通知并有人替换之后离职"⑤，但十月十九日，新津县前清知县离职，一直到农历十一月，军政府的县级官员才到任。这段时间，基层社会处于比较混乱的状态，各地抢劫案频频发生。变兵和劫匪不但在边缘地带明火执仗，打家劫舍，而且于光天化日之下，白昼行动，还敢于公开抢劫县城、要镇、祠堂、庙宇、学校和绑票拉肥。

成都劫案后，地方上沉渣泛起，抢劫案不可能完全是变兵所为，一些原来在乡里的地痞流氓视机而动，趁火打劫，"匪等乘机抢劫，地类萑苻"⑥，"贼

① 向楚：《四川辛亥之役》，《辛亥四川风雷》，成都出版社，1991年版，第17页。
② 《成都乱事余闻》，《民立报》辛亥年十一月二十日，戴执礼编：《四川保路运动史料汇纂（下）》，（台湾地区）"中央研究院"近代史研究所史料丛刊（23），1994年版，第1903页。
③ 《总领事务谨顺致朱尔典爵士函》，戴执礼编：《四川保路运动史料汇纂（下）》，（台湾地区）"中央研究院"近代史研究所史料丛刊（23），1994年版，第1910页。
④ 四川省图书馆藏：《记事野史》稿本，戴执礼编：《四川保路运动史料汇纂（下）》，（台湾地区）"中央研究院"近代史研究所史料丛刊（23），1994年版，第1905页。
⑤ 《英驻重庆领事务谨顺致英驻华公使朱尔典报告成都独立前后情况函》，宣统三年十月九日（1911年11月29日），戴执礼编：《四川保路运动史料汇纂（下）》，（台湾地区）"中央研究院"近代史研究所史料丛刊（23），1994年版，第1892页。
⑥ 新津县档案馆，清代档案，全宗号213，第52页。

等凶焰愈炽，昼则持械估抢，夜则鸣火扫拿"①。如地方惯盗江六蝗、江老五等纠集一起在通衢大道实施抢劫，"十一月十一日巳刻在李店通衢大路，邀劫客商彭兴隆、吴精云银钱衣物"，被团丁缉捕，人赃俱获，但劫匪不服，扬言要"纠集匪类，赶紧夺回"，当地团保"立将数贼杀毙，免使疏虞，致令兔脱"。②

四川警署认为抢劫频发与哥老会有关，"匪风不戢，皆缘哥老会流毒"，于是下令各地方警察官厅严查取缔哥老会。新津县取缔了 38 个哥老会组织，并悬赏购线，利用"眼线"刺探匪情，在三个月内，捕杀镇匪 27 名，使抢劫之风有所遏制③。

第三节　劫案与乡邻

1911 年农历十月十八日成都劫案后，新津劫案频发，社会治安混乱，百姓惊恐万分，每天都有人向县府报案遭到抢劫。有的状文能指名道姓，有的甚至扭送嫌疑人到县府，有的只报告被人抢劫的财物清单，却不能确定作案者。就作者所见的案例，可以分为不知道嫌疑人和知道嫌疑人两种。绝大多数报案者都不知道嫌疑人，他们遭到抢劫后，先向乡里的团保、甲长等人投报，再由他们转报县府。另一部分报案者则有明确的指认，他们报案时就直接控告某某人参与抢劫，有的还和当地团保、甲长一起缉拿嫌疑人到县府。

第一种劫案，不知道嫌疑人，往往没有办法破案。第二种则非常复杂，也很有意思，反映出社会动荡的情况下，基层民众的相互关系。下面分析的几个案例，都是指明嫌疑人的，通过这几个案例，可以观察民众、士绅和国家的关系。

很多报案人在报案时已经有针对性，控告乡邻参与抢劫。但县府在审理案件时，却发现这些邻里之间存在积怨，一方在控告对方时，另一方也已经递送了状文。

---

① 新津县档案馆，清代档案，全宗号 213，第 56 页。
② 新津县档案馆，清代档案，全宗号 213，第 56 页。
③ 抢劫与哥老会（袍哥）的问题十分复杂，不在本文论述之列。参见四川省新津县志编纂委员会编纂：《新津县志》，四川人民出版社，1989 年版，第 649 页。

案例一 刘兴镒案：邻里互告

1911年农历十一月，大汉军政府旗下的新津县政府接到兴一支三条沟村村民刘兴镒报案，称农历十月二十二日中午，其家被同乡汪廷璠等百多号人抢劫，但当时县城无官，无法控告，一直到十一月才向新津县政府报案：

今十月二十二日午，有汪廷璠、汪廷璧父子率刘泽元父子三人、刘香廷弟兄二人、倪月斋倪纯安之子及倪玉堂之子等百余人各执刀炮①，毁门拥入，抢去民银二十九定半、铜圆二百封、菜籽十五石、小麦九石、白米十一石、黄谷半仓、肥猪五只、被盖九床、水黄牛各一只，皮衫二件以及银饰、衣物、契约等件，连日扫掠一空。（黄帝纪元四千六百零九年十一月）②

该呈文不仅讲述被抢劫的情形及损失，同时指名道姓控告同乡汪廷璠父子、刘泽元父子、刘香廷兄弟及倪月斋子侄是参与抢劫的人。

县府接到报案后，十一月十四日即派人去拘押被告。就在县府派人去拘人的当天，作为被告的汪廷璠、汪廷璧、倪纯安、倪玉堂、刘香廷、刘泽元也将原告告上县府。

汪的述状称，汪廷璧、汪廷璠是叔伯兄弟，是西太一支的团保，刘兴镒家因为坟头的树与族人发生口角，请团保断理，团保劝令刘兴镒将树让买，刘不同意，因此结怨。

倪月斋等人则声称自己作为刘兴镒的团邻，害怕劫匪凶猛，在刘家被抢劫时没能出面帮捕，结果被刘告作抢匪，要求县大老爷帮助洗脱罪名。

刘香廷也提出诉状，刘香廷祖上遗留水田二亩多，与刘兴镒的水田相连，同沟同水，上流沟路本来是高姓所管，刘兴镒买到手后，填塞沟路，他家的田周围容易得水，而刘香廷的田无沟，不容易得水，影响耕种两年了。刘香廷曾告到前清彭知县那里，彭知县判刘兴镒赔谷六石给刘香廷家，并且原沟修还。但刘兴镒并没有执行，不仅不缴粮，还把沟堵了，致使刘香廷家另外三亩地也

---

① 原文如此。
② 大汉军政府，是以黄帝纪元，也有呈文以"大汉"纪元。总之，1911年10月大汉四川军政府成立以后，民间纪元都弃用"宣统"而用"黄帝"或"大汉"。新津县档案馆：全宗号001，目录号2，案卷号210，《大汉军政府、成都检察院、新津县知事：关于兴三支刘兴镒告汪廷璠等纠纷抢劫案》，第1~2页。

没法耕种，因此结怨。①

刘泽元也提出申诉。1911年农历五月，刘兴镒之子刘老三儿子刘子由，偷了刘光文的鸭，又伤了其妻的额头，刘光文将其告到前清彭知县案下，刘老三之子被缉。因此，刘家怀恨，十月二十二日被匪劫，本人家那天也被劫。②

十一月二十八日，被告人汪廷璧等奉票约集到县候讯。三十日，王知事集讯原告、被告后作出判决："堂判查此案，刘兴镒无据空指，殊难凭信。察看被控之汪廷璠等均系忠厚民人，犹且比邻相处，焉敢作此非为，讯揣其情，不外刘兴镒被匪扰时汪廷璠等怀恨未耳，而刘兴镒遂以疑似之情指控，两造均有非是，兹经讯明，着断：各即回家，解释嫌怨，仍敦邻谊，必须相友相助，以御外侮，此判。"③ 原被告双方也画押表示接受判决，"小的遵断，回家解释嫌怨就是"。④

此案似乎告一段落。但原告刘兴镒心有不甘，于农历十二月初八日，继续写状子再告，称"民遵侯至今未蒙详查，亦未将伊等子孙唤集送覆，况民被劫约值三千余钏，家如悬磬，而光文之妻反登门詈凶，民只得再恳详查，饬传质究，虚结倍坐，伏乞"⑤。但这个诉状被县府驳回："前于呈讯之下，洞悉所造隐衷，均属不实。已饬令彼此回去相安无事，盖以至关在比邻，此日多一恶感，他日即多一隐患。该民不知仰体本县曲全苦心，竟尔砌词妄渎，殊属刁顽已极，不准。"⑥

案例二　张旭旭案：控告乡邻抢劫杀人

十一月十九日，家住新津县兴新支观音堂的农民倪朝钦报案，称十月十八日夜，其家两处被盗贼抢劫，打毁柜门，烧毁篱垣，打毁板箱五个，柜子三

---

① 新津县档案馆：全宗号001，目录号2，案卷号210，《大汉军政府、成都检察院、新津县知事：关于兴三支刘兴镒告汪廷璠等纠纷抢劫案》，第6页。

② 新津县档案馆：全宗号001，目录号2，案卷号210，《大汉军政府、成都检察院、新津县知事：关于兴三支刘兴镒告汪廷璠等纠纷抢劫案》，第10页。

③ 新津县档案馆：全宗号001，目录号2，案卷号210，《大汉军政府、成都检察院、新津县知事：关于兴三支刘兴镒告汪廷璠等纠纷抢劫案》，第13页。

④ 新津县档案馆：全宗号001，目录号2，案卷号210，《大汉军政府、成都检察院、新津县知事：关于兴三支刘兴镒告汪廷璠等纠纷抢劫案》，第13页。

⑤ 新津县档案馆：全宗号001，目录号2，案卷号210，《大汉军政府、成都检察院、新津县知事：关于兴三支刘兴镒告汪廷璠等纠纷抢劫案》，第14页。

⑥ 黄帝纪元四千六百零九年十二月初八，新津县档案馆：全宗号001，目录号2，案卷号210，《大汉军政府、成都检察院、新津县知事：关于兴三支刘兴镒告汪廷璠等纠纷抢劫案》，第14页。

个，钱柜一个，抢去皮箱两口，衣物若干，并打伤长子、四子和五子。[①]

十一月十九日，同样家住兴新支观音堂的李黄氏（40岁）到县衙喊状：称十月二十四日夜三更，突然有八九个不认识的人来到家中，用布将李黄氏蒙面，抢走铜圆钱十一千，制钱三百文，白夏布罩一床，并将李黄氏丈夫李天贵拖出门外上船，撑到河中，砍伤头脑、右肩膀、左手腕及背部，李天贵伤重而亡。第二天，李黄氏在船上找到丈夫尸体，并在尸体旁边捡到一把刀，因为十月中旬以后，前清县衙彭县令离职，县府没有长官，所以没有报案，自行掩埋了丈夫的尸体。二十九日，同村的张旭旭自己说这把刀是他的，要李黄氏还刀，并多次催促，口角不断，李黄氏就向保长戴显寿、甲长杨洪发、团长舒玉廷求助，于十一月十九日将张旭旭捕获送到县衙。[②]

与李黄氏一起来喊状的倪朝钦称，他家十月十八日晚上遭劫后，曾向县衙报案，但十月十九日彭县令就离职了，所以没有能够缉拿凶犯。十一月十九日，李黄氏和保长、甲长、团长一起去缉拿张旭旭时，倪朝钦也跟着去张家，搜出了一把柴刀，这把柴刀是倪家丢失之物。于是，倪也跟着李黄氏及保甲长、团长，一起来到县府。[③]

李黄氏家被劫，丈夫被杀，丈夫尸体旁边的刀是乡邻张旭旭的，而倪朝钦家被劫，丢失柴刀也在张旭旭家里找出，这两个证据似乎证明张旭旭参与了两次抢劫案。于是，李家和倪家向团保投状，并将张旭旭扭送到县府。

当天，县府接受了李黄氏的喊状，让李黄氏、倪俊文（即倪朝钦）和张旭旭当庭对质。

据被告张洪顺和张旭旭供述：被告张洪顺，以开石厂为业，张旭旭是其小儿子，十五岁，一直跟随父亲以石厂为业。与李黄氏、倪俊文"住隔不远"。经常在李黄氏开的烟馆吸烟，两次欠钱共计八十文，于是到三叔家拿了一把刀交给李黄氏作为抵押，没想到她遭遇贼人抢劫，认为此刀将她丈夫砍死，经她在船内捡获，张旭旭向她索要，不还，于是栽张旭旭行凶（张旭旭语），并和保长、甲长一起去家里把他们父子俩抓起来。在家里搜出来的柴刀，是父亲张洪顺自购家用的。至于李天贵、倪俊文家被劫，张旭旭说均不知道，自己年轻

---

① 新津县档案馆，清代档案，全宗号101，案卷号94，《宣统、民国太一支、二支、兴新支、新三支、东二区：民众辛亥年抢劫案》，第9页。

② 新津县档案馆，清代档案，全宗号101，案卷号94，《宣统、民国太一支、二支、兴新支、新三支、东二区：民众辛亥年抢劫案》，第13页。

③ 新津县档案馆，清代档案，全宗号101，案卷号94，《宣统、民国太一支、二支、兴新支、新三支、东二区：民众辛亥年抢劫案》，第15页。

濫烟，应受笞责。

当地保长戴显寿、甲长杨洪发、团长舒玉廷称，保内花户李天贵被贼砍死，其妻李黄氏向保甲投案，在搬移死尸时，杨洪发眼见李黄氏在尸体船内拾获凶刀一把。李黄氏说张旭旭认刀是他的，屡屡索要寻衅，于是陪同李黄氏去张家抓人，在张家搜出柴刀一把，据倪俊文认出是他家失窃的，于是把张家父子一起扭送县府。①

庭审后，县府将张旭旭收押。收押后半月，十二月初四，县城东门外李春山，新一支龚兴有、龚天全等人，向县府申请保释张旭旭："前月张洪顺之子张旭旭因倪朝钦家被劫，疑伊知情，将伊送案，已蒙恩讯，又无确证，赃物一柴刀未足为据，谕将伊卡禁，今已半月。民等以伊父子素行凿石营生，别无他故，是以赴案祈恩鉴怜，如蒙允准，民等甘愿承保张旭旭回家安业，如有别故，为民等是问。"②

县政府批示"着即来案保释"，并于当日，让刑房开释。

案例三　获取赃物案：从乡邻家里获取赃物

1911年农历十二月二十六日，督办新津团练局收到东二区五段段长林树梧等送来的赃物和呈文。称：二十五日夜，林树梧和甲长李恩浦等人拿获劫匪吕天福，起出赃物多件，其中包括一匣契约，是宿文照家的。宿文照说他们家的契约前段时间放在佃户王万成家，十月二十日，王家被劫，契约也就丢了。除契约以外，其他赃物还无人认领。于是，林树梧会同宿文照、王万成等人就把吕天福捆送到县府团练局，将各赃物验明开单存局，并将吕天福送案讯办③。该清单所列主要是衣物，而且数目也较少，吕天福家不认为这些是赃物。

吕家族人吕润生等人向县府呈文说：族弟吕天福是老实之人，靠厨艺为

---

① 新津县档案馆，清代档案，全宗号101，案卷号94，《宣统、民国太一支、二支、兴新支、新三支、东二区：民众辛亥年抢劫案》，第11~12页。

② 新津县档案馆，清代档案，全宗号101，案卷号94，《宣统、民国太一支、二支、兴新支、新三支、东二区：民众辛亥年抢劫案》，第16页。

③ 计开东二区五甲甲长林树梧拿匪起出赃物单：被盖，叁床（白里蓝面，壹；蓝里蓝面，贰）；花夏布罩子，壹床；蓝夏布女衫，壹件；白洋布中衣，壹条；白布汗衣，壹件；顺水洗绒，贰拾丈；粉红夏布中衣，壹条；平绉旧夹套裤，壹双；黑羽缎夹套裤，壹双；蓝布坏男中衣，贰条；油丝洋布女衫，壹件；月蓝布男汗衣，壹件；粉红丝脚带，壹双；棉花连口袋，贰斤半；外，宿文照契约匣，壹个。新津县档案馆，清代档案，全宗号101，案卷号94，《宣统、民国太一支、二支、兴新支、新三支、东二区：民众辛亥年抢劫案》，第22页。

生，不染是非，现在被与他有嫌隙的李青青、李长明陷害。李青青的父亲李培然（即李恩浦）充当甲长，借与东二区第五段段长林树梧集团捕匪之机，于农历十二月二十五日夜，到吕天福门外，一拥而上，不由分说，估拿①衣物银钱，并将吕天福送县卡禁，意图报复。尤其借口王万成家被劫内有宿姓契约为名，栽诬吕天福抢劫。吕家有宿姓契约不假，但这是宿南山亲手寄放在天福家的。李青青、李长明以前偷过天福家的米，被抓获退还，因此怀恨在心，两家有仇，邻里都知道。族人不愿看到吕天福受此冤枉，愿意邀约宿南山到案质讯，以分良莠。②

第二天县府批复："据呈各节是否属实，着自邀宿南山来案，以提案质讯察究。"③

此案，宿南山是关键证人，但宿南山一直没有到县府参加质讯。十二月二十八日，东二区第五段段长林树梧和甲长李恩浦又呈文，称在率团捉拿吕天福送案的第二天，吕天福的妻子王氏对他们说吕天福只抢劫过一次，是受到白镜廷（白玉顺）、萧志安等人的勾诱所为。吕天福的妻子还带团丁到萧志安家清查，未查获赃物，又引团丁到白镜廷（白玉顺）家，清获各物，开单存放在团练局。于是带吕天福妻子王氏和团丁到县府接受调查。④

同日，宿文照也呈文说明自己家的契约寄放在佃户王万成家，十月二十日王家被劫，劫去了钱三千文、棉花八十余、长短衣服八件，另外宿家契约一匣。当时王家向县里报案，县里没有人主事。到二十六日，林树梧等在吕天福家拿获契约，于是一同送吕天福到案，并希望领回自家契约。县长批复"契佃各约一匣，发给承领者"，宣布此案完结："此案粘卷备查"。⑤

十二月二十九日，县府提审吕天福，一起质讯的还有吕王氏、宿文照和李恩浦。

吕天福、宿文照和李恩浦的供词未变，吕王氏则否认说丈夫参与抢劫的

---

① 四川方言，"估""估倒""估拿"即"强拿""强迫拿走"之意。后文多次出现"估拿"一词，均为此意。

② 新津县档案馆，清代档案，全宗号101，案卷号94，《宣统、民国太一支、二支、兴新支、新三支、东二区：民众辛亥年抢劫案》，第23页。

③ 新津县档案馆，清代档案，全宗号101，案卷号94，《宣统、民国太一支、二支、兴新支、新三支、东二区：民众辛亥年抢劫案》，第23页。

④ 新津县档案馆，清代档案，全宗号101，案卷号94，《宣统、民国太一支、二支、兴新支、新三支、东二区：民众辛亥年抢劫案》，第24页。

⑤ 新津县档案馆，清代档案，全宗号101，案卷号94，《宣统、民国太一支、二支、兴新支、新三支、东二区：民众辛亥年抢劫案》，第25页。

事:"这吕天福是小妇人的丈夫,前因李长明行窃小妇人的米,向讨滋角成嫌。并未说过丈夫不法的话。团上估令小妇说出萧志安白镜廷,团丁拖小妇人往按萧志安未获,后按白镜廷,小妇人并未去过是实。"① 吕王氏说关于萧志安、白镜廷的事都是团丁强迫所为。双方各执一词,县府谕令吕王氏"暂回听候",然后收押吕天福②,把契约还给宿文照,县府的意思是此案了结。

1912 年正月,吕天福的母亲吕翟氏呈文,根据县府的判决,吕家人多次到宿南山府上请宿南山到案对质,但每次宿南山都不在家。甲长李培然(即李恩浦)从吕家拿走的被盖、寿木等物作为赃物,存在团练局内。如果是赃物,为何过了这么多天,还没人认领?希望县府做主,将拿走的东西归还。县长批示:"该氏既不能遵邀宿南山到案,足见氏子吕天福实非安分之人,应再提案彻讯究夺,勿庸饰词恳渎。"③

这样,吕天福一直拘押在县府。1912 年 5 月 27 日(壬子年四月二十一日),吕天福的族人吕润生、吕泽芳、吕亨山、吕育之、吕克生等人与宿文照一起,向县府申请保释吕天福。称因为宿南山去当陆军,一直不在家,无法前来县府为吕天福作证,族人们只好到宿南山祖父宿文照处求情,请他一同前来保释吕天福。因为吕天福母亲年事已高,无依无靠,只有靠吕天福的厨艺供养,希望县府能批准保释吕天福。

此时,新津县已经更换知事,新的知事姓陈,陈知事批示:"吕天福能否准保,着甲保六人一并来案,提讯核夺",然后由保甲担保,释放了吕天福。④

案例四 白玉顺(白镜廷)案:由吕天福案牵出的另一个劫案

林树梧等人曾言,在捆捕吕天福的第二天,吕天福的妻子吕王氏曾说,天福参加过一次抢劫,是受白镜廷、萧志安等人勾诱,于是林树梧等人即到白镜廷家强拿东西,还牵走了猪和牛,这激起了白家族人的愤怒。1912 年农历正月初二,白家族人白先元等 12 人,联合长三支团邻王银安等 8 人,一起向县府呈文,称:白玉顺父子是老实本分之人,一直务农,毫不染非,并愿意参加

① 新津县档案馆,清代档案,全宗号 101,案卷号 94,《宣统、民国太一支、二支、兴新支、新三支、东二区:民众辛亥年抢劫案》,第 27 页。
② 新津县档案馆,清代档案,全宗号 101,案卷号 94,《宣统、民国太一支、二支、兴新支、新三支、东二区:民众辛亥年抢劫案》,第 27~28 页。
③ 新津县档案馆,清代档案,全宗号 101,案卷号 94,《宣统、民国太一支、二支、兴新支、新三支、东二区:民众辛亥年抢劫案》,第 30 页。
④ 新津县档案馆,清代档案,全宗号 101,案卷号 94,《宣统、民国太一支、二支、兴新支、新三支、东二区:民众辛亥年抢劫案》,第 38 页。

保内活动。不料辛亥年腊月二十七日，玉顺父子在外耕种，林树梧父子突然带了数十人，拿着枪炮到白家，一拥而进，牵走猪牛，拿走衣物谷米若干。玉顺媳妇大喊，但一群人拿了东西就跑散了，族人赶到，问强拿东西的人怎么回事？回答说"捕匪抵塞"。族人不明白，捕匪应该有上方的指令吧！即使是捕匪，为何强牵人家猪牛？显然是目无法纪，"朴弱之家受害伊于胡底，民等有族证之责，不忍坐视，是以来案协恳跟究，以安善良而做将来"。①

县府批示："呈悉，即查明核夺。"②

白家族人和团邻向县府状告林树梧等人，县府责令东二区段长陈笃安和甲长白玉清进行调查处理。但白玉顺和儿子在去花桥赶场的路上，遇到前支保徐德广。徐德广跟他们谈到局势不安定，新的县府官员刚到任，工作繁重，劝白玉顺父子息讼，不要与林树梧打官司，到团练局把东西领回去，好好过日子。白玉顺父子听了徐德广的话，决定不告林树梧了。于是白玉顺父子和段长陈笃安、甲长白玉清分别向县府呈文，愿意到团练局由段长、甲长担保，领回东西，然后息讼。③

县府在团甲呈文上批示："林树梧误夺白玉顺家衣物，本该彻究，白玉顺既愿领物息讼，准予照办。仰即持批协同白玉顺前赴团练局证明领回，各安本分，仍具领结，呈案备核"④。

第二天，白玉顺邀同区段长杨树襄及林树梧等人赴团练局承领衣物，但失去了一些物什，杨树香、陈笃安劝林树梧给白玉顺五十两银子，林树梧照办；此外，白玉顺还有四张买卖土地的契约丢失了，其余东西领完，具结息讼。⑤

此案以息讼的方式完结。但1912年正月二十二日，风云又起。白玉顺的儿子白文第去花桥赶场会友，回家的路上遇到上次去白家强拿东西的李发元，李发元手持凶器准备行凶，被路人制止。据说李发元是林树梧的团丁。于是白玉顺将林树梧和李发元一起告到县府。县府批示："候签，饬林树梧将李发元

① 新津县档案馆，清代档案，全宗号101，案卷号94，《宣统、民国太一支、二支、兴新支、新三支、东二区：民众辛亥年抢劫案》，第29页。
② 新津县档案馆，清代档案，全宗号101，案卷号94，《宣统、民国太一支、二支、兴新支、新三支、东二区：民众辛亥年抢劫案》，第29页。
③ 新津县档案馆，清代档案，全宗号101，案卷号94，《宣统、民国太一支、二支、兴新支、新三支、东二区：民众辛亥年抢劫案》，第32~33页。
④ 新津县档案馆，清代档案，全宗号101，案卷号94，《宣统、民国太一支、二支、兴新支、新三支、东二区：民众辛亥年抢劫案》，第32页。
⑤ 新津县档案馆，清代档案，全宗号101，案卷号94，《宣统、民国太一支、二支、兴新支、新三支、东二区：民众辛亥年抢劫案》，第34页。

交案讯办。中华民国元年 3 月 13 日。"①

东二区区长杨树襄。段长陈笃安、徐化成，前支保徐德广、甲长白玉清等人呈文："本区第五段段长林树梧赋性忠朴，不谙艰险，去腊因清脏捕匪，与白玉顺酿成讼端，旋经长等据禀了息，两造各具切结在卷。"正月十五前后，剪辫风潮四起②，年轻人以互相剪对方头发为乐。"少年喜事者流往往袖藏剪刀，互相剪发取快，指不胜屈。适前月二十二日白玉顺之子白文第行经花桥场处，突遇李发元一面挽留一面蓄势剪掉文第毛辫，比时文第首缠黑布，其实毛辫早已剪弃。因见李发元欲剪情切，反故为用手遮护，伪示不剪，致李发元见其紧护，欲剪愈急。不意竟成戏弄，酿成口角。"后来，在前支保徐德广的劝导下，白玉顺父子愿意息讼，不再告林树梧。"窃思共和世代，非同专制暗无天明，何得因剪发微嫌，妄架大题，妄藉风马牛不及之案，希图悉准以开讼风，以为人心世道之坏。长等共持此旨，向白玉顺跟询，幸玉顺天真不昧，声称文第误听人言，且于递呈之后，伊始得知，又云从前与林树梧情节较重之案，尚愿了息。况事属乌有，何敢昧良？第既控准在案，岂容起落自由。旋一面集齐白文第、林树梧、李发元理明口角，一面请长等禀明理息缘由，伏乞。中华民国元年 3 月 30 日，阴历二月十二日。"③县府批示：白玉顺控案既经该

① 新津县档案馆，清代档案，全宗号 101，案卷号 94，《宣统、民国太一支、二支、兴新支、新三支、东二区：民众辛亥年抢劫案》，第 35 页。

② 1912 年正月十九日，三乡支保、团保联名呈文县府，正月十五，县城赶集，自治保安军在县城四门手持尖刀，强迫剪百姓头发，每每伤人，还强拿他人财物，弄得人心惶惶。他们没有军政府的命令，也没有县府的示谕，不知是谁指使。"自治保安军"原本是为保护地方而设，结果却在地方造成不良影响。县府回复："现奉都督通告，凡我官吏绅民一律剪去发辫，业经张贴晓谕在案。至称'自治军等持刀估割'词，如无虚，殊属不合法，行饬该军管带，严行申饬，以后如果在外滋事，即予严究！"县府的回复，实际上承认是上峰指示"剪去发辫"的，即军政府的官绅臣民都要剪去发辫，这是拥护共和的表现。但百姓已经习惯留发多年，一下子不习惯，不能自觉剪发，于是发生强迫剪发之事（新津县档案馆，清代档案，全宗号 213，第 52 页）。关于剪辫，李劼人先生有更生动的描述：在独立这天，张贴通衢的文告，除了那张古香古色的宣言外，第二张告示就是叫大家剪掉发辫以示与清朝断绝关系，而复我大汉威仪。殊不知才几天就有一首民谣从四乡传到城内，从城内传到军政府里，好几个杂役都当笑话在唱道："复汉就复汉，为何剪帽辫？分明是投洋，你怕我不参！"（"参"字念为"灿"字音，意若曰明白、懂得也。）……蒲都督，才一听见，便大吃一惊。来不及召开临时会议，便急忙叫秘书局的孙雅堂来，拟了一张六言韵示……即刻发交警察张贴。告示上说得明白："发辫剪与不剪，概听人民自有，无论何人，不得干涉。"可见，尽管是蒲殿俊个人的意见，但确实有两个军政府的布告，一个是一律剪发，一个是听民自由。民间对此理解不一，产生混乱。因而出现了强行剪发的行为。参见《李劼人选集》第二卷下册，《大波》第四部，四川人民出版社，1980 年版，第 1527 页。

③ 新津县档案馆，清代档案，全宗号 207，第 39 页。

区长等从中理明了息，准将前控之案注销，以省讼累可也。①

以上均为控告邻里抢劫案。刘兴镒案是邻里互告，而张旭旭、吕天福则是被羁押一段时间后保释，白玉顺案以息讼了结。但从案件来看，张旭旭与那两把刀或许有一定联系，是否参与抢劫、杀人，需要进一步调查取证。吕天福，则是从家里获取了赃物，看起来也是证据确凿。对于怀疑对象，乡村的处理办法是怀疑谁有可能参与，即可自行带人缉拿送案，最后的裁决还是由县级官吏做出。

大汉军政府明令："清朝的法律、条例和礼仪，未经现政府明确废除或修订者，仍应遵守。"②《大清律例》规定："寻常盗劫，未经伤人之伙犯，如曾经转纠党羽，持火执械，涂脸入室，助势搜赃，架押事主送路到案，诬扳良民并犯案以至二次，及滨海沿江行劫客船者，一经得财，俱拟斩立决，不得以情有可原声请其止。在外瞭望接递财物并未入室搜赃，并被人诱胁随行及年岁尚未成丁，或行劫只此一次，并无凶恶情状者，仍以情有可原，免死发遣。"③根据清律，抢劫罪情节严重者，"斩立决"，情节较轻或未成丁者也要发配边地。

关于抢劫案件，大汉军政府也有明确的指令："杀人、放火、抢劫及奸淫都将处以死刑。"④ 但这几起抢劫案，也许是证据不足，新津县知事并没有按清代的法律判决，也没有按照军政府的政令执行，而是以调解为主，劝被控双方回去自行解除嫌隙，乡里的保甲人员承担着重要的调解责任。

以上案例均发生在1911年农历十月十八日以后，此时的新津县经历了九月二十六日至十月十三日侯保斋率领的南路同志军与清军的交战⑤，社会治安已经受到一定程度的破坏，社会动荡，劫案频发，加深了乡民间多年的积怨，百姓之间互不信任，诉讼之风盛行。在乡村纠纷中，族人起着十分重要的作用。在吕天福案中，族人不仅向县府呈文为吕天福鸣冤，还联合起来申请保释吕天福；在白玉顺案中，族人也是坚决站在白家的立场上，支持白玉顺与林树

---

① 新津县档案馆，清代档案，全宗号207，第39页。
② 《英驻重庆领事务谨顺致英驻华公使朱尔典报告成都独立前后情况函》，宣统三年十月九日（1911年11月29日），戴执礼编：《四川保路运动史料汇纂（下）》，（台湾地区）"中央研究院"近代史研究所史料丛刊（23），1994年版，第1892页。
③ ［清］三泰：《大清律例》卷二十四，清文渊阁四库全书本，第187页。
④ 《英驻重庆领事务谨顺致英驻华公使朱尔典报告成都独立前后情况函》，宣统三年十月九日（1911年11月29日），戴执礼编：《四川保路运动史料汇纂（下）》，（台湾地区）"中央研究院"近代史研究所史料丛刊（23），1994年版，第1892页。
⑤ 隗瀛涛：《四川保路运动史》，四川人民出版社，1981年版，第302～304页。

梧打官司。而团保、甲长等人则作为中间调停人，企图劝解人们少行诉讼，通过他们的调解也化解了一些事端①。新的政权县级官吏对他们的做法非常赞同并支持，希望百姓间化解矛盾，共同面对艰难的时局，并"敦邻好"。中间人和官方希望民间百姓"息讼"，而老百姓则希望通过打官司获得一个公道的判决，于是有人不断上告，通过上告来发泄心中的不满。

第四节　息讼与健讼

基层组织和新政权的"息讼"态度，与百姓是否一致？一般百姓可能会像白玉顺一样，接受地方团保和甲长的调解，不告到县里，但也有人则希望一直告到底。案例一中的老农刘兴镒就一而再再而三告他的乡邻抢劫，从宣统的彭知县，到大汉军政府的王知事、民国新津县的陈知事，再到成都府控诉检察院和四川陆军第十五团。在案子了结后，刘还继续向中华民国四川陆军中将军衔特任军事巡警报案。他与邻里的官司经历了三轮互告。从他报案时所列失物清单可以看出，他是乡里的有钱人，家境富裕，还从事民间借贷，损失的财物让他耿耿于怀，不能抓住劫匪，只得状告与自家结怨的邻人，但又屡不到庭，意图通过官司拖累，进行报复。这个人就不愿意"息讼"，而是非常"健讼"。

前文已述，1911年农历十一月，刘兴镒曾向大汉军政府新津县控告其邻里汪廷璠等人抢劫，经王知事当庭对质后，判为"无据空指，殊难凭信"，让几位邻里"各即回家，解释嫌怨，仍敦邻谊，必须相友相助，以御外侮"，互相控告的几方当即表示服从调解，刘兴镒虽然在县府表示同意，但他心有不甘，于该年十二月初八日，继续写状子再告，受到王知事的呵斥："该民不知

---

① 何人在乡村社会中充当纠纷调解人的角色？学者们有不同的看法。日本学者中岛乐章通过徽州文书研究明代乡村纠纷与秩序，他认为明代的乡里纠纷调解有一个由老人制向乡约、保甲制转化的过程。明初乡里纠纷多由申明亭老人进行教化、调解，但明代中后期老人制逐渐衰退，乡约和保甲制兴起，担当处理乡村纠纷的主要角色。参见：[日]中岛乐章著，郭万平、高飞译：《明代乡村纠纷与秩序：以徽州文书为中心》，江苏人民出版社，2010年版。美国学者李怀印通过对获鹿县晚清民国档案的分析研究，指出19世纪晚期20世纪早期的获鹿乡村，既没有采用清初由官方实施的保甲和里甲体制，也没有采用为官府所禁止的非法的制度安排。在地方村社中盛行的，是一种乡民间自愿合作，由乡民承担了由保甲和里甲人员承担的管理职责——乡地制。乡地是县衙和村庄间的中间人，承担报告地方治安、帮助拘捕罪犯、调解纠纷、传唤双方到庭的责任。参见：[美]李怀印著，岁有生、王士皓译：《华北村治——晚清和民国时期的国家与乡村》，中华书局，2008年版，第13页。就本文所见资料而言，新津县乡村纠纷的调解人主要是当地的保甲和团练人员，统称为团保。详见后文。

仰体本县曲全苦心，竟尔砌词妄渎，殊属刁顽已极。"[1] 刘兴镒依然不服，继续向上一级机构控告。

农历十二月二十七日，刘兴镒向军政府司法部上告，军政府司法部次长覃孔将此案转交新津县处理："据该县民刘兴镒以纠众毁劫等情上控汪廷璠等一案奉批。尔家被匪抢劫，既经差获刘泽元等供出同伙姓名，无难按名缉究，仰司法部即饬新津县速予勒限严拿，务获质明，追赃惩办，勿任弊塌致贼远飏，切切。"[2]

此批复下达到新津县时已是1912年的正月初二，县府似乎没有理会此文。正月三十日，刘兴镒又到县府告状，说军政府司法部判词未能得到落实，按时令马上要春耕了，需要耕牛，希望县府"除暴安良"，按"都督词批按名缉究"。[3] 县府批阅："案经前任讯明判决，该民并不遵照完结，又复出头缠讼，不免自取拖累，唯既据呈恳姑兹遵批，唤案彻讯察夺。"[4]

二月十八日，新津县刑房派人去缉汪廷璠、刘泽元、刘香廷、倪纯安、杨春山、汪廷璧、汪悉远、汪光文、倪月斋、倪玉堂、汪皮远等人。与此同时，各被告人也继续状告刘兴镒。内容跟第一轮互告一样，只是这一轮的状子写得更为详细，事情的原委阐述得更加清晰。这次互告的时间从正月一直延续到六月。

刘香廷详细地说明了自己家与刘兴镒家因为水田沟路之事产生矛盾的经过，以及前任彭知县的处理情况，并指出刘兴镒家被劫之时本人并不在家居住。"去年六月，民父刘长甫与刘兴镒为沟路讦讼，前清彭主案下蒙讯断谕，赔谷开沟，了案，卷查不虚。熟料随遇乱世伊乘貌抗，沟谷两悬，俟平静，伊知赔谷开沟，难辞其咎，旋于十一月伊突控被劫等谎诬民在案，蒙王主集讯察破伊奸伪，仅将责斥未蒙深究，并饬具诬告切结。殊伊心怀叵测，报复前讼之嫌，意起骗谷抗不开沟之谋，甚将民蒙控都督辕下，奉此票唤民始知。况民前由教练毕业充当巡长，嗣因警长议招成军维持大局，民闻身家莫保遭乱时，民于二十日来县，在张兴义家暂宿于二十二始归，有县绅张兴义、曾玥琳等活质

① 新津县档案馆：全宗号001，目录号2，案卷号210，《大汉军政府、成都检察院、新津县知事：关于兴三支刘兴镒告汪廷璠等纠纷抢劫案》，第14页。

② 新津县档案馆：全宗号001，目录号2，案卷号210，《大汉军政府、成都检察院、新津县知事：关于兴三支刘兴镒告汪廷璠等纠纷抢劫案》，第15~16页。

③ 新津县档案馆：全宗号001，目录号2，案卷号210，《大汉军政府、成都检察院、新津县知事：关于兴三支刘兴镒告汪廷璠等纠纷抢劫案》，第18页。

④ 新津县档案馆：全宗号001，目录号2，案卷号210，《大汉军政府、成都检察院、新津县知事：关于兴三支刘兴镒告汪廷璠等纠纷抢劫案》，第18页。

硬保，诓伊挟诬蒙控昧良已极。经前知事唤质，民实无辜，应惩伊罪，幸伊子当堂替伊受刑，王主念伊愚昧，减免销案。今伊砌捏复控，以先发制人，意图骗谷开沟。现值春耕在迩，伊任抗延，何以耕栽，前经至时三载误耕，伊反捏诬民，情实成心，只得申恳主究断结，伏乞。"县府批示："候质讯。"①

倪月斋指控刘兴镒诬告："具恳状：北区民倪月斋、倪纯安、倪玉堂为幻蒙诬累恳赏彻究事，缘民等素守家训理乱不闻，上年刘兴镒同民胞兄倪纯安充当堰长，因公挟嫌，民等并未计较，去年刘兴镒被劫，喊叫团邻，民等见世界强梁，未允帮捕，弟兄子侄，亦称小有，只图免搂劫之一己，何敢结怨恶于匪人，由此隐恨在心，藉伊禀报株累民等在案。"②倪表示，前任王知县已经召集所有原告被告，当堂对质、审讯，命各自回家解释嫌怨，相安无事，但刘兴镒又上告都督，"并株民等子侄，蒙准发回，人之无良，莫此为甚，况伊县控呈词，系诬民等，今又捏控民等子侄，前后大相径庭，其诬累情形，难逃洞鉴。"③

汪廷璧、汪廷璠也告刘兴镒和证人刘松泉，关于刘兴镒告几位邻居一案，前任王知县已经当庭判决，认为刘兴镒证据不足，"堂责兴镒，皮刑初举，突被伊子下跪求代，维时王主慈良一片，刑歇宽宥"。但刘兴镒又重新上告，并添加证人刘松泉，而刘松泉与汪家因为茔树问题发生过纠纷，曾到保长处评理，保长斥责刘家，刘家不服，因而"祸酿成讼，集讯又受刑责，并刑及泽玉可查，嗣受刑归家，疑讼之舆，为保唆督，疑刑之责，为保蒙坏，疑而且憾，见不舆言，且跳保册，其势不共戴天"。所以，乘家里被劫一事，捏造罪名，控告仇家。④

对于这一轮互告，陈知事做了如下批示："案关上任，实均应质讯明确，尔等既同来案，确勒集质讯彻究。"⑤

五月十七日，汪廷璧、汪廷璠、倪月斋、倪纯安、倪玉堂、刘香廷、刘刚

① 民国元年4月13日，新津县档案馆：全宗号001，目录号2，案卷号210，《大汉军政府、成都检察院、新津县知事：关于兴三支刘兴镒告汪廷璠等纠纷抢劫案》，第20页。
② 新津县档案馆：全宗号001，目录号2，案卷号210，《大汉军政府、成都检察院、新津县知事：关于兴三支刘兴镒告汪廷璠等纠纷抢劫案》，第22页。
③ 新津县档案馆：全宗号001，目录号2，案卷号210，《大汉军政府、成都检察院、新津县知事：关于兴三支刘兴镒告汪廷璠等纠纷抢劫案》，第22页。
④ 新津县档案馆：全宗号001，目录号2，案卷号210，《大汉军政府、成都检察院、新津县知事：关于兴三支刘兴镒告汪廷璠等纠纷抢劫案》，第23页。
⑤ 原文如此。新津县档案馆：全宗号001，目录号2，案卷号210，《大汉军政府、成都检察院、新津县知事：关于兴三支刘兴镒告汪廷璠等纠纷抢劫案》，第23页。

成等被告到县府等候裁决，但原告刘兴镒及家人却不到案。时值农忙季节，几位被告要求县知事派人催促原告尽快到案，以便早日回家务农。陈知事批曰："尔等既已来案，仰原差立即开原送审，不准片刻稽延干咎。"① 但几经催促，原告仍不到案，派去缉人的差役只得上报县知事："役等传伊质讯，伊支吾回家，藉故不面，汪廷璠等迭向役等催送，役等莫何，只得禀明。"知事批曰："悉刘兴镒上撰既经批县拿办，至已半载，乃竟迭传不到，歉系徒告不审，希冀拖累，可恨已极，呈请将此案注销。"② 新津县于五月底将此案注销。

1912年农历六月二十七日，刘兴镒继续上告到成都府控诉检察院，在诉状中指控汪廷璠、汪廷璧、刘泽元、刘香廷、倪月斋、倪纯安、倪玉堂、杨春山、汪悉远、汪静远等人于1911年阴历十月二十二日中午率匪百余名，持刀抢劫财物价值达三千余金，当时正值动乱之时，前清县官"未属鸣冤丢处致延冬月，新馆履任，始报差拘困闻匪"，命差人刘安、刘顺缉拿刘泽元，刘供出参与抢劫的人有杨春山，汪廷璠亦供弟侄辈参与此事，王知事"据供注名判县交案例办。维差欺民农懦，暗受匪贿弊，塌延腊脏"，致使办案拖沓半年之久，仍未解决，因此告到成都府控诉检察院，"如婴投救，合恳鉴提全卷尽匪尽法追办"。③

这个诉状与前面材料中所述的情况有出入。刘兴镒把案件拖沓的原因归结到差人头上，实际上与王知事通过庭审质讯已经结案的事实不符。

成都府控诉检察院接到报案后，立即命令新津县政府："贵县民刘兴镒以扫劫冤封纵匪仇戮等情控诉汪廷璠、汪进远等到院，据此当经本院批。据呈，该民于去岁被劫损失甚巨，嗣经拿获刘泽元一名供出伙匪姓名，不难跟踪逮捕，仰候照会新津县悬赏购线，按名严缉，务获到案，分别就办，无任弁队玩塌，脏漠匪飏，此批。"④。

1912年农历七月十日，成都军事巡警接到报案，刘兴镒在成都看到汪进远，报告到军事巡警处，派巡警将汪进远抓住，押送回新津县审判，途经华阳县、双流县。犯人从华阳县交到双流县，再由双流县交到新津县。

---

①　新津县档案馆：全宗号001，目录号2，案卷号210，《大汉军政府、成都检察院、新津县知事：关于兴三支刘兴镒告汪廷璠等纠纷抢劫案》，第25页。

②　新津县档案馆：全宗号001，目录号2，案卷号210，《大汉军政府、成都检察院、新津县知事：关于兴三支刘兴镒告汪廷璠等纠纷抢劫案》，第30页。

③　新津县档案馆：全宗号001，目录号2，案卷号210，《大汉军政府、成都检察院、新津县知事：关于兴三支刘兴镒告汪廷璠等纠纷抢劫案》，第33页。

④　新津县档案馆：全宗号001，目录号2，案卷号210，《大汉军政府、成都检察院、新津县知事：关于兴三支刘兴镒告汪廷璠等纠纷抢劫案》，第32页。

下面是华阳县转给双流县杜显裕的公函：

> 华阳县奉军事巡警总监杨令开中华民国元年七月初十日，即阴历壬子年五月十七日案，拟西厅报称本日午前九钟，有新津县兴义乡农民刘兴镒报称去岁十月被县匪汪廷璠、汪进远等抢劫损失甚巨，曾报恳本县缉捕未获，并上讦成都府控诉检察院，蒙批饬县严缉在案。不意本日瞥见汪进远在提督西街魏家祠担水，此人确系案内要犯，即恳代为捕获作主等情形前来分厅，以案关劫匪报告确鉴，当即派警将汪进远传厅质开。据称系新津县人，与刘兴镒相隔不远，因去岁同志军起时，堂兄汪庆远商同胞兄汪平远挡获崇庆州油挑，随以微嫌，汪庆远竟将汪平远杀毙，民畏凶横，故下省作工，原以避难，至刘兴镒劫案实不知情。窃汪进远避省城想于去岁汪庆远挡油之事不无连带关系，支厅以案关劫匪，未敢擅专，合将原被告刘兴镒汪进远一并送案办理等情，拟此。本总厅当提刘兴镒、汪进远讯供前情无异，查此案系属刑事且刘兴镒曾在新津县指控汪进远有案，除饬原告刘兴镒自行回县归案质审外，合将汪进远令发递解新津县归案讯办，此令。仰该县即将发下该犯汪进远一名，收明递派差役备文递解回新津县归案就办，仍将收明及递解日期具报查考，切切，此令。计发人犯汪进远一名等，因奉此，拟合递派差役备文谘解，为此合谘，贵县请烦查照，希将解到之汪进远查收，仍祈给队印收回销存查。此谘。新津县知事
>
> 计谘解人犯汪进远一名。
>
> 知事杜显裕
>
> 中华民国元年七月初十[①]

1912 年农历七月十九日，刘兴镒将汪玉廷扭送到四川陆军第十五团，继续状告抢劫，第一营韩连长受理此案，了解情况后，觉得无法办理，移交到营部，营部认为此为旧案，移交新津县处理。

> 谘送事窃据弊营一连韩连长报称本连于本月十七午正，突有新津县兴三支三条沟民刘兴镒扭禀汪玉廷来防喊称，去岁十月二十二日午，遭汪玉廷等率众抢劫等称前来，连长当即讯问，据称民自去岁遭汪玉廷纠众抢劫，民已曾控本县在案，经新旧两知事堂讯未结，兹特将汪玉廷扭来贵

---

① 新津县档案馆：全宗号 001，目录号 2，案卷号 210，《大汉军政府、成都检察院、新津县知事：关于兴三支刘兴镒告汪廷璠等纠纷抢劫案》，第 31 页。

86

队，恳请裁判等称。据此连长窃思此案系去岁抢劫，况又经在该县备案，非连长可能了结，只得备文将原被二告一并申送营部，恳请营长核夺施行等情形前来，营长据此查韩连长所称尚属近理，似此情形非军界可能判决，况又曾经控发，贵县有案可稽，是以备文将原被二告一并咨送，请烦贵知事查照施行须至咨者。此咨。新津县知事陈

周谷登①

成都府控诉检察院和四川陆军第十五团的押解函及押解人到案后，七月十九日，新津县陈知事进行了审讯，因原告刘兴镒不到案，人证不齐。陈知事认为刘兴镒父子不知体恤前任王知事讯断"各释嫌怨，仍敦邻好"，"迭控情词，上渎潜匿，图告不审，希冀施累，尤敢牵累扭交案外无辜，实为可恨，着将汪进远、汪玉廷开释取保候讯"，并将刘兴镒两个儿子刘长江和刘长要锁押，等其父亲到案后再行结案。

七月二十七日，陈知事再次召集原被告双方集讯，结果刘长要、刘长江父子承认自己家被劫后，很多借钱给别人的契约丢失，因为赊账难收，所以想用告状的办法来收账，而原告证人刘松泉则供认在刘兴镒家被抢劫时，并未看到被告诸人。被告中刘香廷承认其父亲刘长辅曾借了刘兴镒五十钏钱，因为双方水沟的纠纷没有还钱，而刘泽元并不承认向刘兴镒借钱。陈知事判原告刘长要、刘长江家借约丢失，"自寻原中立约收对"，"不应妄累无辜，本应深究"，念其"所控人虽不实，被劫非虚"，将其释放回家安业。②

　　据刘长江、刘长要供：前蒙审讯，小的并未供明，今汪廷璠们到案质讯，小的们不敢始终诬执，只得如实供明，委因小的家被贼劫，借出银钱约拟亦被劫去，小的们恐账难收，故此控案，如蒙作主，欠债能收，小的们就甘心完案了是实。查小的们借约被失，着即自寻原中立约收对，惟小的们不应妄累无辜，本应深究，姑念小的们所控人虽不实，被劫非虚，沐将小的们释回，安业就是。

　　据汪廷璠、刘泽元、刘香廷、倪纯安、汪廷璧、倪月斋供：前蒙王知事审究，小的刘香廷的故父刘长辅借欠这刘长江的父亲刘兴镒钱五十钏，因向由他田过水，殊他横玩不依，迭经控断，殊他抗不遵断，故此未还。

① 新津县档案馆：全宗号 001，目录号 2，案卷号 210，《大汉军政府、成都检察院、新津县知事：关于兴三支刘兴镒告汪廷璠等纠纷抢劫案》，第 38 页。
② 新津县档案馆：全宗号 001，目录号 2，案卷号 210，《大汉军政府、成都检察院、新津县知事：关于兴三支刘兴镒告汪廷璠等纠纷抢劫案》，第 48 页。

小的刘泽元并未借欠有他的银钱情事，今蒙传讯，小的所供是实。

据刘松泉供：胞兄刘兴镒家被劫时，小的并未看见这汪廷璠、刘泽元、刘香廷、倪纯安、汪廷璧、倪月斋，具得结的是实。①

最后，证人刘松泉出具具结状："具结状：刘松泉今于□舆甘结事实。结得民胞兄刘兴镒去被劫，呈控汪廷璠等，列民为证在案，兹蒙集讯，民胞兄刘兴镒与民被劫时实未见有汪廷璠等在彼伙劫情事是实。"陈知事批："准结。"此案算是了结了②。陈知事分别向成都府控诉检察院和四川陆军第十五团去函汇报结案情况。

但八月刘兴镒又向中华民国四川陆军中将军衔特任军事巡警报案，而被告之一的刘香廷父子也将水沟一案重新向新津县军事巡警报案，此两位邻居的诉讼官司又没完没了地打起来了。

该劫案发生在 1911 年农历十月二十二日，正是在成都劫案之后四天。此时，新津县级政权瓦解，无人为百姓做主，一个月后，农历十一月二十八日即由新的县级官吏开始处理，王知事的判决是"各即回家，解释嫌怨，仍敦邻谊，必须相友相助，以御外侮"，王知事的继任陈知事也是本着这个态度来调解原被告双方的关系。两位县知事的态度反映出他们对乡村社会互帮互助、和睦共处的美好愿望，这种愿望来源于孟子关于村社的描述："出入相友，守望相助，疾病相扶持。"③但现实世界中的乡村社会未必像孟子描述的井田美景中的村社那样和谐。

从几家邻里互告的状纸中，可以看出几家结怨的原因似乎都是小事，坟头上的树、家里养的鸭、田间的水沟、借出去的钱等等，但这些问题在农民眼里则是关系祖坟、关系生机的大问题。而田间的水沟则似乎更深一层，除了影响农事生产外，还涉及对水权的争夺。水权纠纷几乎是传统社会最普遍的民间纠纷之一，民间对水资源的争夺往往最为激烈，寸步不让，严重者甚至发生群

---

① 新津县档案馆：全宗号 001，目录号 2，案卷号 210，《大汉军政府、成都检察院、新津县知事：关于兴三支刘兴镒告汪廷璠等纠纷抢劫案》，第 48 页。
② 新津县档案馆：全宗号 001，目录号 2，案卷号 210，《大汉军政府、成都检察院、新津县知事：关于兴三支刘兴镒告汪廷璠等纠纷抢劫案》，第 49 页。
③ 焦循：《孟子正义》，中华书局，1987 年版，第 212 页。

殴、杀人等刑事案件。① 上文中刘兴镒与刘香廷家因为水沟问题引发纠纷，一方本应开沟放水，一方也该借款还钱，本应合作的邻里关系恶化，以致互相仇恨，借社会动荡之际，互相控告，永无宁日。

关于农民的行为模式在西方一直存在争论，一种观点认为，传统小农社会是通过共同的道义价值观与村社制度以合作方式组织起来的；另一种观点认为，小农社会展现了"理性个人"甚至不惜牺牲村庄福利或共同体福利来争取个人福利的轨迹。② 第三种观点认为，"农民的思想行为，受两方面因素的影响，即个人的社会经济地位及其对个人利益得失的计算，同时还有外界的制度环境、惯例、话语等"③。本文中官员对乡村社会的认知，似乎与以道义经济学为理论基础的"村庄共同体"比较相近，而乡村社会的实际情况似乎与波普金的理性小农理论更契合，农民是"使其个人利益或家庭福利最大化的理性人"。④

几位邻居不断的上告也让人对民间百姓"息讼"的传统产生些许怀疑。也许中国大多数百姓不愿打官司，或者有其他民间解决的途径，但还是有一些人并不惧怕诉讼的烦累，屡败屡告，屡告屡败，仍然要告。日本学者青木敦和中岛乐章的研究也证明，在中国一些地区，老百姓其实是非常"健讼"的⑤。另

---

① 步德茂在《过失杀人、市场与道德经济：18世纪中国财产的暴力纠纷》一书中，对水权纠纷与邻里关系的描述，笔者颇为赞同："水通常由家族或邻里合作管理，由土地商品化所带来的土地财产的零碎加剧了问题的复杂性，因为土地被分成若干小块，所以灌溉网络不得不延伸到与现有渠道不相邻近的小块田地。为了水流的畅通无阻，相邻关系人之间的合作非常必要。"见〔美〕步德茂（Thomas M. Buoye）著，张世明、刘亚从、陈兆肆译，张世明、〔美〕步德茂审校：《过失杀人、市场与道德经济：18世纪中国财产的暴力纠纷》，社会科学文献出版社，2008年版，第84页。
② 参见〔美〕詹姆斯·C. 斯科特著，程立显、刘建等译：《农民的道义经济学：东南亚的反叛与生存》，译林出版社，2001年版，以及〔美〕波普金（S. Popkin）：《理性的小农》（*The Rational Peasant*），University of California Press，1979。
③ 〔美〕李怀印著，岁有生、王士皓译：《华北村治——晚清和民国时期的国家与乡村》，中华书局，2008年版，第5页。
④ 〔美〕李丹著，张天虹、张洪云译：《理解农民中国：社会科学哲学的案例研究》，江苏人民出版社，2008年版，第35页。
⑤ 日本学者青木敦就指出北宋时期的徽州（当时为歙州）已近"民习律令，性息讼。家家自为簿书，凡闻人之阴私毫发、坐起语言，日时皆记之，有讼则取以证"。见青木敦：《健讼的地域印象——围绕11—13世纪江西社会的法文化与人口移动》，载《社会经济史学》，1999年65卷3号。中岛乐章通过对徽州文书的研究，证实确实如此："平日把他人的言行记入账簿，诉讼时成为证据，形成充满激烈竞争和纠纷的社会。"见〔日〕中岛乐章著，郭万平、高飞译：《明代乡村纠纷与秩序：以徽州文书为中心》，江苏人民出版社，2010年版，第85页。

外，大汉军政府曾公告"法律诉讼的费用将予减少一半"①，也使百姓的诉讼成本减少，或许可以作为"健讼"的理由之一。

第五节　地方团练与乡村安全

1911 年农历十月以后，新津县社会治安混乱，民众在遭遇抢劫时，是否有可以求助的对象和组织？乡村基层组织能否起到自救自护的作用？

一、官督民办的地方团练

19 世纪中叶，由于白莲教的反叛活动波及广泛，团练制度相继在各地兴起。根据孔飞力的研究，团练制度出现时，是两种历史潮流的汇合："一种是边界地区官员们的行政传统，由卢象升经方积、龚景翰、严如煜等人留传下来，他们谋求加强对农村的官僚政治统治；另一种是地方名流的自发武装，他们谋求保护他们的村社、财产以及他们的生活方式。"② 这两种历史潮流，并非截然二分，在很多地方，它们后来合二为一，变成官督民办的性质。四川是最早兴办团练的地区之一。在警察机构成立以前，"督办新津团练局"是新津县负责地方团练的机构，它不完全是官方办理，而是官督民办，由官方提倡，民间具体实施的，带有武装性质、维持地方治安的机构，执行缉匪捕盗任务。晚清时期，在县级督办团练局的督促下，在每年收获季节和冬季，新津县各乡村都举办各种临时团练活动，以维护地方治安。

孔飞力认为，团练与保甲制度不一定重合，有人主张重合（如严如煜），允许"使用低层保甲工作人员充当团练首领"，有人（如许乃钊）则尽力使"团练和保甲相互区别"③。新津的地方团练则基本上是与保甲制度重合的，而且办理团练的主要责任人很多都是保内绅粮，还有一些保甲工作人员。但晚清新津县的基层乡镇体制与其他地域不同，实行的是"乡支保制度"。

---

① 《英驻重庆领事馆谨顺致英驻华公使朱尔典报告成都独立前后情况函》，宣统三年十月九日（1911年11月29日），戴执礼编：《四川保路运动史料汇纂（下）》，（台湾地区）"中央研究院"近代史研究所史料丛刊（23），1994 年版，第 1892 页。

② ［美］孔飞力著，谢亮生、杨品泉、谢思炜译：《中华帝国晚期的叛乱及其敌人》，中国社会科学出版社，1990 年版，第 64 页。

③ ［美］孔飞力著，谢亮生、杨品泉、谢思炜译：《中华帝国晚期的叛乱及其敌人》，中国社会科学出版社，1990 年版，第 60 页。

该制度始于乾隆元年（1736 年），邑令李盛堂改三村为三乡十支，即长乐乡三支、太平乡三支、兴义乡四支。支下为保，再下为甲、牌。规定：每十户为牌，十牌为甲，十甲为保，若干保为支，三支或四支为一乡。新津全县共有52 保。支保是为实行"联环保""连坐法"而设。保的头领称保长，甲为甲长，牌为牌长。他们负责征收赋税，同时也负责乡村社会治安。保内还有一个负责治安的团长，十甲为团，与保长一起合称团保。大汉军政府成立后沿袭了晚清的制度，但 1911 年末 1912 年初，又同时实行区段制，在支以上设区，其下仍设支保牌①。

团练一般由团保和甲长负责办理，有的是自己亲办，有的则推荐保内绅粮担任。团丁来源初为插旗招募，后为各户抽派。组织形式初分常练、门练，后分巡缉队、预备队、后备队。团款来源初为义捐，后为摊派。光绪三十二年（1906 年），新津警察局成立后，全县的缉匪捕盗工作，仍由团练局担任。每逢夏、秋收割季节和冬防期间，乡里邻团都要实行联防会哨，守望相助②。

1911 年下半年，成都府为对付抢劫盗匪等活动，饬令各县团练局搞好冬防，并给团保发放武器，支持民间自保。并发布公告：

> 照得冬防在迩，各属盗匪潜生，亟应绸缪未雨，俾免抢劫肆行，去冬饬办团练，一冬尚属平安，间有一二劫案，悉皆登时就擒，讯明劫抢供据，禀请立正典型。本年各属团练，仍当照办勿停，一切章程仿旧，毋须再事变更，藉辅巡警□□。庶几有备无惊，谕尔不法盗匪，各当革面洗心。试思此等布置，安有仍听扰民，团练节节驻扎，防军处处梭巡，巡警家家稽查，保甲户户清丁，内既难以托足，突来从何藏身，专恃仓猝□□，焉能免脱远行，一经就获到案，讯实即问斩刑。何苦图财舍命，不如安分为欣，别寻小买小卖，亦可藉此经营，本府安良除暴，志在有功有惩，幸勿以身尝试，自干重罪匪轻，特此出示晓谕，着即一体禀遵。③

此布告警告盗匪，地方治安有团练、防军、巡警和保甲维护，不要以身试法，否则一经抓获，查实罪证，即行正法。

宣统三年（1911）十月初八（大汉军政府成立第二天），成都府正堂送给新津县枪炮共六十支，经知县查实，其中烂抬炮 43 支，好抬炮 14 支，短劈山

---

① 四川省新津县志编纂委员会编纂：《新津县志》，四川人民出版社，1989 年版，第 29 页。

② 四川省新津县志编纂委员会编纂：《新津县志》，四川人民出版社，1989 年版，第 648 页。

③ 新津县档案馆：清代档案，全宗号 101，案卷号 80，《宣统三年，成都府正堂、新津县知县：有关各乡领抢状，冬防期间办团练、查户口案》，第 1~2 页。

3 支。当天，知县将抬炮、抬枪分发给各团保，平均每个团保领到抬炮、抬枪两支，有的团保将保存在县城的大抬炮运回乡村，用于冬防①。

1911 年冬，新津县各支保领到的武器不多，还多为烂枪、烂炮，但老百姓都对这些武器充满着希望，并要求团保能妥善保管，把武器用在保护民众生命财产的关键时刻。如果团保保管不善或是丢失，保内民众是要追究责任的。

下面这个团保就因被保内民众逼追武器，为自己丢失武器而开脱：

> 保前经团保蔡辅周本年夏间举，保接充团保。保七月同志会军饷，伊凭同志会代表何昆山将令旗刀三杆、大旗二杆交于团丁等，前堂火枪三支交于团丁郑东山、任海山等，迭与贼交阵，失落令旗刀二杆，余均交予团保岳仁斋。至火枪三支郑东山等家白昼被劫匪抢去，众所共知，又后闻本保团丁云：八月二十一日与贼兵战败在东太一支第一保地面，拾得抬枪三杆，二十二日，防陆军进城，团丁等退扎王庙子，将抬枪寄庙，迭遭陆军来庙搜寻军火，庙僧洪贞将抬枪沉在井中，被贼偷去，赏传不虚。保逃难在外，未能存案，今保内迫保要令旗刀二杆，火枪三支，东太一支人民迫保要抬枪三杆，保无处可寻，且保家贫无力赔偿，况保只办饷需，并未经理军火，保遭此迫讨，情何以甘？只得禀明作主，伏乞。（黄帝纪元四千六百零九年十二月初七）②

前团保夏远桃，经人保举于 1911 年接充团保，帮同志会筹集饷需，接受了同志会交来的令旗刀、火枪等，但都交到团丁手中，由于团丁家被劫、与清军交战失落，以及遭陆军搜寻沉井被偷，这些枪械都失落了，但保内团民和东太一支的民众要求团保交出武器，夏交不出来，只得向县府禀明，请县府做主。县府让保内团民不要追究，不用因为区区小事酿成纠纷。"乱离之后，损失巨亿，仰传谕该保内暨东太一支人民毋庸藉此区区事物歧生纠葛，彼此缪讼旷时失业。"③

保内民众的迫讨诉求，在县知事那里成了区区小事，希望老百姓不要因为此等小事而酿成诉讼，看来民国最初的官员，都希望民间减少诉讼，"息讼"的心态暴露无遗。

---

① 新津县档案馆：清代档案，全宗号 101，案卷号 80，《宣统三年，成都府正堂、新津县知县：有关各乡领抢状，冬防期间办团练、查户口案》，十月初八日收据。
② 新津县档案馆，清代档案，全宗号 213，第 45 页。
③ 新津县档案馆，清代档案，全宗号 213，第 45 页。

二、地方团练的收入与支出

地方团练的武器，一部分由政府发放，更大一部分还是需要自己筹集资金购买。正如孔飞力所言："保甲制度在理论上可以以最小的花费办理。与此不同，地方武装需要钱：不仅用于武器和防御工事之类装备设施，而且也用于供养那些与他们正常生计暂时脱离的人。"[①] 地方团练能否进展顺利，与其经费是否充足有着密切的关系。

以下是团练中分管收支的经首向政府的呈文，可以清楚地了解团练内部的经济运作、收入、支出等情况：

> 具禀状：东三区第三段国民团经首尹昌旭、向传镒、刘恒升为粘呈报销存案备查事。缘首等被第三段两甲公推国民经首收支，窃念特叨危，不敢辞责，自十月十九承办至冬月二十七日止，共收进钱二百三十三千二百一十八文，共支出钱二百二十六千二百七十七文。除支下存钱七千零四十一文，均系实收实支，并无浮骨，为此缮具清单粘呈报销存案备查。伏

---

① ［美］孔飞力著，谢亮生、杨品泉、谢思炜译：《中华帝国晚期的叛乱及其敌人》，中国社会科学出版社，1990年版，第88页。

乞。黄帝纪元四千六百零九年十二月初二。①

---

① 下面是团练收支清单：谨将办团期间从农历十月十九起至十一月二十七日止所有各项实收实支缮
具清单胪列如左：
——总协办沈扬清、刘觐光、樊鸿基系尽义务，不支薪水。
——总收支尹昌旭、刘恒升系尽义务，不支薪水。
——筹办兼管营务向传镒、徐少亨系尽义务，不支薪水。
——教习沈士馥系尽义务，不支薪水。
——共收捐资壹佰柒拾伍仟柒佰玖拾贰文
——收胪用预备学堂存款肆拾叁仟肆佰贰拾陆文
——收张姓罚款钱玖仟文
——收李姓罚款钱伍仟文
——收胪用预备团底钱拾仟文
——支帖请两甲捐户酒席拾陆桌，共去钱拾肆仟肆佰柒拾捌文
——支培补营房工资伙食去钱柒佰捌拾文
——支营内买锅贰只，火钳、切刀、罐子、水桶、饭菜碗等项，共去钱贰仟捌佰贰拾文
——支营内点灯清油陆斤半，去钱壹仟叁佰文
——支买牛油烛灯笼，去钱贰仟伍佰陆拾肆文
——支买火药拾壹斤零肆两，去钱柒仟贰佰肆拾文
——支买砂子拾壹斤，去钱壹仟贰佰陆拾文
——支买洋炮、火铳，去钱玖佰贰拾文
——支纸张簿据笔墨，去钱肆佰肆拾玖文
——支修理枪械，去钱壹仟玖佰柒拾伍文
——支买火药、砂子，去钱肆仟贰佰文
——支张场高铁匠定打抬炮贰杆，去钱贰拾伍仟贰佰零柒文
——支预备国民军二十人伙食，从十月十九起至二十八止，每人给钱壹佰，共去钱拾捌仟叁
佰文（内有退伍后补）
——支治军装买布购棉等项，共去钱伍拾肆仟肆佰柒拾叁文
——支缝军装工价棉紧身拾捌件，夹裤子拾柒条，每套肆佰文，共去钱柒仟文（下欠尚待补缝）
——支民军扯泡头布，钱各伍佰文，共去钱伍仟伍佰文（下欠待补）
——支国民军人一月全饷，去钱柒仟捌佰柒拾文
——支犒劳军人割肉拾斤，去钱壹仟文
——支待客茶烟纸捻，去钱壹仟陆佰捌拾文
——支买灯草，去钱贰拾文
——支火夫工资、伙食，去钱叁仟叁佰叁拾叁文
——支预备军人会操，餐费叁佰叁拾文
——支军人赴县探事，去钱肆佰文
——支军人赴县公干，去路费钱玖拾文
——支少数补底，去钱伍佰贰拾文
总共：实收钱贰佰叁拾叁仟贰佰壹拾捌文
　　　实支　钱贰佰贰拾陆仟壹佰柒拾柒文
除支下剩钱柒千零肆拾壹文
黄帝纪元四千六百零九年十二月
新津县档案馆，清代档案，全宗号213，第54页。

从呈文和清单中，可以看出：该团练是临时举办的，从 1911 年农历十月十九日到冬月二十七日。团练的主要负责人总办、协办、总收支、筹办、兼办、教习等，均属"尽义务，不支薪水"。团练经费来源是地方捐资、预备学堂存款及少量罚款。团练负责人采用四川民间"坝坝筵"的方式，请地方民众吃饭，请他们出资，十六桌，说明捐资人不少，大家共同出资，共同保护家园。团练的主要武器洋炮、火铳、火药、铁砂子等都需要出钱购买；团丁的服装、军饷及团练的日常开支，都靠着捐资经费来支付。该团练收支比较平衡，不仅没有超支，还有一定结余。

收支平衡的基础，是要拥有一定数量的捐资。并非所有的团练都有这样的幸运。有的团练因为经费问题，不断解散、重招，前后办团练者互相攻讦，互相推诿，并造成强迫捐资的局面，不仅没能保护地方，反而对民众进行骚扰，让百姓苦不堪言。

三、地方团练的作用及其与士绅、民众的关系

成都劫案发生后，基层社会秩序开始混乱，盗窃抢劫案件经常发生。为了维护地方秩序，保护民众财产，新津县太二支第四保团保郭兴隆与四甲甲长一道，协议招募团丁，缉捕盗匪、劫匪。按照冬防办法，郭招募了二十名团丁，驻扎在太原寺，遇到百姓报警，就出来缉捕劫匪。住了半月，百姓稍微安定了一段时间。但胡绍文乘彭知县离职期间，将以前招的二十名团丁解散，费用由各保垫付。然后，他又另外招丁三十名，下令让四甲绅粮筹集经费，不在太原寺驻扎，而是住到离胡家较近的地方胡塥①。四甲绅粮认为，驻扎太原寺，可以照应四方，而驻扎胡塥，只是为了保护胡家，所以不愿出钱，招到的团丁分散到各保各甲。而胡绍文还想向保甲索要团费，还将团里的火药拿走，保长、甲长们认为胡的行为贻害了地方，所以向县府禀报。②

---

① 应为当地地名。

② "具禀状：太二支第四保团保郭兴隆，甲长刘正才、罗星鹏、余世贵、郭登冀为徇私贻害禀明恩鉴事。缘自匪乱之后□□不安靖，保等集四甲绅粮协议招丁捕匪，共举郭子南招集团丁二十名，遵照冬防办法，驻扎太原寺，闻警即捕，业已半月余，人民稍安。殊自胡绍文乘彭主去后钻营捕厅札，伊与李华轩管带团丁，将前招丁二十名散去，保等垫资给发，伊另招丁三十名，令四甲绅粮筹费，不在太原寺驻扎，移扎伊就近胡塥。四甲绅粮以太原寺可以照应四方。若扎胡塥，为保伊家计，绅粮不从，招丁四散各保各甲，讵胡绍文犹欲向保甲索团费，竟将团内火药拿去，保等因伊徇私散丁贻害地方，为此禀，恳作主，伏乞。大汉辛亥年十一月十四日。"见新津县档案馆，清代档案，全宗号 101，案卷号 94，《宣统、民国太一支、二支、兴新支、新三支、东二区：民众辛亥年抢劫案》，第 17 页。

县府回复道："查郭子南办公不力，维新局集议另举胡绍文、李华轩呕充所复如节，题临一偏之私，现犹同舟遇风雨，共同意志方能捍患。该团勇丁，应驻太原寺或胡堋之处，仰该团首集齐保内人众，以多数取决可也。"①

从县府的批示看，县府支持胡绍文和李华轩，至于"驻扎何处"等问题，应由保内人众，一起讨论后，以大多数人的意见来决定。这个回复倾向性较强，表现出对郭子南（郭兴隆）的不满和对胡绍文等人的支持。而胡绍文、李华轩则向县里递交辞呈：

> 民等于本月初七日遵办团练肃振地方，由此郭兴隆前招团丁均散各归，民等复同郭兴隆另招壮丁三十名分扎保内要隘地方郭埂子、黄土堰，地方丙②来可以接应，并与团邻相通。殊有郭兴隆心扰异忌，将前向保内富户筹捐数项勒入伊手。况筹捐数目有收支簿据可凭。况郭兴隆不惟抗勒捐款，甚将簿据并不交出算账。现值壮丁给饷将临。使民等支饷无着，民等势必受累，使是以禀恳辞退，以免遭害，伏乞！③

胡绍文、李华轩称从农历十一月七日起，开始办团练，由于郭兴隆招的团丁已经散去，胡绍文另招团丁三十名，驻扎在保内要隘之地。但郭兴隆把保内富户的捐款据为己有，也不交出簿据来算账，壮丁结饷在即，怕受拖累，要求辞去职位。

县府回复道："当今之事，须化除意见，共谋公益，辞退之请着不准。行仰郭兴隆速将筹捐簿检出，凭众算明交清，勿违干咎。④"

郭兴隆等团保及甲长们面见县知事后，又回去招丁，驻扎在太原寺和余埂子两处。六天后，团保和甲长们前往查看，结果余埂子棚内空无一人，询问原因，得知因为团丁口粮无着，俱已散去。主要是因为李森廷应交的团费二千文未交，其他人跟着李森廷学，也不交。而且还找余士贵闹事，余士贵没办法，

---

① 新津县档案馆，清代档案，全宗号101，案卷号94，《宣统、民国太一支、二支、兴新支、新三支、东二区：民众辛亥年抢劫案》，第17页。
② 原文如此。
③ 新津县档案馆，清代档案，全宗号101，案卷号94，《宣统、民国太一支、二支、兴新支、新三支、东二区：民众辛亥年抢劫案》，第18页。
④ 新津县档案馆，清代档案，全宗号101，案卷号94，《宣统、民国太一支、二支、兴新支、新三支、东二区：民众辛亥年抢劫案》，第18页。

只好自己垫资付给各团丁，然后遣散了团丁。①

这几位地方团保与甲长的说法，受到了县知事的质疑和训斥。批文曰：
"保甲之兴，原属保卫地方公安。该呈情词闪烁不清是何用意？如谓李森廷一
人不出团费，人众效尤，并至解散团丁是情理，且该保等累及私意于甚，问人
收佩戴之不暇，抑何至解散？如谓匪乱之后，财多匮乏，则出此不需之资以保
公安，与留此不获之藏只供盗劫，孰得孰失？况如来呈所云'棚内并无一人'，
该保获未知易，则至平日疏玩可知矣。"② 责令他们"认真处事，毋稍欺罔"。
反映出县府官员与地方保甲之间的矛盾。在之前的批语中，似乎还没有多少痕
迹，该批示则多为责备之词，可见新政权的县级官员对地方团保的做法有不满
之处，县府与团保、甲长的矛盾逐渐突出。

县府官员批评当地团保甲长等人以收不到捐资为借口，不履行职责。这起
团保团丁案，责任到底在谁？郭兴隆开始办团练，招丁二十人，因为经费不
足，只得解散，而后胡绍文等人又招团丁三十人，也因为经费不足而请辞。经
费不足的原因是因为某些绅粮不交捐资，其他人也跟着不交，团练办不下去。
而当地百姓为何不愿交捐资？原因很多，但团练是否起到保护地方安全的作
用，是当地绅粮考虑较多的问题。

> 民间遵办冬防，历系贫者出力，富者出钱。今十月初间，本团团保郭
> 兴隆举办冬防，以富家年幼子弟充丁，敷衍了事。所以十月十二日夜，民
> 胡子玉家被劫；十月十四夜，民胡洪钦家被劫；十月十六夜，民胡大炳家
> 被劫；十月十七夜，民胡大伦家被劫，民胡大炳家又遭恶匪数十余人携叶
> 天主教首级来家吓搕钱四十串。保内团丁并未喊捕。嗣后保内大路过客白
> 昼被劫者不计其数。受害各家屡投团保，郭兴隆不闻不问；更有过客在郭
> 兴隆门外被劫，郭兴隆仍然不理。兹又纵众团丁凶来民胡绍乡家逼索估
> 捐，并称打房拿谷，骂不绝口，经胡绍文垫给钱四串，其余央仅暂缓。幸

---

① "具禀状：太二支团保郭兴隆、甲长余士贵、罗星鹏、刘正才、郭登冀为禀明恩鉴事。缘今十四日
保等面禀，仁廉谕令招丁捕匪，保护地方。团丁等在太原寺、余埂子两处分扎，业已六日，至今
二十一日。保等往查，余埂子棚内并无一人，询其来历，因团丁口食无着。李森廷应出团费钱二
千文，抗不出钱，人多效尤不给，反寻余士贵口角滋闹。余士贵无奈，垫资付给各团丁等由此散
去。保等因匪乱之后，财多匮乏，不敢隐匿，只得据情禀案。伏乞。"新津县档案馆，清代档案，
全宗号 101，案卷号 94，《宣统、民国太一支、二支、兴新支、新三支、东二区：民众辛亥年抢劫
案》，第 18 页。
② 新津县档案馆，清代档案，全宗号 101，案卷号 94，《宣统、民国太一支、二支、兴新支、新三支、
东二区：民众辛亥年抢劫案》，第 19 页。

有廉明到任，得见白日青天，只得协恳作主，伏乞。①

五个胡姓家庭联名控告郭兴隆所办团练不作为，不仅不喊捕，帮助捉拿劫匪，对受害家庭不闻不问，还到各家强收团捐，引发纠纷。

县府的回复是："现值变乱之秋，亟须共同意愿，相友相助相扶持，郭兴隆如再恃强滥霸，即传案严究！"②

郭兴隆替自己辩解，并告胡绍文强行索要捐资："长前同甲长等协议因匪徒劫扰地方，招丁守御，半月仅收胡埧钱五千六百文，付给团丁口食之用，因胡绍文散丁另招，长等已禀明在案。恩谕长仍前守御七日，垫资付给，各花户等不出捐资散团。讵胡绍文私行聚党守伊胡埧，朦禀交簿。长已将簿交案，至今二十九日，胡绍文带领党类十余人手执双响洋炮并九子炮火寻长逞凶，勒长出费，否必行凶诛命，且伊私行聚党自能筹费，何得行凶估索为此？"③

县府的批复："着即报告各团练高绅文明理落。"④

此案反映出在社会动荡的情况下，基层的自保工作，需要统一的协调和领导，否则会出现各自为政，各谋其利的情况。案中的团保郭兴隆、胡绍文等先后招丁散丁，似乎也没有起到保卫地方的责任。另外，基层自我保护中极为重要的一环是经费问题。招丁散丁，主要原因就是经费不足，收不到费，垫资者只有强索估要，造成了团保与地方绅粮的矛盾。县府的态度，是让各方互相理解，精诚合作，共度时艰。除此之外，他们似乎没有更具体的办法。⑤

针对地方团练在管理和经费中出现的混乱，民国3年（1914年）初，四川省议会决议通过《改订四川通省团练章程》，对管理和经费都做了明确规定。

---

① 新津县档案馆，清代档案，全宗号101，案卷号94，《宣统、民国太一支、二支、兴新支、新三支、东二区：民众辛亥年抢劫案》，第20页。

② 新津县档案馆，清代档案，全宗号101，案卷号94，《宣统、民国太一支、二支、兴新支、新三支、东二区：民众辛亥年抢劫案》，第20页。

③ 新津县档案馆，清代档案，全宗号101，案卷号94，《宣统、民国太一支、二支、兴新支、新三支、东二区：民众辛亥年抢劫案》，第21页。

④ 新津县档案馆，清代档案，全宗号101，案卷号94，《宣统、民国太一支、二支、兴新支、新三支、东二区：民众辛亥年抢劫案》，第21页。

⑤ 学术界关于清代团练与乡村社会的研究较多，但对四川团练的研究尚不够深入，梁勇关于巴县团练的研究具有一定参考价值。巴县团练的情况与新津县有许多相似之处，团练都嫁接在保甲之上，团练的费用通常由保内富户出资，逐渐成为一项负担，也出现过富户不愿意出钱办团的事情。巴县和新津县团练经费筹措的形式也大同小异，如按粮或铺面摊牌，挪用地方公费等。但巴县有征收厘金，新津县还没有相关的资料证明有同样情形。与巴县相比，新津县乡村团练规模更小，资金筹措缺乏章法，有强索之嫌疑。参见梁勇：《清代中期的团练与乡村社会——以巴县为例》，载《中国农史》，2010年第1期。

首先，在管理上，各乡镇设一团总，管理该乡镇所辖各团事宜，团总为名誉职务，不支薪水，各团总由县知事遴选正绅充当。其次，经费由地方知事"就地另筹"，乡镇团总不能任意苛派，并规定知事具有任免团总、筹措经费、督率指挥团总的权利。① 1912 年前，办理团练是各乡支保的事，经费由当地筹措，团长由保民公举。1914 年的团练章程，是为避免已经出现的民众负担较重的问题，也是为了避免互相攻讦，各自为政，但也明显地感觉到加强了县知事对地方团练的控制，国家权力逐渐渗透到基层团练之中。

新津县的官、绅、民，试图通过组织地方团练等形式的地方武装，来维护社会治安，防止盗匪抢劫。但由于新政权刚刚成立，新上任的官员对基层保甲在倚重的同时，仍有一些不信任，对基层社会的实际情况也缺乏了解，他们一味希望基层社会保持"互友互帮，守望相助"的和谐图景，而基层社会的实际情况则完全不同。

地方团练和其他地方武装在保护民众的同时，也在骚扰民众。王先明认为团练"是特定情况下乡土权力束聚的产物，它忠实地代表乡土利益，也赢得了乡土社会的绝对尊重和信任"②。也许其他的乡村团练赢得过乡村社会的"绝对尊重和信任"，但就笔者前文所述，至少在新津，晚清民初的乡村团练还没有达到让乡村社会"绝对尊重和信任"的地步；民众对团练的感受是想依靠，又怕依靠，因兴办团练而带来的负担，给当地绅民造成了不少的困扰。

小　结

本章使用了新津县档案馆晚清司法档案中的抢劫案资料，但并不关心这些案件的判决及法律理路。事实上，就笔者的观察，大汉军政府和民初的县级政权对这些案件的处理也并非依靠法律来判决，而是采取调解、劝和的方式，让控告双方回去解出嫌隙，互友互帮，守望相助。而通过抢劫案反映出来的乡邻关系和社会治安维护，才是笔者真正关注的问题。

从乡邻关系来看，官员们理想的图景是"出入相友，守望相助"的"村落共同体"。而在现实世界中，乡村社会却充满了各种矛盾与纠纷，远不是官员

---

① 省行政公署令：《改订四川通省团练章程》，载《四川政报》，1914 年第 2 期，第 55~59 页。

② 王先明、常书红：《晚清保甲制的历史演变与乡村权力结构——国家与社会在乡村控制中的关系变化》，载《史学月刊》2000 年第 5 期，第 137 页。

想象中那么和谐美好。邻里间有互帮互助的一面，也有互相嫌隙、彼此攻讦的一面。而乡村中最重要的纠纷调解人是团保、甲长等基层保甲人员。他们接受村民的投案，负责最初的调解，并劝解百姓化解矛盾，从而达到"息讼"的目的。这与黄宗智所提到的"第三领域"十分相似。黄认为：许多清代诉讼，官府审判与民间调停是通过差役和乡保相互作用，在这个"第三领域"中解决的。"广义的清代法律制度在其运作之中，同时包含国家官方'正式'的司法制度和民间的'非正式'纠纷处理制度，一是以国家和审判为主的，二是以妥协和调解为主的。另外，正式和非正式的制度相互影响，相互作用，知县对各个状词的批词，当事人一般都能看到，这样知县的批词会在正式堂讯之前影响到社区调解的进展。同时，在社区进行的调解，如果成功，正式制度进行的诉讼便会中止。像这样由国家法庭和民间调解相互作用组成的空间，我称之为法律制度中的'第三'或'中间'领域。"① 但笔者认为，这种"第三领域"的存在是以县级政权与保甲等基层组织人员的互相信任为前提的，当这种信任不存在时，他们相互作用的空间也就不存在了，如前文中关于郭兴隆举办团练的案例，县知事对该团保、甲长等人就不信任。这时候，如果县级政权代表国家，那么国家就会通过各种方式向基层渗透其权利，乡村基层人士就会越来越势弱，国家对乡村的控制就会越来越强。② 1914 年，四川省议会决议通过的《改订四川通省团练章程》，明显加强了县知事对地方团练的控制。

在新津县，以官督民办形式存在的地方团练，很多都是临时性的小团练，不像孔飞力等学者研究的大团练，这些小团练没有在全国或是在四川省或新津县请地方名流担任首领，其规模也就几十个人，主要都是本保民众来担任团丁，保卫本保的安全。所以，这样的小团练，在面临巨大社会危机时，难以发挥应有的作用，也不可能产生地方的军事力量。

王先明在对于清末民初乡村控制体制转变与保甲、团练制度的研究中③，强调乡村控制体制中的国进民退，认为："晚清至民国年间的乡制变迁似乎可

---

① ［美］黄宗智：《清代的法律、社会与文化：民法的表达与实践》，法律出版社，2014 年版，第 7 页。

② ［美］杜赞奇著，王福明译：《文化、权力与国家：1900—1942 年的华北农村》，江苏人民出版社，2003 年版。

③ 王先明、常书红：《晚清保甲制的历史演变与乡村权力结构——国家与社会在乡村控制中的关系变化》，载《史学月刊》，2000 年第 5 期；王先明：《辛亥革命后中国乡村控制体制的演变——民国初期的乡制演变与保甲制的复活》，载《社会科学研究》，2003 年第 6 期；王先明：《变动时代的乡村政制与国家权力——20 世纪初年乡制变迁的时代特征》，载《南开学报》（哲学社会科学版），2008 年第 3 期。

总结为'19世纪的里保制，1900—1928年的区董警长制，1929年以后的区长制'。当然，各地的组织形式和结构不尽相同，甚至层级和名称也各具特色，但以新制（警察制）取代旧制（保甲制）的历史趋势基本一致，并且也都始终是在'地方自治'的现代化旗帜下来规划乡村政制的。"[1] 本文所讨论的1911—1912年，正是王教授分段中警察制代替保甲制的时段，但在新津乡村中，至少是百姓上呈的状文中，很少出现"警察"的字样，而"团保""甲长"则比比皆是。晚清政府力推的警察制度，在四川乡村似乎放慢了节奏，乡村民众仍在传统的保甲体系中寻求支持和保护。

　　总之，1911年四川保路运动之后，乡村基层社会治安较为混乱，盗劫之风盛行，百姓的日常生活受到影响，当百姓遇到抢劫等事件时，求助的对象仍然是乡里的保甲人员。为了维护社会治安，保护村社安全，乡村以保为单位举办团练，但由于团练经费主要来自保内捐资，捐资不足，成为团练无法继续存在的主要原因。团练经费也成乡村绅粮的重要负担之一。可以说，民初的乡村社会，新旧杂存，国家权力尚未强势渗入，乡村社会仍然沿着传统的轨迹运行。

---

[1]　王先明：《变动时代的乡村政制与国家权力——20世纪初年乡制变迁的时代特征》，载《南开学报》（哲学社会科学版），2008年第3期，第47页。

第四章　地权结构与佃农比例

李德英

第一章至第三章分别以水利设置、社仓制度及社会治安为具体研究对象，详细地考察了清末民初成都平原乡村社会与农民生活状况。本章则通过对关乎农民切身利益的地权问题的研究，讨论农民生活与乡村社会及国家控制的关系。

成都平原气候温湿，土地肥沃，水利发达，灌溉便利，农业生产十分繁荣。但是成都平原人口密度大，人均占有耕地的面积小于全国和四川省的平均水平，所以农村土地的利用达到高度集约化的程度。同时，由于人地关系较为紧张，土地日趋集中，所以租佃制度十分完善。

第一节　地权结构

成都平原是中国历史最为悠久的农业耕作区之一，地权结构十分复杂，私有的土地所有者分为大地主、中小地主和自耕农。除了拥有土地以外，一些人还从事其他职业，根据地主的居住处所，可分为"乡居地主"和"不在地主"。乡居地主被称为"旧地主"，不在地主中新崛起的地主则被称为"新地主"，而军人地主成为"新地主"的主要来源。尽管土地有集中的趋势，但中小地主数量仍然不少。所以民国时期成都平原的地权特点是土地集中与土地分散并存，特大地主与中小地主并存，不在地主与乡居地主并存。不在地主的户数虽然少于乡居地主，但其占田量远大于乡居地主。因占田规模不同，社会背景各异，生活境遇相差很大。特大地主位高权重，主要由其管事或代理人与佃户发生关系。而小地主生活窘迫，尚不如某些佃农。

有田地不自耕而出租者，谓之地主。成都平原的地权分布存在两个极端：一是地权分布零散，所以中小地主很多；二是土地越来越集中，大地主不少。

我国因为多子继承的缘故，土地所有权分割极为普遍，通常拥有三五十亩土地的人，四川人称之为"绅粮"，而小于此数者，比比皆是；甚至有的佃户须由六个地主租得田地，才能满足其全家的经营。"其生活之苦，亦可推知，往往又远不如佃农者，以其所有土地不敷自己经营，或无相当之资本与劳力为之经营，故不得不出租也。"[①] 同时，四川在防区时代，因苛捐杂税，都出自土地，所以中小地主日渐没落，大小军阀，争置田产，政客商人亦起而效尤，各县收入可靠的膏腴沃土，一时颇有集中的趋势。据统计，最大的地主有田达三万亩以上者，普通有一二千亩至四五千亩者，若干县份，都大有人在。所以，成都平原的地主，既有几千、几万亩的特大地主，也有几十亩甚至几亩的小地主。据吕平登估计，成都平原地主以 7％～8％ 的数量，占田 70％～80％，可见川西土地高度集中之状况；自耕农、半自耕农合计有 22％～33％，占田则有 23％～24％；佃农则有 70％～82％，租种的田地占 60％～80％。这是因为"川西水利优良，田地质佳，又以附近成都省会之故，故多集中于军阀官僚之手。但川西以商品农业经营发达之故，中小地主多种烟叶、甘蔗、西瓜、蔬菜，利润既厚，可维持其经济力，故自耕农半自耕农尚占田百分之二十四"[②]。

地主有大有小，有富贵有贫贱，他们之所以成为地主的原因不同，其境况的逆顺也有很大差异，要了解地主的结构，就必须先了解他们所从事的职业。成都平原的地主成因及其职业关系极为复杂。

郭汉鸣、孟光宇将地主分为以下几种情况："（一）极小地主以土地太小，不能安于耕作，势必将之出租，而另操他业。（二）大地主兼营工商。（三）军阀政客所购置产业。（四）社会各界皆视土地为安稳之投资，虽操他业亦愿置田产；其原有田产而另操他业者，亦不愿脱售其土地。（五）中等地主纯依收租，不足维持其家生活。川乡因力价太贵，有'绅粮三十石，不如一条扁担'之谚。故必兼操其他各业。据统计各业地主，军商两界各占三十分之一弱；政工两界各占二十五分之一上下；学界占百分之二强；团体所占百分之三强。大部分以农业为主，占百分之四十一强。此皆为中小地主及地主兼自耕者。其实大地主之职业，颇难确切，以其每为多方面之人物，彼等有时为收租者兼商人高利贷者；甚至亦为行政官吏或大小军人，城市商人可兼为大地主，在乡地主又可兼为城市商人，而地主兼商人又可变为地主商人兼官吏，同时若干官吏兼

---

① 郭汉鸣、孟光宇：《四川租佃问题》，商务印书馆，1944 年版，第 139 页。
② 吕平登：《四川农村经济》，商务印书馆，1936 年版，第 181～182 页。

商人亦可变成商人兼地主。"①（见表4-1）：

表4-1　各县地主职业分析表

县别	户数	军	政	工	农	商	学	医	团体	绅粮	其他或未详
成都	214	53	36	2	51	43	8	1	2	12	6
双流	211	4	3	11	103	52	4	3		25	6
金堂	297	23	28	10	134	72	10	5	3	12	
大邑	334			5	81	75	5	2		68	98
什邡	137		9		39	49	5		5	30	
灌县	204				157	19			2	23	
郫县	142	5	8	16	46	20	5	3		18	21
彭县	256	5	12	52	137	30	3	1	2	14	
简阳	132										132
温江	202										202
新繁	99	8	6	3	28	32	4			10	8
崇宁	89	5	8	3	25	25	2	3	15	3	
广汉	264	4	7	20	101	35	20	9		25	43
成都平原区	2581	107	120	122	902	452	66	27	54	253	473
	百分比	4.1	4.6	4.7	34.9	17.5	2.6	1.0	2.1	9.8	18.3
川西南区	2934	92	157	165	1106	519	86	25	141	369	274
川西北区	2103	25	88	46	1157	449	36	11	88	179	23
川东区	1931	37	57	62	657	281	42	15	47	418	15
总计	9249	261	422	395	2822	1701	230	7	330	1224	785
百分比	100	2.82	4.56	4.27	41.32	18.3	2.49	0.85	3.57	13.23	8.50

资料来源：郭汉鸣、孟光宇：《四川租佃问题》，第147~150页。

从表4-1中，可看出军、政、工、农、商、学、医、团体、绅粮各界都有投资土地者加入地主的行列。其中，商界、学界和士绅占的比例较大。商界占17.5%，学界占2.6%，士绅占9.8%，军界人士占4.1%，比全省其他地区军人占地比例高出两个百分点。这些人多数不住在乡村，而是住在省城；专门"靠租吃饭"的绅粮、商业地主大多居住在县城，中小地主多居乡场。据统

---

① 郭汉鸣、孟光宇：《四川租佃问题》，商务印书馆，1944年版，第142页。

计，居住在大都市及外县的地主，约占 5% 弱，以居乡者为最多，占半数强；次为县城内居住者，接近四分之一；再次为居场镇者，约占六分之一强。成都平原与全省情况基本一致，但居住在大都市的地主比例比四川省的平均水平高，约占地主总人数的 9.6%，乡居地主占 46.9%。也就是说，近半数的地主居住在乡下，而大半的地主不居住在乡下，不在地主的比例比四川省总体水平高，达到 53.1%。（见表 4-2）

表 4-2 各县地主住址调查表

县别	户数	乡	场	城	外县	大都市	未详
成都	214	57	3	3	9	142	
双流	211	73	36	97	5		
金堂	297	118	42	44	20	72	
大邑	334	166	88	50			30
什邡	137	33	23	81			
灌县	204	155	29	20			
郫县	142	84	14	44			
彭县	256	187	47	22			
简阳	132	132					
温江	202						202
新繁	99	57	15	27			
崇宁	89	25	1	37	5	21	
广汉	264	124	34	88	5	13	
成都平原区	2581	1211	333	513	44	248	232
	百分比	46.9	12.9	19.9	1.7	9.6	8.99
川西南区	2934	1287	642	769	83	27	146
川西北区	2103	1258	254	566	23	568	24
川东区	1631	980	190	311	22	116	5
总计	9249	4743	1419	2161	152	391	383
百分比	100	51.28	15.38	23.37	1.64	4.23	4.14

资料来源：郭汉鸣、孟光宇：《四川租佃问题》，第 151~155 页。

从上面的两表和分析中，我们可以看到成都平原地主的成分非常复杂，有军人兼地主，商人兼地主，学人兼地主，以及商人和高利贷者兼地主兼军人，总之，形形色色，不一而足。为了更方便地了解该区域地主的构成情况，我们以地主的居住地来划分，可以将地主分为"乡居地主"[1] 和"不在地主"[2] 两部分。这两部分地主的情况有很大的差别，所以又有学者分别称呼他们为"旧地主"和"新地主"[3]。

旧地主，即所谓收租地主，就是乡村所称的"土老肥"，呈日渐没落之势。没落的原因很多，最明显的是民初以来军阀混战带给这些土地所有者的税捐负担[4]，使他们的收租所入还粮付税后生活都成问题，在巨大的压力下难以自为，所以不得不出卖土地。不过正如陈翰笙所言："赋税繁重并不能使地主阶级趋于崩溃，而只是驱屠弱无力的旧地主速就灭亡，新兴的地主于以产生。[5]"成都平原在民国建立以后的十几年，年年混战，乡村里受不住重重压力的土地所有者只能卖田弃地，于是田地大批转入另一批有钱有势的人士手中，这些人就是所谓的"新地主"。

对于这些新地主而言，土地只是一种预备产业，土地对于他们是一种辅助收入。正因为他们不是靠收租维生，所以他们居住在离土地较远的城市或遥远的他县他乡。这种不在地主在成都平原十分普遍，陈太先曾对成都华阳 67 个地方做过调查，共 1285 个土地所有者，除去自耕农 275 个以外，其余 1010 个地主中，有 609 个不是远住他乡，就是住在成都市内，占地主总人数的 61%强。（见表 4-3）

表 4-3　成都、华阳 1285 户土地所有者分析（1937 年）

类别　　　地名	自耕自田的	有田自己不耕的			
		乡居地主		不在地主	
		实数	百分比	实数	百分比
抚琴台	1	3	5.67	50	94.33
天回镇	180	275	49.38	282	50.62
土桥	8	21	25.61	61	74.39
茶店子	7	15	27.78	39	72.22

---

[1]　居住在乡以下区域的地主，称为乡居地主，他们以收租或耕种土地维生。

[2]　居住在场以上区域的地主，称为不在地主，他们并不完全以收租维生，而要从事其他职业。

[3]　吕平登：《四川农村经济》，商务印书馆，1936 年版。

[4]　彭雨新、陈友三、陈思德：《川省田赋征实负担研究》，商务印书馆，1944 年版。

[5]　陈翰笙著，冯峰译：《解放前的地主与农民——华南农村危机研究》，中国社会科学出版社，1984 年版。

类别　地名	自耕自田的	有田自己不耕的			
		乡居地主		不在地主	
		实数	百分比	实数	百分比
苏坡桥	29	18	25.56	53	74.64
三河场	31	55	43.69	58	56.31
牛市口	19	14	17.5	66	82.3
总计	275	401	39.7	609	60.3

资料来源：陈太先：《成都平原租佃制度之研究》，1938年冬，（中国台湾地区）地政研究所资料，第32469页。

但是，根据1950年11月中共温江县委汇集的全县有关业主的出租田地和押租登记情况，可以看出不在地主在温江县的户数所占比例不到半数，但他们占有田地的面积却在半数以上。（见表4-4）

从表4-4显示的业主属地信息，我们如果将温江专区各属县以上业主作为不在地主①，而属县以下的业主作为乡居地主②，就可以看出，不在地主的户数占全部户数的22.7%（包括外省、属行署、属专区、属县），乡居地主的占77.3%。从户数上看，乡居地主仍占多数，与郭氏和孟氏的结论相近，与陈氏的调查有出入，但在占地的问题上，三者是一致的。不在地主占地达60.95%，乡居地主只占39.05%，特别是成都市的业主，以占6.84%的户数，占地33.04%，可见成都市是不在地主主要居住的地方。

以上三个调查资料充分证明，成都平原地主结构的特点是特大地主与中小地主并存，不在地主与乡居地主并存，但不在地主占田量远远大于乡居地主。

这些不在地主，大都是多重身份的人物，他们是收租者、商人、高利贷者、官员、教员、宗教人士等等。这样，地主可以变成地主兼商人，许多的地主兼商人又可以变成地主商人兼官吏。同样官吏兼商人可以变成商人兼地主。在温江县城，陈太先也作过一次调查统计，资本较大的商店100家中田地在10亩以上者达60家。（见表4-5）

---

① 这里的"地主"一词，与阶级成分中的"地主"的概念不同，是指土地的所有人，与"业主""田主"同义。

② 这只是一个大体的划分，也许属县以下的属区、属乡的一些地主并未居住在乡里，也居住在城里。但从距离上看，他们居住在乡里的可能性较大一些，故作这样的划分。

表4-4 温江县业主属地与田地出租状况

项目		地区	外省	属行署				属温江专署①	属县	属各区	属各乡	合计	备考
				成都市	眉山专区	绵阳专区	茂县专区						
户数	地主		44	841	15	1	3	417	757	431	1043	3552	户
	富农				1			165	216	583	1562	2527	户
	佃富农							6	14	38	206	264	户
	中农		2		2			220	123	622	2554	3523	户
	贫农		2		3			154	57	407	3224	3852	户
	小土地出租			106				3			17	126	户
	合计		48	947	21	1	3	965	1167	2081	8606	13844	户
	比率(%)		0.35	6.84	0.15	0.01	0.02	6.89	8.44	15.04	62.17	100%	
田亩数	租出		1592.613	67004.611	377.709	30.40	59.00	12949.944	41467.857	18073.69	55854.202	197410.026	亩
	转租出								117.12	3.60	5294.219	5414.9390	亩
	合计		1592.613	67004.611	377.709	30.40	59.00	12949.944	41584.977	18077.29	61148.421	202824.965	亩
	比率		0.98	33.04	0.19	0.02	0.03	6.38	20.5	8.91	30.15	100%	

资料来源：四川省档案馆：全宗号：建西003，"成都华阳七县农会驻蓉联合办事处"，案卷号17，《中共温江县委汇集的全县有关业主的出租田地租押调查登记统计表》，1950年11月。

① 新中国成立初期，温江专区各县为：成都、华阳、新都、新繁、灌县、郫县、双流、彭县、崇庆、大邑、崇宁诸县，即成都平原各县。

表4-5　温江县城商家土地资产表（1938年）

土地资产 营业类	资产达500元 以上的商家	所管田地亩分		
		10～20	20～50	50～100
京缎土布	16	5	3	1
酱园业	7	2	1	2
干菜业	9	2	3	1
麻布业	5	2	1	1
药材业	12	3	3	1
京果业	8	2		
丝烟业	3	1	1	
钱纸业	9	2		
花纸业	4	2		
茶业	3	2		
广杂业	7	3	1	
米业	20	8	5	2
总计	103	34	18	8

资料来源：陈太先：《成都平原租佃制度之研究》，1938年冬，（中国台湾地区）地政研究所资料，第32470页。

由于拥有土地存在缴纳土地税的问题，所以陈太先的调查还引起了温江商会一些会员的恐慌，他们向陈去函再三解释："查温江地处边隅，商业萧条，不及五百元资本者甚多，更兼近年停门倒闭者已属不少。现在营业均系小贸营生，未敢以言商业。用特叙明，以资查考。"[1] 这些商人是怕增加其捐税负担，而以多报少，以有报无，可以想见，表4-5的数字还应有所扩大。

在不在地主的行列中，军人已成为一种重要的力量。"四川的军人总是带一点土气，刮老百姓几个钱多是购房置产买土地。固然他们也知道往外国银行存款，但总以为存款在外国银行还没有置买些不动产妥当。因为就是自己打败仗退走或是下台，但上台的也都是同族和同学，大家争的是地盘，私人的财产彼此谁都念旧谊而要保护的。"[2] 更何况成都平原的田地，收成绝对可靠；再

---

① 《温江县商会给陈太先的函》，转引自陈太先：《成都平原租佃制度之研究》，1938年冬，载萧铮主编《民国二十年代中国大陆土地问题资料》，（中国台北）成文出版社，1977年版，第32471页。

② 薛绍铭：《黔滇川旅行记》，重庆出版社，1936年初版，1986年再版，第120页。

加之有负不起税捐的旧地主、中小农在廉价售地，于是新兴的军阀纷纷在成都平原购买土地。特别是成都平原的郫县、温江等地，由于土地肥沃，旱涝保收，土地几乎被各类军阀所垄断。"离成都四五十里地的郫县，有田三十四万多亩，但二十多万亩的田地是操在地主手里，小地主多为本地的土著。但大地主则为川军中的旅长以上的军官，这些军官在混战中发了财的也不少，他们都来郫县、温江、新津等处买地得田。因为这些地方接近成都，收租容易，而且收成绝对可靠。如刘存厚、曾南夫、黄逸民、白驹等军师长，在郫县，每人都有田地三千亩以上。就他们以下的旅团长，也有百亩千亩的很多。"[1] 在新都"熟悉该县情形者言，地主中之五六人即占有该县沃田十分之一。由此可见地主户数虽少，其所有田地则占最大多数"[2]。成都情形也相差不多，据1938年《二十六年度四川合作金融年鉴》载："全县约十九万二千亩，农民成分大多数是佃农……即以千亩以上之粮户合计之，约占全部土地的十分之一。如昭觉寺有田二千余亩，文殊院、天主堂各有千余亩。至于私人所有者如胡太和有四千余亩，吴佐、邓和（过去之师长）各有二千余亩，吴晋寄及某军长等各有千余亩。"[3] 其他零星记载见表4—6：

表4—6　新繁、新都、郫县、彭县、德阳、广汉等县最大土地占有者拥有土地情况

县别	军人地主	最大地主	亩数	状况
新繁		王某	1500亩	正在没落中
新都		刘某	1000余亩	
	王师长		1000余亩	
郫县	某军人		8000余亩	
彭县	某军人		2000余亩	
德阳		彭杨二姓	各2000余亩	
广汉		张某	6000余亩	高利贷者

资料来源：陈太先：《成都平原租佃制度之研究》，1938年冬，（中国台湾地区）地政研究所资料，第32474页。

　　陈太先曾做了一个对成都县第一区1～4四个联保内的土地校对册，发现了几个知名军人所占田地的情况。（见表4—7）

① 钱志超：《四川的农村经济》，《益世报》，1936年7月18日。
② 《四川省政府统计委员会报告》，1937年。
③ 《二十六年度四川省合作金融年鉴》，四川省合作金库编印，1938年，第153页。

表 4-7　成都县第一区 1~4 四个联保百亩以上的地主

土地所有者		人数	所占田地（亩）
军人	旧军人	2	254
	军长	4	1043
	师长	4	874
	旅长	1	120
不明者		6	625
团体公地	天主堂		347
	慈惠堂		287
	青阳宫		239
	草堂寺		498
	文殊院		108
	财委会		237

资料来源：同表 4-6。

1950 年减租退押时，四川几位起义的川军将领邓锡侯、潘文华、熊克武等向人民政府自报出租田地及押金，参加减租退押运动。他们自报的数目见表 4-8：

表 4-8　邓锡侯、潘文华、熊克武自报田地出租数目

姓名	田地数量（亩）	主要分布区域
邓锡侯	1668.181	温江、成都、郫县、华阳、双流
潘文华	1672.9	成都、华阳、双流、郫县、崇宁
熊克武	1249.724	郫县、成都、华阳、双流、灌县

资料来源：根据《邓锡侯、潘文华、熊克武业主自报出租田地押金登记表》整理编制。该登记表非常长，整整一个案卷。见四川省档案馆：全宗号：建西 003，《成都华阳等七县农协驻蓉办事处》（1950—1952 年）。

几位自报的土地出租数量，不一定是其土地数量的全部。当时有许多地

主、官僚有用别人的名义购买土地的习惯，有的还用化名。① 所以他们自报的数目可能会有出入，尽管如此，军人占有土地的情况仍可略见一斑。

关于新旧地主占有土地的状况，1935年谭仪父曾作过四川十个代表县新地主的调查。其中属于成都平原的有灌县、崇庆和大邑三县②。

三个县区中以大邑为首位，新地主以87.9%的户数，占田为99%；军阀地主，以2.9%的户数，占田66%，最高占田在3万亩以上，每户平均亦在3000亩以上；官僚地主，以47%的户数，占田33%，最高占田达8000亩，每户平均亦约100亩；至于旧地主，不过9.9%户数，占田2%而已。本来大邑既不是以"土地肥沃，收获可靠"③吸引地主们来此投资，也不是"邻近大城市，对商人豪右有特别的便利，而纯粹是因为其地出产显贵，蒙贵人之赐"④。因为该县出了刘湘、刘文辉这两个很有权势的军人及其追随者，所以该县新地主中军阀地主最占优势，占田最高的是他们，平均有三千多亩。另外，官僚是他们的"附骥者"，占田最高的达八千亩。其他的新地主或以商起家，或以放高利贷起家，或同时即由旧地主转变而来，其占田也不算少，最高的也达到三千亩。

崇庆、灌县的情形也大同小异。崇庆"新地主54%的户数，占田86%，军阀地主以2.6%户数，占田57%，最高占田达15000亩；官僚地主，以10%的户数，占田11%，最高占田达1000亩；旧地主以46%的户数，占田9%。灌县，新地主以73.4%的户数，占田77%；旧地主，以该县地区广、山田僻地多，故有24.6%的户数，占田23%；军阀地主，户数0.7%，占田21%；官僚地主，15%户，占田15%；其他新地主，则以57.7%的户数，占田41%，中以高利贷豪劣商人之地主为多"⑤。

各类地主所属佃农的情形，也有不同。由于新地主田地多，所以佃农数也多一些。如崇庆，属于新地主的佃户占76%，属于旧地主只有20%；灌县属

---

① 笔者在阅读档案资料时，经常看到这样的情形。如温江县有一住在成都的地主，真名"王思忠"，却化名"王季思""王英杰""王淑豪""王玉珊""王伯英""王玉川""李杰"等名，出租土地400多亩。见《温江县住成都市业主出租田地押租调查表》（1950年10月），四川省档案馆：全宗号：建西003，"成都华阳七县农会驻蓉联合办事处"，案卷号17，《中共温江县委汇集的全县有关业主的出租田地租押调查登记统计表》。

② 1935年，谭仪夫作的四川十县新旧地主调查见吕平登：《四川农村经济》，商务印书馆，1936年版，第186～187页。

③ 稻麦改进所经济部：《四川佃农分布》，载《建设周讯》3卷12期，1938年。

④ 稻麦改进所经济部：《四川佃农分布》，载《建设周讯》3卷12期，1938年。

⑤ 吕平登：《四川农村经济》，商务印书馆，1936年版，第191～192页。

于前者的占 69%，属于后者的只占 21%；在大邑县属于新地主的佃农占 99%，属于旧地主的不到 1%。佃户平均占田比，新地主的佃农占田较多，军人地主的佃农平均为 83 亩，官僚地主的佃农平均为 60 亩，其他地主的也有 37 亩。而旧地主的佃农，则最多不过 45 亩，少的只有十几亩。

　　土地所有权的集中，促成耕地所有权和使用权的进一步分离。关于土地所有权集中的问题，多年来，有许多人士进行抨击，认为这是农村经济凋零的基本原因之一。其实，土地所有权高度集中的现象，在其他国家并未成为农民贫困的根源。如英国，自圈地运动以后，英国的土地非常集中，土地所有权与土地使用权分离，大部分的土地归佃农经营。但英国的佃农与中国的佃农有很大的区别，中国的佃农多是小农，而"英国的佃农绝大多数是租佃企业家，或农业资本家，他们有充足的资本，佃入大量的土地，从事大规模的农业经营。二十世纪初，英国二十公顷以上的租佃农场占全农地的百分之八十四，一百二十公顷以上的租佃农场占地百分之二十五。英国租佃企业家，雇用大批农业劳动者，以从事实际的农场工作，他们自己只负担农场管理之责，有时甚至雇人管理，他的目的专在从中获取高额利润"[1]。可见，土地集中并非农民贫困的根源，而佃农模式、性质的不同，才是根本的差别。从谭仪夫的调查中可以看出，新地主佃户的农场面积大于旧地主，从生产规模上讲，更符合经济原则。如果社会更稳定，农村金融制度更健全，或许中国佃农也会有机会成为租佃企业家。然而，中国农村借贷不易，佃农资本太少，加上人口众多，竞佃激烈，佃农企业家只能成为一个美好的愿望。所以，土地集中的直接后果，是中小地主、土地所有者为了逃避赋税，纷纷出售田地，成为佃农，而佃农的人口数日益增加，农场规模并不一定能够扩大。

　　成都平原土地的集中，促成了自耕农的减少和佃农数目的增加，使得民国时期的成都平原与其他地区不同，佃农比例呈逐渐增长之势。

第二节　佃农比例

　　成都平原佃农在农民中所占的比例较高，在民国时期有逐渐增长的趋势。据中央农业实验所统计：1912 年四川佃农占农户总数的 51%，自耕农占 30%；至 1932 年，佃农增至 56%，自耕农降至 25%；1933 年佃农增至 58%，

---

[1]　吴文晖：《中国佃农的地位》，载《中农月刊》，第 3 卷第 1 期，1942 年 1 月 30 日，第 57 页。

居全国第一；1934 年增至 59％。①

关于成都平原佃农户数占总农户的百分比及其变动趋势，最早的数字见金陵大学农经系对成都平原五县的调查（见表 4-9）。

表 4-9 1912—1931 年成都平原各县佃农百分率

	佃农（％）		自耕农（％）		半自耕农（％）	
	1912 年	1931 年	1912 年	1931 年	1912 年	1931 年
新都	41	55	26	18	33	27
广汉	50	90	30	4	20	6
郫县	38	55	42	28	20	17
双流	15	25	30	25	55	50
大邑	50	60	30	20	20	20
平均	38.8	57	31.6	21	27.6	24

资料来源：《中国经济年鉴》，1935 年续编。

由表 4-9 可知，每个县的佃农数目均呈上升趋势，而自耕农、半自耕农呈下降趋势。平均看来各县佃农比例（不算半自耕农），1912 年为 38.8％，到 1931 年为 57％，20 年内增加 18.2％。1931 年以后的情况如表 4-10 所示。

由表 4-10 所知，从 1931—1936 年，成都平原各县自耕农平均人口由 26％下降到 24.8％，比四川全省的平均比率略低；半自耕农平均人口从 26％下降到 20.66％，比全省平均水平略高；佃农平均人口增加到 57.8％，比全省的增长幅度大。其中成都、华阳、新都、郫县、彭县等地，到 1936 年，佃农比例均达到 60％以上。

① 中国农民银行四川省农业经济调查委员会：《四川农村经济调查报告》第 7 号，《四川省租佃制度》，1941 年版，第 3 页。

表4-10　1931—1936年成都平原十一县农户分配表

县别	自耕农 %						佃农 %						半自耕农 %					
	廿年	廿一年	廿二年	廿三年	廿四年	廿五年	廿年	廿一年	廿二年	廿三年	廿四年	廿五年	廿年	廿一年	廿二年	廿三年	廿四年	廿五年
成都	30	25	30	32	35	20	40	55	50	50	50	62	30	20	20	18	15	18
华阳	20					20	50					60	30					20
灌县	53	57	47	47	50	50	25	25	33	33	30	27	22	22	20	20	20	23
新都	16	16	14	14	12	12	57	57	60	61	63	63	27	27	26	26	25	25
郫县	18	18	17	10	10	10	60	60	61	75	75	75	22	22	22	15	15	15
双流	5						60						35					
彭县	25	25	25	26	22	17				61	65	70	13					
简阳	49		48	46	43	44	22	23	24	27	26	27	29	28	28	27	31	30
大邑	20	15	15	15		15	60	65	70			85	20	20	15			10
什邡	30	30	40	37	37	40	40	43	40	46	43		30	27	20	17	20	17
德阳	20	20	22	23	22	20	52	55	50	47	51	52	28	25	28	30	27	28
平均	26	25.2	28.7	29.3	28.8	24.8	48	47.8	48.5	50	50.4	57.8	26	23.8	22.38	21.8	21.85	20.66
全省平均	30	30	30	30	29	28	49	49	49	49	50	52	21	21	21	21	21	20

资料来源：陈太先：《成都平原租佃制度之研究》，1938年冬。（中国台湾地区）萧铮主编：《中国地政研究所丛刊》，《民国二十年代中国大陆土地问题资料》，成文出版社有限公司（美国）中文资料中心，1977年版，第32447页。

表 4-11　1940 年成都平原各县农地所有权百分率

县别	自耕农	半自耕农	佃农
金堂	34.9	17.0	48.1
新都	25.0	5.0	70.0
新繁	20	15.0	65.9
成都	17.5	7.5	75.0
崇宁	13.5	38.1	48.4
郫县	23.3	12.6	64.1
温江	18.6	19.9	63.5
双流	10.0	19.9	61.1
华阳	23.3	10.0	66.7
新津	6.0	14.0	80.0
灌县	40.0	16.7	43.3
崇庆	46.7	10.0	43.3
大邑	21.9	44.1	34.6
邛崃	37.4	36.6	26.0
蒲江	80.5	16.9	2.6

资料来源：中国农民银行四川省农业经济调查委员会：《四川农村经济调查报告》第七号，《四川省租佃制度》，1941 年版，第 5~6 页。

从表 4-11 可看出，佃农比例与地理位置关系十分密切。土地肥沃，离城较近的地区，佃农比例高；而一些稍微偏远一点的地区，则自耕农和半自耕农的比例增高，佃农比例减低。如成都平原边缘的灌县、崇庆、大邑、邛崃、蒲江等地，佃农的比例在 45% 以下，特别是蒲江仅占 2.6%。平原中心地带由于土地肥沃，灌溉便利，且又临近省会，所以佃农的比例更高，成都、新都等县均达 70% 以上[1]。

抗战结束后，有学者对四川农村土地占有情况进行了统计，也可看出同样的趋势。（见表 4-12）

---

[1]　中国农民银行四川省农业经济调查委员会，《四川农村经济调查报告》第 7 号，《四川省租佃制度》，1941 年版，第 3 页。

表4-12 1937、1946年四川农村土地占有情况

时间	自耕农（%）	半自耕农（%）	佃农（%）	出佃土地（%）
1937	23.7	20.2	55.9	79.07
1946	20.3	18.1	61.1	81.31

资料来源：四川二十六县调查统计资料，赵宗明：《四川租佃问题》，载《四川经济季刊》，1947年第3~4期合刊，第28页。

1937年到1946年这9年间，自耕农下降3.4%，半自耕农下降2.1%，佃农上升5.2%。

从以上各表中可以看到，成都平原的佃农比例越来越高，有的县达到70%以上。这样的趋势与一些学者的估计不一样[1]。作为中国传统的农耕地区，成都平原的情况与华北平原、西北地区和江南、华南等地不一样，民国时期不仅佃农的比重逐年增加，而且佃农经济越来越成为该地区的主要经济模式，成为农村地区的经济支柱。

小　结

成都平原是中国历史最为悠久的农业耕作地区之一，地权结构十分复杂，私有的土地所有者分为大地主、中小地主和自耕农。除了拥有土地以外，一些人还从事其他职业。根据地主的居住处所，可分为乡居地主和不在地主。乡居地主被称为"旧地主"，不在地主中新崛起的地主则称为"新地主"，而军人地主成为"新地主"的主要来源。尽管土地有集中的趋势，但中小地主数量仍然不少。所以民国时期成都平原的地权特点是土地集中与土地分散并存，特大地主与中小地主并存，不在地主与乡居地主并存。不在地主的户数虽然少于乡居

---

[1] 关于佃农占农村人口的比例，不同的地区情况不一样。有学者曾断言中国不是一个租佃大国，乡村经济的主要支柱是自耕农。金陵大学农学院教授卜凯（John L. Buck）于20世纪30年代提出，中国农村是一个以自耕农为主的社会（卜凯：《中国农家经济》，商务印书馆，1936年版，第195~196页）。80年代以来，这一观点得到一些中国学者的认同。史建云认为，华北地区在近代直到1937年以前，自耕农一直占50%以上，租佃关系虽占有一定比重，但绝不是占统治地位的生产关系，不仅如此，佃农比重还有逐步下降之势（史建云：《近代华北平原自耕农初探》，《中国经济史研究》，1994年第1期）。徐浩、侯建新对清代华北地区和20世纪上半期冀中农村的研究，也得出相同的结论（徐浩：《农民经济的历史变迁——中英乡村社会区域发展比较》，社会科学文献出版社，2002年版，第158页；侯建新：《农民、市场与社会变迁——冀中11村透视并与英国乡村比较》，社会科学文献出版社，2002年版，第71页），但成都平原明显与他们得出的结论不同。

地主，但其占田量远大于乡居地主。因占田规模不同，社会背景各异，生活境遇相差很大。特大地主位高权重，主要由其管事或代理人与佃户发生关系。小地主生活窘迫，尚不如某些佃农。

成都平原佃农在农村人口中所占比例高于全国水平，并有逐年增长的趋势。1912 年，根据成都平原几个县的统计，佃农占农村人口的比例为 38.8%，1931 年达到 57%，1936 年为 57.8%，其中成都、华阳、新都、郫县、彭县等地，均达 60% 以上；1940 年，新都、成都等县高达 70% 以上，新津更高达 80%，形成了一些佃农村。佃农比例高低与地理位置关系密切。土地肥沃的城镇附近地区，佃农比例较高，而稍偏远的地区，则自耕农、半自耕农的比例增高，佃农比例降低。

成都平原租佃制度之所以发达而佃农比例高，除了生态原因外，还有人口压力、赋税沉重、农村小土地所有者负担过重、新兴军阀热衷于土地投资等多方面原因。其中最重要的一个原因，则是地方军阀的横征暴敛，迫使一些中小土地所有者出售土地成为佃农。军阀混战的民国前 20 年，佃农占农村人口的比例增加最快。同时因军阀大肆兼并土地，导致成都平原土地商品化加剧，而土地的商品化是租佃制发展的前提，从而为租佃制的进一步发展奠定了基础。

第五章　家庭收入与消费结构

罗闽鑫

本章以第四章讨论的成都平原地权结构和佃农比例为铺垫，通过分析四川省农改所 1938 年对 1937 年 4 月—1938 年 3 月作物周年内温江县佃农、半自耕农和自耕农的家庭收入和家庭消费的调查，具体考察温江县农民家庭收入与消费结构。虽然佃农、半自耕农和自耕农并不能代表所有的温江县农民，但这三类农民占农民总数的 77.3%，因此仍具有一定的代表性。

第一节　家庭收入

农民家庭收入对于农民生活水平的高低至关重要，农民家庭收入的多少直接决定着农民家庭可支配的消费数额，是决定农民生活水平的第一要素。在分析温江县农民家庭收入前，有必要了解同时期其他地方农家的收入水平和全国农民收入的一般水平。因为我国幅员辽阔，地区差异较大，农民收入的构成虽各地调查不尽一致，但主要由田场产出、佣工收入、家庭副业和其他杂项收入组成，其中田场出产的作物更是绝大多数农家最为重要的收入。可是因为我国人多地少，户均耕作面积狭小，再加上生产技术的落后，造成我国农民收入普遍较低。

据 1921—1925 年卜凯（J. I. Buck）对中国 17 处 2866 个农家的调查，平均每个地主场主的收入为 376.2 元，自耕农场主为 334.2 元，半自耕农场主为 357 元，佃农场主为 312 元。其中我国北部诸省（豫冀晋及皖北）较之中东部诸省（浙苏及皖南）贫穷，计地主场主收入 278.3 元，自耕农场主收入 234.9 元，半自耕农场主收入 268.4 元，佃农场主收入 207.2 元。[1] 另据戴乐

---

① 卜凯著，张履鸾译：《中国农家经济》，商务印书馆，1936 年版。

仁（J. B. Taylor）及麦伦（C. B. Malone）在 1924 年对浙江省、江苏省、安徽省和河北省四省的调查，"浙江省 368 户农家平均每家收入 186.1 元，江苏省 1379 户农家平均每家收入 194.4 元，安徽省 615 户农家平均收入 250.1 元，河北省 3954 户农家平均每家收入 145.1 元，总平均四省每家收入为 168.5 元"[①]。另据李景汉 1927 年和 1928 年分别在北京附近的挂甲屯村 100 户农家和河北定县的调查，农家平均收入分别为 180.8 元和 281.1 元。[②] 这是 20 世纪 20 年代中国的一般情况。从这些数据看，最高的收入每年为 370 余元，最低者仅有 140 余元。这是从平均数上来看。但是由于我国佃农和半自耕农为多，至于那种每年收入达到 370 余元的地主，毕竟居少数。从以上的调查中不难发现，除了卜凯的调查结果显示四种农民家庭收入都在 300 元以上外，其余的调查除地主外的农家家庭收入大多在 200 元左右，无田和少田的佃农和半自耕农更是在 200 元以下。这些调查中大多没有扣除家庭生活的费用和田场生产的费用以及各种捐税的支出，如果扣除田场支出和家庭消费来计算农家周年利润的话，所得到的结果更为微小，甚至为负数。

20 世纪 30 年代的中国农村家庭收入的这种状况似乎没有得到多少的改善，以上调查地区没有后续的调查跟踪，所以这些农家收入增减的确切程度人们无从得知。据 1934 年中央农业实验所在江宁县化乘乡调查的结果，平均每家收入 112.5 元。[③] 同年冯紫岗在浙江处于扬子江下游较为富庶的模范县——兰溪的调查，平均每家收入为 357.6 元，其中包括了收入上千元的地主。因此如果只计算半自耕农、佃农、佃农兼雇农及雇农的话，则平均每家收入分别为 313.9 元、168.5 元、135.8 元和 61 元，总计平均为 167.3 元。[④] 另据张培刚 1935 年对湖北省黄安县成壮村所做的农家经济调查，平均每家收入地主为 328.4 元，纯自耕农 180.6 元，自兼佃农 103.9 元，纯佃农 84 元，总计平均 150.8 元。[⑤] 以上都是关于四川以外地区的农民家庭收入，四川地区的又是怎样的呢？据王国栋 1939 年在巴县农村的调查，平均每一家庭周年收入为 227 元[⑥]。另据李鉴济 1939 年夏对屏山的调查（见表 5-1），平均每家收入 375

① 张培刚：《我国农民生活程度的低落》，载《东方杂志》，1937 年第 1 号，第 120 页。
② 李景汉：《北平郊外之乡村家庭》，商务印书馆，1929 年版，第 126 页。
③ 中央农业实验所：《农情报告》，载《农报》，1934 年，第 1 卷 22 期。
④ 张培刚：《我国农民生活程度的低落》，载《东方杂志》，1937 年第 1 号，第 121 页。
⑤ 张培刚：《我国农民生活程度的低落》，载《东方杂志》，1937 年第 1 号，第 121 页。
⑥ 王国栋：《巴县农村经济之研究》，1939 年冬，第 27675 页。

元，其中自耕农收入最高达 475 元，最低者为雇农，收入达 300 元。[①]

表 5-1　屏山县农家收入分配表（单位：元）

农家收入　　种类	农场总收入		副业总收入		其他		总计
	实数	百分比	实数	百分比	实数	百分比	实数
自耕农	400	84.21	65	13.68	15	2.11	475
半自耕农	350	87.5	40	10	10	2.5	400
佃农	275	84.61	35	10.77	15	4.62	325
雇农	120	40	150	50	30	10	300
总平均	286.25	74.08	72.5	21.11	17.5	4.81	375

资料来源：李鉴济：《屏山县农村经济之研究》，1939 年夏，载萧铮主编：《民国二十年代中国大陆土地问题资料》，（台北）成文出版社，1977 年版，第 27929 页。原表数据有误。这里自耕农的总计实数应为 480，农场总收入百分比为 83.33％，副业总收入百分比为 13.54％，其他百分比为 3.13％。

以上四川两地调查的年份在 1939 年，因战时通货膨胀的原因，物价相较战前上涨数倍，因此两地农民家庭收入从货币上看较其他地方高。从总体上看，20 世纪二三十年代至抗日战争前我国无地少地的农村家庭的一般收入水平大多在一百到两百元之间，而拥有大量土地的地主和部分自耕农收入则能达到三百元以上。由于各调查地的差异性和调查人采用的标准不一样，所以无法判断农村家庭的收益情况。但是可以想见其家庭利润的微小。

一、温江农家收入

据四川省农业改进所 1938 年对温江县农家的调查，将温江农民收入分为田场收入和田场外收入。田场收入包括家畜收入、作物收入及杂项收入。其中家畜生产是温江农村首要副业，农家饲养家畜非常普遍。饲养的家畜中马很少；牛因为主要用于田场耕作，所以耕种面积在二十亩以上的基本每家有一头，二十亩以下者一般两家合用一头；猪是温江饲养最为普遍的家畜，主要是因为本地的租佃习惯一般缴纳租米，其剩余的糠归佃户所有，可作为猪的饲料，而且猪生产的肥料较多；鸡鸭也是温江农家重要的家畜，由于耕作面积的不同，饲养的数量有差异，鸡的饲养数量普遍在五六只，鸭的饲养数量普遍在

[①]　李鉴济：《屏山农村经济之研究》，1939 年夏，载萧铮主编：《民国二十年代中国大陆土地问题资料》，（台北）成文出版社，1977 年版，第 27929 页。

两三只。

（一）田场收入

田场收入可分为现金收入和非现金收入。非现金收入即家用收入，是指田场以及家庭消费的田场出产物，大部分为作物收入；现金收入即田场进款，是指田场产物出售后获得的现金。据四川省农业改进所1938年温江县农家的调查（见表5—2、表5—3、表5—4）：佃农田场收入小部分为非现金收入，占田场总收入的33.43%；半自耕农田场非现金收入占总收入比例高于佃农田场，占田场总收入的40.31%；自耕农田场非现金收入比率最高，达53.07%。之所以出现佃农、半自耕农和自耕农依次递增的现象，是因为佃农和半自耕农租佃土地应缴纳的地租没有计算在内。以佃农为例，其缴纳的地租占田场总产出的一半左右，如果加上这部分的数额，将呈现佃农、半自耕农和自耕农依次递减的现象。

表5—2　温江县佃农田场收入表（1937年4月—1938年3月）

面积＼项目	平均耕作面积（亩）	平均家庭人口数	平均成年男子单位[①]	平均家用收入（元）	平均进款（元）	总计平均收入（元）	平均田场赚款（元）	家用占总收入百分比
10亩以下	5.43	3.75	2.75	42.99	66.56	109.55	49.895	39.24
10~19亩	14.05	5.33	3.95	79.47	143.88	223.57	110.46	35.55
20~29亩	24.05	6.23	5.05	119.25	224.25	342.31	173.14	34.84
30~39亩	33	7.5	5.85	137.37	333.09	476.6	248.73	28.82
40~49亩	43.9	9.33	7.57	173.27	430.27	603.54	284.58	28.71
平均						307.04	152.14	33.43

资料来源：根据四川省档案馆，全宗号：民148，案卷号：572、577、578、1406、1407、1541，"温江县田场经营调查表"（民国26年至27年）等相关资料整理而成。

说明：由于本章主要考察的是农家从田场获得的家庭收入，因此表5—2中没有将缴纳给地主的租米收入计算在内。以上数据均为算术平均值。

---

① 成年男子单位：以食物消费量的多少来计算，根据年龄段和性别来划分。一成年男子单位一般指一个18~60岁的男子。

表5-3　温江县半自耕农田场收入表（1937年4月—1938年3月）

面积 项目	平均耕作面积 （亩）	平均家庭人口数	平均成年男子单位	平均家用收入 （元）	平均进款 （元）	总计平均收入 （元）	平均田场赚款 （元）	家用占总收入百分比
10亩以下	6.27	7	5.87	51.33	64.85	116.18	-22.52*	44.18
10~19亩	13.64	7.09	5.18	128.02	167.57	295.6	99.32	43.31
20~29亩	22.63	9.27	7.53	193.23	307.23	500.45	195.96	38.61
30~39亩	33.28	10	7.78	346.74	640.78	987.326	580.26	35.12
平均						464.45	203.48	40.31

资料来源：根据四川省档案馆，全宗号：民148，案卷号：572、577、578、1406、1407、1541，"温江县田场经营调查表"（民国26年至27年）等相关资料整理而成。

说明：由于本章主要考察的是农家家庭收入，因此表5-3中没有将缴纳给地主的租米收入计算在内，其中关于收入各项都是扣除归于地主收入之后的数据。以上数据均为算术平均值。

另外，10亩以下的半自耕农只有三户，其中一户耕地面积为7亩（含租进4.5亩）的农户家庭赚款为165.8元，因此将平均值拉成负值，其他两户的场主田场赚款分别为89.41元和8.84元。

表5-4　温江县自耕农田场收入表（1937年4月—1938年3月）

面积 项目	平均耕作面积 （亩）	平均家庭人口数	平均成年男子单位	平均家用收入 （元）	平均进款 （元）	总计平均收入 （元）	平均田场赚款 （元）	家用占总收入百分比
10亩以下	6.52	6.41	4.72	115.204	105.705	220.915	122.35	52.15
10~19亩	13.17	6	4.78	220.81	192.7	413.506	250.08	53.4
20~29亩	22.13	9.67	7.72	322.87	271.75	594.615	301.67	54.3
30~39亩	30.1	8.5	7.4	423.32	447.06	807.37	439.5	52.43
平均						424.77	235.27	53.07

资料来源：根据四川省档案馆，全宗号：民148，案卷号：572、577、578、1406、1407、1541，"温江县田场经营调查表"（民国26年至27年）等相关资料整理而成。

说明：以上数据均为算术平均值。

我们可以从表5-2、表5-3、表5-4得出以下结论：（1）97户佃农田场收入平均为307.04元，27户半自耕农田场收入平均为464.45元，49户自耕农田场收入平均为424.77元。（2）同等耕作面积的情况下，自耕农田场收入比半自耕农高，半自耕农比佃农高；在同等佃权情况下，耕作面积越大，收入也越高。（3）在温江耕种土地10亩以上的田场收入就能达到200元以上，其中自耕农在 10 亩以内的田场平均收入就达到 220.91 元，20 亩以内的更是达到 413.506 元；耕种 20 亩以上一般都达到 300 元以上，其中半自耕农 500 元以上，佃农在 300 元以上。（4）单以田场收入来看，温江县田场收入的一般水平就超过了全国其他地方家庭总收入的较高水平。那么如果从场主田场的利润角度来看又是什么情况呢？场主田场赚款是指田场的场主获得的总收入减去田场中场主包括家工估值和家庭消费的田场产出部分在内的总支出所得到的数值，这项标准表示场主周年内经营田场所获得的利润。从表 5-2、表 5-3、表 5-4 可以发现仅有极少数的田场赚款为负数，绝大多数的农家都有一定数量的赚款；田场赚款的多少跟农家耕种土地的所有权和数量有直接的关系。从平均数来看，佃农平均赚款为 152.14 元，半自耕农平均赚款为 203.48 元，自耕农平均赚款为 235.27 元。

（二）田场外收入

田场外收入是指以经营田场以外的方式获得的收入，主要包括家庭手工业收入，兼职职业收入，经商、佣工以及其他收入。这部分收入全部都为现金收入。由于农业劳动具有季节性，每年的劳动分配极不平衡。"成都平原的农家每年以三月至五月、七月至九月为农忙时期。冬季之工作，为放牛、放猪、砍柴、烧炭等工作。春季则以割草为多，犁田之时多在三四两月，田务竣工后，即下谷种，同时并落肥料。至九月时，因稻子成熟，需要收割之工作。"① 因此温江县的农家普遍在农闲之时从事其他活动以补贴家用。

据四川省农改所 1938 年的调查：97 户佃农中 89 户有田场外收入，其中家家都有家庭手工业收入（主要为麻业：打草鞋、打麻纱、打草帽、打丝鞭、做线等），6.9％的农家有经商收入，23％的农家有推车收入，6.9％的农家有兼职职业收入，18.4％的农家有做工收入（见表 5-5）。89 户有田场外收入的佃农总计收入为 2101.96 元，平均每户收入为 24.44 元。

表 5-5　温江县佃农田场外收入分类表（1937 年 4 月—1938 年 3 月）

项目	家庭手工业	兼职职业 （行医、风水、教书）	经商	推车	做工
有此项的农家	87	6	7	20	16
占总户数的百分比	100	6.9	8	23	18.4

① 马学芳：《成都平原之土地利用问题》，（台北）成文出版社，1977 年版，第 22503 页。

资料来源：根据四川省档案馆，全宗号：民148，案卷号：572、577、578、1406、1407、1541，"温江县田场经营调查表""田场以外之收入表"（民国26年至27年）等相关资料整理而成。

27户半自耕农中26户记载有田场外收入，76.92％的农家有家庭手工业收入，23.07％的农家有兼职职业收入，19.23％的农家有经商收入。只有3.8％和15.38％的农家有推车和做工的收入，有2户半自耕农出现了资本收入。26户有田场收入的半自耕农总计收入为1616.5元，平均每户收入62.17元。（见表5-6）

表5-6　温江县半自耕农田场外收入分类表（1937年4月—1938年3月）

项　目	家庭手工业	兼职职业（行医、风水、教书）	经商	推车	做工	资本收入（房租、利息等）
有此项的农家	20	6	5	1	4	2
占有田场外收入的农家百分比	76.92	23.07	19.23	3.8	15.38	7.69

资料来源：根据四川省档案馆，全宗号：民148，案卷号：572、577、578、1406、1407、1541，"温江县田场经营调查表""田场以外之收入表"（民国26年至27年）等相关资料整理而成。

49户自耕农中45户记载有田场外收入，97.78％的农家有家庭手工业收入，13.33％的农家有兼职职业收入，13.33％的农家有经商收入。只有2.22％和8.89％的农家有推车和做工收入，有多达15.56％的农家有资本收入。45户有田场外收入的自耕农总计田场外收入为1836.1元，平均每户收入为40.8元。（见表5-7）

表5-7　温江县自耕农田场外收入分类表（1937年4月—1938年3月）

项　目	家庭手工业	兼职职业（行医、教书、军职、保长）	经商	推车	做工	资本收入（房租、利息、储蓄等）
有此项的农家	44	6	6	1	4	7
占有田场外收入的农家百分比	97.78	13.33	13.33	2.22	8.89	15.56

资料来源：根据四川省档案馆，全宗号：民148，案卷号：572、577、578、1406、1407、1541，"温江县田场经营调查表""田场以外之收入表"（民国26年至27年）等相关资料整理而成。

以上对佃农、半自耕农和自耕农的分析中，从平均数值上看，半自耕农田场外收入最高，自耕农和佃农依次递减。从田场外收入的构成来看，大部分的佃农在农闲时主要以从事出卖自身劳动力为主，没有任何的资本收入；半自耕农和自耕农大部分的农家有从事家庭手工业的，主要是家庭女成员利用闲暇时间打麻纱等，但是家庭男成员以佣工方式出卖劳动力的相对佃农较少，而较多的农家通过其他职业、经商来增加家庭收入。所调查的半自耕农和自耕农中都有一定数量的农家有资本收入，其中有一户半自耕农有利息收益，有五户自耕农有储蓄和利息收入。之所以有以上现象，一方面是因为温江靠近省垣，为连接部分中间市场的交通要道，且其本身也是重要的中间市场，商业较为活跃，所以温江农民利用农闲进行商业活动。同时因为经商需要一定的资本，相对而言佃农资本有限，因此经商的农家较少；另一方面也说明半自耕农和自耕农经济状况较好，有剩余的资金从事经商以及放贷储蓄。

二、温江农家的收益情况

计算农家利润的标准，因为目的和方法不一样，计算出来的结果也差异很大，家庭赚款和每成年男子单位家庭赚款是衡量家庭收益的重要指标，决定着农家可支配的生活资料数量和家庭生活费用是否充实。所谓家庭赚款是指全田场收入及田场外收入的进款与家用折款减去全田场内除家工折款外的总支出所得的数目。换言之，就是场主家庭于周年内的总收益。家庭赚款可用于务农与从事其他职业的收益的比较。在计算时，所有农民家庭的各项收入都列入此项中，而非现金的支出，如家工估值等项并不列为支出。

因为调查农户是以家庭为单位，可是每一个家庭人口的多少、年龄的大小、男女的数目，各有不同，因此家庭赚款也不能非常全面地衡量家庭收益。在家庭赚款的基础上按每成年男子单位计算，得到的数值即是成年男子单位的家庭进款。那么温江县农民家庭收益情况如何呢？作者将从两方面进行分析，一方面是从自耕农、半自耕农和佃农总体上进行分析，另一方面是分别从自耕农、半自耕农和佃农内部进行分析。

从整体平均值来看：半自耕农的家庭人口最多，其次为自耕农，最小的为佃农，成年男子单位也相应地呈现这种现象。家庭赚款最高的半自耕农为395.4元，其次是自耕农为356.29元，最低的是佃农为242.06元。出现这种情况是因为半自耕农家庭人口较多，相对的家工估值较高，且家庭剩余劳动力较多，从田场外获得的收入也较多。每成年男子单位可以分到的家庭赚款都不算很高，自耕农为71.14元，半自耕农为60.63元，佃农为53.96元。（见表5-8）

表5-8　温江县农民家庭收益表（1937年4月—1938年3月）

面积 / 项目	统计户数（户）	耕作面积（亩）	家庭人口数	成年男子单位	家庭赚款（元）	每成年男子单位家庭赚款（元）
自耕农	49	14.04	6.9	5.44	356.29	71.14
半自耕农	27	19.12	8.26	6.43	395.4	60.63
佃农	97	20.84	5.95	4.66	242.06	53.96

资料来源：根据四川省档案馆，全宗号：民148，案卷号：572、577、578、1406、1407、1541，"温江县田场经营调查表"（民国26年至27年）等相关资料整理而成。

说明：家庭赚款的计算方法是家庭赚款总数除以家庭数，每成年男子单位家庭赚款的计算方法是每成年男子单位家庭赚款总额除以家庭数。该表格中每一项数据皆为单独统计，彼此间不存在计算关系。下同。

温江县佃农家庭赚款随着耕作面积的增加而增加，耕作面积越多，家庭赚款也越大。但是从每成年男子单位可分到的家庭进款数来看，与耕作面积的大小没有太大关系，而跟家庭人口有关，每成年男子单位可分到的家庭赚款一般都在97户佃农总体平均值53.96元上下波动。（见表5-9）

表5-9　温江县佃农家庭收益表（1937年4月—1938年3月）

面积 / 项目	作物面积（亩）	家庭人口数	成年男子单位	家庭赚款（元）	每成年男子单位家庭赚款（元）
10亩以下	5.43	3.75	2.75	137.93	51.12
10~19亩	14.05	5.33	3.95	200.25	53.1
20~29亩	24.05	6.23	5.05	262.86	54.63
30~39亩	33	7.5	5.85	353.24	63.64
40~49亩	43.9	9.33	7.57	391.14	53.22
50~60亩	55	6.5	7.25	411.56	57.62

资料来源：根据四川省档案馆，全宗号：民148，案卷号：572、577、578、1406、1407、1541，"温江县田场经营调查表"（民国26年至27年）等相关资料整理而成。

说明：家庭人口不包括佣工，成年男子单位将佣工计算在内。

温江县半自耕农家庭赚款也随着耕作面积的增多而增多，每成年男子单位可分到的家庭赚款在耕作面积29亩以下的农家按耕地面积的增加而增加，而在30~39亩的每成年男子单位家庭赚款却是20~29亩农家的将近两倍。（见表5-10）

表 5-10　温江县半自耕农家庭收益表（1937 年 4 月—1938 年 3 月）

面积\项目	耕作面积（亩）	家庭人口数	成年男子单位	家庭赚款（元）	每成年男子单位家庭赚款（元）
10 亩以下	6.27	7	5.87	216.75	33.68
10～19 亩	13.64	7.09	5.18	243.67	49.07
20～29 亩	22.63	9.27	7.53	405.38	57.96
30～39 亩	33.28	10	7.78	820.4	106.5

资料来源：根据四川省档案馆，全宗号：民 148，案卷号：572、577、578、1406、1407、1541，"温江县田场经营调查表"（民国 26 年至 27 年）等相关资料整理而成。

温江自耕农家庭赚款都在 200 元以上，且数额的多少与耕作面积的大小呈正比例关系；每成年男子单位赚款，10～19 亩的农家比 20～29 亩的农家更多，低于 30～39 亩的农家。（见表 5-11）

表 5-11　温江县自耕农家庭收益表（1937 年 4 月—1938 年 3 月）

面积\项目	耕作面积（亩）	家庭人口数	成年男子单位	家庭赚款（元）	每成年男子单位家庭赚款（元）
10 亩以下	6.52	6.41	4.72	221.06	52.64
10～19 亩	13.17	6	4.76	365.81	81.19
20～29 亩	22.13	9.67	7.12	429.44	57.34
30～39 亩	30.17	8.5	7.4	634.53	103.88

资料来源：根据四川省档案馆，全宗号：民 148，案卷号：572、577、578、1406、1407、1541，"温江县田场经营调查表"（民国 26 年至 27 年）等相关资料整理而成。

从以上两方面的分析，我们至少可以得出以下结论：农家耕作面积大小决定了家庭赚款多少，每成年男子单位家庭赚款与家庭人口密切相关。从家庭赚款来看，家庭赚款最低的为耕作面积为 10 亩以下的佃农，10 亩以上的佃农和所有的自耕农、半自耕农家庭赚款都在 200 元以上。从每成年男子单位家庭赚款来看，佃农家庭相差不大，与耕作面积关系不大，耕作面积在 30 亩以下的自耕农和半自耕农，数额也相差不大；耕作面积 30 亩以上的自耕农和半自耕农家庭收益最高，分别高达 600 多元和 800 多元。可见 1937—1938 年的作物周年，温江县农家的收入水平远在同时期全国一般水平之上，在扣除了田场支出之后的家庭赚款普遍在 200 元以上；只有耕作面积在 10 亩以内的佃农家庭赚款为 137.93 元，即使是这个数字也超过全国其他地方部分农家的家庭收入。

第二节　家庭消费

家庭消费数额和消费的构成是衡量农民生活水平的重要指标。一般情况下，家庭消费数额高自然生活水平就高，但是单纯只是从家庭消费数额的多少来判断一个家庭的生活水平还是不够的。比如有的家庭成员有吸鸦片、赌博、迷信等各种不良消费，这些消费并不能说明生活水平有多高，因此还需要对家庭消费结构作一个详细的分析。

一、家庭生活费

温江县农家的生活费主要由田场供给和现金购买两部分组成。田场供给的比重在整个温江农家生活费中都比较低，除了粮食和燃料外，大部分生活消费项目需要用现金购买，甚至粮食也不是完全由田场供给，相当部分的农家也需要购买部分粮食。佃农田场供给的生活消费占家庭总生活费的 35.56%，半自耕农田场供给的生活消费占家庭总生活费的 39.6%，自耕农田场供给的生活消费占家庭总生活费的 45.91%（见表 5-12）。之所以自耕农比半自耕农、半自耕农比佃农田场供给所占家庭生活费要高，是因为佃农和半自耕农租佃的土地要缴纳租米，田场作物收入中归场主所有的收入比自耕农少。这与卜凯调查的地区结果差异甚大。据卜凯 20 世纪 20 年代的调查，中国北部田场供给占 73.3%，中东部田场供给占 58.1%，全国平均田场供给占生活费总数的 65.9%。[①] 可见温江县农家商业化程度之高。相对于商业化程度较低的农家来说，商业化程度高的农家拥有更多的机会享受多样的工业文明产品。单就这一方面来说，温江县农家的生活水平是较卜凯调查的地区高。

表 5-12　**温江农民家庭消费总数表**（1937 年 4 月—1938 年 3 月）

分类项目	统计户数（户）	田场供给（元）	现金购买（元）	消费总计（元）	每成年男子单位消费额（元）	田场供给占消费总额百分比
佃农	95	94.878	171.821	266.774	60.047	35.56
半自耕农	26	183.381	279.649	463.03	71.871	39.60
自耕农	49	218.542	257.447	475.989	88.725	45.91

---

① 卜凯著，张履鸾译：《中国农家经济》，商务印书馆，1937 年 3 月再版，第 524 页。

资料来源：根据四川省档案馆，全宗号：民148，案卷号：572、577、578、1406、1407、1541，"温江县田场经营调查表"（民国26年至27年）等相关资料整理而成。

说明：每成年男子单位消费额的计算方法是每成年男子单位消费总额除以家庭数。下同。

从表5-12可见，温江县佃农周年家庭消费总计266.774元，每成年男子单位可分到的消费额为60.047元；半自耕农农家周年家庭消费总计463.03元，每成年男子单位可分到的消费额为71.871元；自耕农周年家庭消费总计475.989元，每成年男子单位可分到88.725元。自耕农农家与半自耕农农家家庭消费总数相差不大，主要是半自耕农家庭相对较自耕农家庭较大。总体上看，不管是家庭生活费总额还是每成年男子单位生活费数额，自耕农家庭要优于半自耕农家庭，半自耕农家庭要优于佃农家庭。

自耕农、半自耕农和佃农三种类型农民由于家庭大小和耕作面积大小的差别而生活费又不同，那么三种类型农民内部不同作物面积又是什么情况呢？

表5-13　温江县佃农家庭消费总数（1937年4月—1938年3月）

项目＼面积	耕作面积（亩）	家庭人口数	成年男子单位	田场供给（元）	现金购买（元）	消费总计（元）	每成年男子单位消费数（元）
10亩以内	5.43	3.75	2.75	42.403	98.008	140.411	55.615
10~19亩	14	5.26	3.93	74.352	163.591	237.943	63.613
20~29亩	23.65	6.14	4.87	104.307	185.428	289.644	62.006
30~39亩	33	7.5	5.85	130.37	161.32	292.81	51.554
40亩以上	45.92	8.82	7.51	166.116	271.537	437.654	58.225

资料来源：根据四川省档案馆，全宗号：民148，案卷号：572、577、578、1406、1407、1541，"温江县田场经营调查表"（民国26年至27年）等相关资料整理而成。

从表5-13可见，温江县佃农家庭的消费总额和家庭人口数都随着耕作面积的递增而递增，佃农家庭消费总额最低的为10亩以内的农家，为140.411元，最高的为40亩以上的农家，为437.654元。但是每成年男子单位可分到的生活费不是随耕作面积增多呈递增趋势。每成年男子单位可分到的生活费最多的为作物面积在10~19亩的农家，为63.613元；最少的为耕作面积30~39亩的农家，为51.554元。从每成年男子单位消费数来看，各作物面积段的农家差距不大。可以说佃农农家的生活水平有差异，但是差距不大。

表5－14　温江县半自耕农家庭消费总数（1937年4月—1938年3月）

面积\项目	耕作面积（亩）	家庭人口数	成年男子单位	田场供给（元）	现金购买（元）	消费总计（元）	每成年男子单位消费数（元）
10亩以内	6	8	6.15	39.38	178.15	217.53	37.896
10～19亩	13.64	7.09	5.18	125.88	223.20	349.081	70.716
20～29亩	22.625	9.25	7.525	196.40	391.12	587.52	77.703
30～39亩	33.28	10	7.78	346.652	266.08	612.732	78.668

资料来源：根据四川省档案馆，全宗号：民148，案卷号：572、577、578、1406、1407、1541，"温江县田场经营调查表"（民国26年至27年）等相关资料整理而成。

从表5－14可见，半自耕农农家的生活费用总数也是随着耕作面积的增加而增加，耕作面积最小段的农家生活费总数最低，为217.53元，最高的为耕作面积在30～39亩的农家，达612.713元，但是家庭人口数和成年男子单位数都较其他作物面积段较多。从每成年男子单位来计算，也是耕作面积越大，每成年男子单位消费数越大，除了耕作面积在10亩以内的半自耕农农家每成年男子单位可分到的生活费最低，甚至低于佃农，仅为37.896元外，其他三组差距不算很大，可见耕作面积在10亩以上的半自耕农家庭生活差距也不是太大，不过自耕农家庭每成年男子单位可分到的生活费比佃农多10～20元。

表5-15　温江县自耕农家庭消费总数（1937年4月—1938年3月）

面积\项目	耕作面积（亩）	家庭人口数	成年男子单位	田场供给（元）	现金购买（元）	消费总计（元）	每成年男子单位消费数（元）
10亩以内	6.52	6.412	4.724	112.614	197.929	310.544	73.326
10～19亩	13.17	6	4.775	217.6695	235.06	452.7295	94.964
20～29亩	22.13	9.67	7.72	322.933	361.5	684.433	84.597
30～39亩	30.17	8.5	7.4	417.19	396.647	813.837	115.690

资料来源：根据四川省档案馆，全宗号：民148，案卷号：572、577、578、1406、1407、1541，"温江县田场经营调查表"（民国26年至27年）等相关资料整理而成。

从表5-15可见，温江县自耕农各耕作面积段的农家消费数额都较佃农和半自耕农高，家庭生活费最低的达到310.544元，最高的达到813.837元。从每成年单位消费数看，最高的为耕作面积30～39亩的农家，达到115.69元，是佃农和半自耕农的两倍左右；最小的为作物面积10亩以下的农家，但仍达到73.326元，只较半自耕农耕作面积20亩以上农家稍小。可见从生活费总数来看，自耕农的生活水平较半自耕农和佃农好很多。

通过以上分析，我们知道从生活费总数来看温江县农家除了耕作面积在10亩以内的佃农为140.411元外，其他所有耕作面积段的农家生活费都在210元以上，其中耕作面积在10亩以上的半自耕农农家和全部自耕农农家及耕作面积在40亩以上的佃农生活费在300元以上。从每成年男子单位来计算，除了耕作面积在10亩以内的半自耕农外，所有耕作面积段的生活费都在50元以上。那么温江县农家的生活费情况在全国处于什么样的水平呢？

据卜凯20世纪20年代的调查：中国北部农家生活费支出为190.6元，中东部为288.6元，平均为228.3元[①]；据李景汉在北平郊外的调查，挂甲屯村为164元，其他数村为235.2元；在定县的调查，农家生活费支出为242.4元。[②] 整个说来农家生活费的支出约在二百元左右，平均每人只有三四十元。江宁县化乘乡农家生活费支出为181.6元[③]，浙江兰溪县为265.4元，湖北黄安县成壮村为138.8元。假使我们把占农民成分较多的半自耕农及佃农提出来说，则生活表支出额显得更小，计兰溪县半自耕农256.8元，佃农150.8元，佃农兼雇农107.8元，雇农69.0元；成壮村自兼佃农95.7元，纯佃农74.7元[④]。另据李景汉对定县34户自耕农的调查，"收入在250元以下的每成年男子单位每年支出总平均数为50.11元，收入在250～349.9元的每成年男子每年支出总平均数为54.14元，收入在350元及以上者每成年男子单位每年支出总平均数为48.43元"[⑤]。从上述20世纪二三十年代的调查地区结果来看，与之相比较，温江县本年度农家不管是家庭生活费还是按成年男子单位计算的生活费，都要远远高过这些调查地区农家的生活费。

二、家庭消费结构

消费结构在现代消费经济学中的定义是指"在一定的社会经济条件下，人们所消费的各种不同类型的消费资料（包括服务）之间的比例关系"[⑥]。在对民国时期生活水平的研究中，研究者一般将不同的消费资料分成以下各项：食物、衣服、住宅、各项器具及设备、燃料、医药、生活改进、个人嗜好、杂项等等。由于各地生活的差异，因此各地的具体分类略有不同。如在温江农村，

---

① 卜凯著，张履鸾译：《中国农家经济》，商务印书馆，1937年3月再版，第524页。
② 张培刚：《我国农民生活程度的低落》，载《东方杂志》，1937年第1号，第122页。
③ 中央农业实验所：《农情报告》，载《农报》，1934年第1卷22期。
④ 张培刚：《我国农民生活程度的低落》，载《东方杂志》，1937年第1号，第122页。
⑤ 李景汉：《定县社会概况调查》，上海书店，1933年版，第306页。
⑥ 尹世杰主编：《当代消费结构词典》，西南财经大学出版社，1991年版，第24页。

佃农住宅由业主提供，不需要支付房租，因此在温江的调查中农家就没有房租支出项目。据四川省农改所对温江县农家的调查，家庭消费主要分为食物、燃料、衣服、医药卫生、生活改进、个人嗜好、器具设备[①]等七大类。

在四川省农改所对温江的调查中，只有 91 户佃农、9 户半自耕农和 14 户自耕农在家庭消费表中详细地填写了数据。这 91 户佃农、9 户半自耕农和 14 户自耕农平均耕作面积分别为 21.05 亩、19.27 亩和 13.53 亩，平均家庭人口分别为 5.9 人、7.78 人和 5.79 人，平均成年男子单位分别为 4.64、6.2 和 4.48；家庭组织为半自耕农最大，平均作物面积为佃农最大。（见表 5-16）

表 5-16　温江县农民家庭各项消费数与每成年男子单位数（1937 年 4 月—1938 年 3 月）

项目		佃农	半自耕农	自耕农
统计户数（户）		91	9	14
耕作面积（亩）		21.05	19.27	13.53
家庭人口（口）		5.9	7.78	5.79
成年男子单位		4.64	6.2	4.48
食物类（元）	总数	169.51	226.58	188.27
	每成年男子单位	36.55	36.54	42.04
燃料类（元）	总数	18.39	20.44	18.62
	每成年男子单位	3.96	3.29	4.16
衣服类（元）	总数	13.83	22.14	15.52
	每成年男子单位	2.98	3.57	3.47
医药卫生（元）	总数	5.98	13.92	7.95
	每成年男子单位	1.29	2.25	1.77
生活改进（元）	总数	46.12	78.5	39.89
	每成年男子单位	9.94	12.66	8.91
个人嗜好（元）	总数	9.08	10.26	10.51
	每成年男子单位	1.96	1.65	2.35
器具设备（元）	总数	3.84	4.33	4.50
	每成年男子单位	0.83	0.7	1.01
消费总计（元）	总数	262.71	378.71	293.011
	每成年男子单位	56.64	61.08	65.43

[①] 食物类主要包括米麦红苕豌豆等主粮和杂粮、猪鸡鸭鹅等肉类、油盐酱醋以及蔬菜等，燃料类主要包括煤炭柴、秸秆、灯油以及火柴火纸等，衣服类主要包括布料棉花、衣被鞋袜、肥皂石碱以及针线等，医药卫生类主要包括看病买药、理发以及草纸等，生活改进主要包括教育、宗教迷信、社交、年节消费、慈善以及茶馆消费等，个人嗜好主要包括茶酒烟等项，器具设备主要包括锅碗瓢勺、灯、剪刀、尺子、灯笼、雨伞等。

资料来源：根据四川省档案馆，全宗号：民148，案卷号：572、577、578、1406、1407、1541，"温江县田场经营调查表"（民国26年至27年）等相关资料整理而成。

表5-17　温江县农民家庭各项消费占消费总计百分比（1937年4月—1938年3月）

单位:%

项目	食物类	燃料类	衣服类	医药卫生	生活改进	个人嗜好	器具设备
佃农	66.72	7.08	4.96	2.23	15.68	3.54	1.44
半自耕农	63.62	5.89	6.25	2.59	16.46	2.85	1.13
自耕农	63.17	6.82	5.34	2.61	13.97	3.89	1.86

资料来源：根据四川省档案馆，全宗号：民148，案卷号：572、577、578、1406、1407、1541，"温江县田场经营调查表"（民国26年至27年）等相关资料整理而成。

说明：表5-17所涉及的百分比数字是根据档案资料计算得到，并非根据表5-16计算得来。

从表5-16、表5-17可以看出：食物类消费占去了农家家庭消费的大部分，为家庭生活中最主要的消费项目。佃农、半自耕农和自耕农食物类消费占家庭消费总计百分比分别为66.72%、63.62%和63.17%。其中佃农食物类每成年男子单位消费36.55元，半自耕农食物类每成年男子单位消费36.54元，两者相差不大；自耕农较佃农和半自耕农每成年男子单位多消费5元多，为42.04元。占家庭消费第二位的项目是生活改进费，佃农、半自耕农和自耕农生活改进费占家庭消费总计百分比分别为15.68%、16.46%和13.97%。生活改进费中年节消费和交际支出是其中的大头。年节支出方面，佃农户均支出7.026元，半自耕农户均支出20.143元，自耕农户均支出14元；交际支出方面，佃农户均支出10.566元，半自耕农户均支出22.333元，自耕农户均支出29.4元。其中佃农每成年男子单位消费9.94元，半自耕农每成年男子单位消费12.66元，自耕农每成年男子单位消费8.91元。不管是占总消费的百分比，还是消费数，半自耕农在生活改进项中都要比佃农和自耕农花费多。燃料类、衣服类、医药卫生类、个人嗜好类和器具设备类所占家庭消费百分比都较小，价值数额也较小。三类农户食物类、燃料类和衣服类生活必需品的总数分别为：佃农78.76%、半自耕农75.76%、自耕农75.33%。可见从家庭消费结构来看，自耕农的生活水平要高过半自耕农，半自耕农要高过佃农。

那么温江县农家与全国其他地区相比较又是什么情况呢？笔者根据李树青在1935年的研究成果，将其整理成表5-18。

表5-18　中国各省市农民的各项消费占比　　　　　单位:%

调查地域	食品	被服	房租	燃料	杂项
河北三县	63.83	5.31	8.29	12.92	9.65
河南二县	75.90	4.65	3.50	8.45	7.50
山西五台	50.00	9.60	5.70	15.90	18.80
辽宁二处	55.45	16.35	1.95	11.95	14.05
安徽三县	55.26	8.50	3.80	12.93	19.50
江苏武进	65.50	2.30	6.60	8.70	16.90
浙江二处	77.85	5.70	5.75	1.25	9.45
福建连江	52.90	12.80	5.20	8.20	20.90
北平郊外	65.80	4.5	2.00	12.80	13.90
南京二村	51.10	9.85	4.80	11.35	22.90
上海郊外	75.70	8.00	0.30	1.50	14.60
平均	62.66	7.96	4.45	9.64	15.28

资料来源:李树青:《中国农民的贫穷程度》,载《东方杂志》,1935年第32卷19号,第97页。

　　与同时期的中国其他地方(见表5-18)相比较,温江县农民食物类消费占家庭生活消费百分比与全国平均水平相当,与调查的十一个地域相比居于中间水平。考虑到温江县农民家庭消费总额要高于全国其他农村一般水平,其在食物消费的绝对量上相应要大于其他地区。杂项类消费最能体现生活水平的差异,在表5-18整理的十一个地域的调查中,杂项类消费占家庭消费总计百分比最高的为22.9%,最低的为7.5%,十一个地域平均为15.28%。温江县农家在除了食物类、衣服类和燃料类必需品消费项目外,佃农杂项类消费为22.89%,半自耕农杂项类消费为23.03%,自耕农杂项类消费为22.33%,三类农家明显要高过表5-18中所列的十一个地区。可见从各项目占生活总费用百分比来看,温江县农民生活水平要优于上述十一个地区。

小　结

　　从以上对温江家庭收入还是消费结构的分析,我们至少可以得到以下两点结论:

（1）与 20 世纪二三十年代其他被调查地区农民家庭收入大部分在两百元以下相比，温江县农家家庭收入要高出许多。仅就田场收入来看，佃农、半自耕农和自耕农就分别达到 307.04 元、464.45 元和 424.77 元，且仅有耕作面积在 10 亩以下的佃农和半自耕农田场收入在两百元以下，大部分的农民田场收入在两百元以上。除了田场收入外，佃农、半自耕农和自耕农平均每户还分别有 24.44 元、62.17 元和 40.8 元田场外收入补贴家用。虽然家庭消费结构中粮食项百分比数额相差不大，但是从家庭生活费总额来看，温江县佃农、半自耕农和自耕农分别为 266.774 元、463.03 元和 475.989 元，要远高过同时期其他农村地区。因此从粮食实物数量和质量来说，温江县农民所获得的食物数量和质量要高过同时期其他农村地区。据郭汉鸣和孟光宇的调查，在温江的 174 户被调查农户中仅有 8 户缺粮一个月，95.4% 的农户从不缺粮。[①] 这从另外一方面证明温江县农民食物方面较为充足，能够确保吃饱。从杂项类百分比看，温江县农民明显高过全国一般水平，这说明温江县农民在支付最基本的生存支出外有更多的资金用于改善自己的生活。可见单纯从家庭收入和家庭消费来看温江县农家的经济状况要明显高过全国农民平均水平，在全国农村来看属于高水平。

（2）从温江县农民内部比较来看，虽然半自耕农在平均家庭收入总额和家庭消费总额等数据上要比自耕农和佃农高，但是在每成年男子单位上，无论是家庭收入还是消费总额都要比自耕农低。如户均家庭赚款和每成年男子单位家庭赚款半自耕农分别为 395.4 元和 60.63 元，而自耕农则分别为 356.29 元和 71.14 元。之所以如此是由耕作面积和家庭人口决定的。半自耕农户均耕作面积为 19.19 亩，比佃农 20.84 亩少一亩多，而比自耕农 14.04 亩的耕作面积多五亩多，且其中有部分自有土地不需要缴纳高额的地租，因此田场收入相对其他二者要高。与耕作面积较多相对应的是其家庭组织较佃农和自耕农大。半自耕农的户均家庭人口为 8.26 人，较佃农户均 5.95 人和自耕农户均 6.9 人多两三人。家庭人口多一方面摊薄了每成年男子单位家庭赚款和消费额，另一方面也说明半自耕农家庭劳动力充足，有比其他二者较多的劳动力从事田场外的生产活动以补贴家用。综上所述，从家庭收入和家庭消费两项指标来比较，自耕农的经济水平要高过半自耕农，而半自耕农又要好过佃农。

---

① 郭汉鸣、孟光宇：《四川租佃问题》，商务印书馆，1944 年版，第 133 页。

第六章　农民负担与负债水平

罗闽鑫

本章延续上一章仍然以温江县为中心，探讨农民负担与负债水平。通过对押租、地租，对政府的负担及负债的考察，我们认为温江县农民 1937—1938 年作物周年内，佃农所付地租有所减轻，负债水平较低，温江县农民整体负担要较其他地区轻，这对于温江县农民生活水平的保障是至关重要的。

第一节　押租

所谓押租，是指佃农向地主租佃土地时所缴纳的押金（保证金），是租佃关系中的重要组成部分。押租一般在订立租佃契约时交纳，且在契约中有规定押租的数额及押扣的计算、克扣的事由以及归还的条件等项条款。

押租在四川由于地域不同而名称各异，"在川东称为'稳钱'，川南称为'稳首'，川北称'上庄钱'，温江所在的川西成都平原称为'押租'"[①]。押租是在长期的历史发展过程中形成的协调地主与佃农之间关系的重要制度，因此对于地主和佃农双方来说都具有重要意义。对地主方面来说，押租对于维护其利益具有多种积极作用。首先，由于租田需要一定押金，地主可以挑选比较有钱的佃农，限制贫困佃农的租佃，同时窥测佃农的经济实力。其次，押租不仅是佃农交给地主按时交纳地租的保证金，还是地主给佃户提供房屋竹木用具等财产的押金。所以当佃户拖欠租谷或者荒歉时，地主就扣除佃农交纳的押租以抵租米，或当遇到换佃如有财产损失，地主可以勒扣佃户的押租以作补偿。最后，押租作为地主土地价值的一种表现，与土地面积的大小有着紧密的关系。

[①]　李德英：《国家法令与民间习惯：民国时期成都平原租佃制度新探》，中国社会科学出版社，2006年版，第79页。

对于拥有大量土地的大地主来说，押租数额巨大，是其放高利贷、经商和投资工业和手工业的重要资金来源。陈太先在 1938 年温江调查时发现"二十年代温江县城有七家绸缎铺，其中有四家的本钱来自押租"①。对于佃农来说，虽然押租制度给其带来的是更加沉重的压迫，但是仍然具有一定的积极作用。其一，押租是佃户交与地主的保证金，是佃户获取地主信任的重要手段，没有押租就意味着租不到田，只能成为雇农。有没有能力支付押租成了农业生产的首要条件。即使是在救济贫困的情况下租给佃农田地也需一定的押租，如：温江永兴镇陈家庵的沈四娘从别人手中租有 42 亩土地，为救济一刘姓佃户，将其中 1.4 亩转租给刘氏，收取押租 28 元。② 其二，在温江有押租即有押扣，有押金即有利息。押扣或利息在订立契约时就已经由主佃双方商定好。利率全县并没有具体的规定，而是根据田产质量、押租额的多少和主佃关系等因素决定，情况不一，利率也不一。但是相对缺乏其他出路的佃农来说押租利息较为稳定，是其家庭食用食物的重要来源。在一定的押扣和土地数量前提下，押租金额越多意味着押租利息就越多。其三，押租不仅是佃农交与地主的保证金，相对佃农来说也是其重要的现金保证。当佃农遇到紧急情况，而又举债无术时，只能将佃种的部分土地转租出去以获得押租。永兴镇八沟庙一佃户因急需用款将其佃种的 2 亩转租给胡志安获得押租 28 元。③

一、押租额

押租金数额在四川各县并不一定，吕登平先生在 1934 年对四川调查之后认为："四川通常上田为地价百分之五，山田则为百分之一。"④ 这只是一般标准，但实际情况并不一定，决定押租数额的因素有很多，如主佃之间的感情、业主对现金的需求度、地方惯例等都在一定程度上影响了押租数额。温江县押租多以白银的"两"为单位，在 1938 年每 10 两白银折合成法币为 14 元。以"两"为单位，在押租数量上大多为整数。在温江押租主要是根据土地面积大小、土地品质、土地产量以及主佃关系来决定押租总额。在 1938 年四川省农业改进所对温江 93 户佃农调查中，有 4 户佃农同时租种了两个业主的土地，

① 陈太先：《成都平原租佃制度之研究》，1938 年，载萧铮主编：《民国二十年代中国大陆土地问题资料》，（中国台北）成文出版社，1977 年版，第 32461 页。

② 四川省档案馆：全宗号：民 148，案卷号：1394，"四川省农改所温江佃农地主调查表"（1938 年 8 月）。

③ 四川省档案馆：全宗号：民 148，案卷号：1393，"四川省农改所温江佃农调查表"（1938 年 8 月）。

④ 吕登平：《四川农村经济》，商务印书馆，1936 年版，第 197 页。

这四户佃农的情况能较好地反映地价、土地品质、土地面积和押租额之间的关系。（见表6—1）

表6—1 温江县佃农押租与地价（1937年4月—1938年3月）

姓　　名	押租总额	每亩押租（元）	地价（元）
雷少云	法币210元（白银150两）	法币13.13	法币150
	法币350元（白银250两）	法币15.91	法币150
	法币140元	法币8.75	法币130
	法币140元	法币9.33	法币130
韩洪兴	法币315元（白银225两）	法币11.67	法币140
	法币105元（白银75两）	法币8.08	法币100
陈得福	法币98元（白银70两）	法币6.53	法币80
	法币98元（白银70两）	法币24.5	法币150

资料来源：根据四川省档案馆，全宗号：民148，案卷号：1393，"温江县佃农调查表"（1938年）；四川省档案馆，全宗号：民148，案卷号：1394，"温江县佃农地主调查表"（1938年）中93户佃农调查表整理而成。

在表6—1中地价分别为150元、140元、130元、100元和80元，其所对应的每亩押租也成降序排列。可见虽然是同种地价的土地，它们的每亩押租额之间也有差异，但是地价与押租额成正比例关系是不变的。同种地价的土地可能由于主佃之间的关系影响，每亩押租额会有不同。但是业主收取押租主要是综合各因素收取整数。

温江县农民的押租负担有多重呢？根据1938年的调查，93户中有四户分别租种两个不同业主的土地，由于同一佃户土地的不同业主每亩押租额不同，因此总计有97组数据。每亩租额最高的为32.94元，最低的为河田每亩3.5元；97组数据平均为11.1元，中位数为10元。（见表6—2）

表6—2 温江县1937年93户佃农每亩押租额分布表

每亩押租额（元）			
最高	最低	平均	中位数
32.94	3.5	11.1	10

资料来源：根据四川省档案馆，全宗号：民148，案卷号：1393，"温江县佃农调查表"（1938年）；四川省档案馆，全宗号：民148，案卷号：1394，"温江县佃农地主调查表"（1938年）中93户佃农调查表整理而成。93户佃农中有三户佃农佃种的为河田，一户佃种的为冬水田。

从每亩押租额的分布来看，97 组中每亩押租额在 10 元以下的有 55 组，占总数的 56.7％强；10～20 元之间的有 38 组，占总数 39.2％强；20～30 元仅有 3 组，30 元以上的仅有 1 组，分别占总数的 3.1％弱和 1％弱。也就是说绝大部分土地每亩押租额在 20 元以下，再进一步细分会发现有 70 户佃户的每亩押租低于 14 元，占总数的 72.16％强。（见表 6-3）

表 6-3　温江县押租数额分布表（1937 年 4 月—1938 年 3 月）

	每亩押租额			
	10 元以下 （包括 10 元）	10～20 元 （包括 20 元）	20～30 元 （包括 30 元）	30 元以上
百分比（％）	56.7	39.2	3.1	1
组数	55	38	3	1

　　资料来源：根据四川省档案馆，全宗号：民 148，案卷号：1393，"温江县佃农调查表"（1938 年）；四川省档案馆，全宗号：民 148，案卷号：1394，"温江县佃农地主调查表"（1938 年）中 93 户佃农调查表整理而成。

据李德英对成都平原押租的 1934 年、1936 年和 1938 年的对比研究发现："1934 年上田通常每亩押租金为 7 元左右，平均不超过 8 元""1938 年……上等水田每亩押租 14 元……中等水田每亩押租约 10 元到 12 元，下田不一定，但不致超过 6 元以上。"[①]（见表 6-4）。

表 6-4　成都平原每亩押租额（中上田地）平均值　　　　　　（单位：元）

年份 县别	1934 年调查	1936 年调查	1938 年调查	
			最低	平均
成都	7.5	15	5	14
华阳				14
新都		13	5	14
灌县	6		6	14
双流		12	10	14
郫县	7	15		
新津			1.2	7

---

① 李德英：《民国时期成都平原的押租与押扣——兼与刘克祥先生商榷》，载《近代史研究》，2007 年第 1 期，第 99～100 页。

续表6-4

年份\县别	1934年调查	1936年调查	1938年调查	
			最低	平均
彭县	4.5		2	15
新繁	7	14		
金堂		8		
大邑		4		

资料来源：转引自李德英：《民国时期成都平原的押租与押扣——兼与刘克祥先生商榷》，载《近代史研究》，2007年第1期，第100页。

　　与表6-4相比，1938年温江县平均每亩押租额低于1938年除新津以外的县份，甚至比1936年的多个地方都要低。可见温江县的每亩押租额要低于大多数成都平原的县。

　　正如上文分析，由于押租额的计算方法和标准不同，以及地区和个体差异，不同农户的押租额也有高低的差异。押租虽然不是地租，但是与地租额和地价有着密切的关系。为了衡量温江县的押租额水平，笔者也将从押租额与地价之间的关系来做一分析研究。

　　四川大部分地区，押租额从"年租额的一成多到数倍不等，最低的江油，押租是年租额的15％左右；稍高的富顺、南充，分别占年租额的1/2~2/3或至少年租额的一半。梁山租田一石押谷2斗，约相当于租额的20％，也有'石租石押'者，即押租等于年租额。双流全县平均，押租相当于年租额的80％以上，已有相当部分押租等于或超过年租额。押租等于或超过年租额的情况更为普遍。广汉、兴文、涪陵、忠县、彭水、会理、重庆沙坪坝区等地，押租一般相当于一年租额或略多。押租超过年租额甚至高达年租额数倍的情况亦不少见。在璧山，押租不得少于年租额；江津、中江、重庆南岸区，押租一般都超过年租额。江津一般超过20％~30％，重庆南岸区高的超过数倍，该市沙坪坝区，押租高的也有超过年租额数倍的。在武隆，押租一般是租额的2倍"[1]。由此可见近代四川押租的一般水平是在相当于或超过一年的地租额，甚至有相当部分地方押租超过年租额一倍以上。在温江县不仅不同品质的田缴纳的地租额不一样，同时同一品质的田由于各种原因缴纳的地租额也会有一定差异。上等田一般每亩年纳租额米8.36斗，最高也有纳米9斗；中等田一般

---

[1]　刘克祥：《近代四川的押租制与地租剥削》，载《中国经济史研究》，2005年第1期，第19~20页。

年每亩纳租米 8 斗，下等田或河田年纳租米 7 斗左右。[①] 按 1938 年前半年的一石米平均价格 22 元换算成货币分别为 18.39 元、17.6 元和 15.4 元。以温江县平均每亩押租额 11.1 元为准，上、中、下三等水田押租额分别占地租额的 60.35％、63.07％ 和 72.08％。考虑到上等水田每亩押租额要高于平均水平，下等水田每亩押租额要低于平均水平，上述数据会有一定的误差。但是从整体来看，温江县的一般押租水平应该在年地租额的 70％ 左右。比刘克祥对四川大部分地区研究发现的一般水平要低不少。

再从地价和押租额的关系来看，"隆昌、大足押租分别相当于地价的 1％ ~5％ 和 4％~5％，这是最轻的。屏山相当于地价的 25％ 或土地一年的产量，仪陇为地价的 20％~50％。蓬安押租只稍低于地价，而忠县押租高的更等于地价"[②]。可见四川一般押租水平之高。统计分析温江县 93 户佃农每亩押租额与地价之间的比率关系发现：温江县每亩押租额占地价的平均水平为 9.04％，最高为 47.05％，最低为 3.25％，大部分每亩押租额不到地价的 10％。由此可见，无论是押租数额还是押租水平，温江县与四川大部分地区相比，虽然不是最低，但也是属于较低的行列，远在一般水平之下。

二、押扣

所谓押扣，就是佃农在向地主租佃土地形成实际的主佃关系后，在其租地契约中规定佃农向地主交纳一定的押租金，而地主则根据当地习惯或双方协商在每年应缴土地额中少缴一定比例的租谷，这部分少缴的租谷即押扣，也被称为谷息、利米、押利。有押即有扣，这是温江县佃田的一般惯例。在 1938 年四川省农改所对 93 户佃农 97 组田场的调查中，所有的田场都要交押租，同样的也都有数额不等的押扣。扣息的方法，由业佃双方议定，并写入租佃契约中。温江县有两种方式：第一种是扣谷，即押银每一百两，议定 3 扣至 5 扣不等，即每年根据押租额每一百两在缴租时扣除租谷 3 石至 5 石不等。第二种是扣一定田亩不用缴租。这种方式又可分为两种情况：一种情况是根据一定数额押银，议定一定亩数田不用缴租，如每押银 20 两至 70 两，有一亩田土不用缴租，又如樊子和田场每一百两押银，3 亩田不用缴租；另一种情况较为少见，即根据田场大小和押租额的大小，议定总田场一定亩数不需要缴租，如隆兴镇一佃农佃田 3.9 亩，缴纳押租 50 两，其中一亩五分地不需要缴租，产物归佃

农所有，作为押扣。[①]

　　据吕登平的调查，川西成都平原押扣的习惯较为通行，押扣制度在成都、新繁、郫县、彭县等县，均在三扣五至四扣之间。新都虽然没有押扣，但由于新都田地是大良田，每亩大小实际有一亩五分，而地主收租仍按照一亩产量计算，其余五分地的出产则归佃户所有，以作为押租利息的抵偿，所以实际也等于有押扣。（见表6-5）

表6-5　四川省田场押扣率

县别	押扣
成都	三扣五至四扣
郫县	三扣五至四扣
新繁	三扣五至四扣
彭县	三扣五至四扣
新都	无扣

　　资料来源：吕登平：《四川农村经济》，商务印书馆，1936年版，第201页。

　　这与陈太先1938年的调查大致相同，根据陈太先在对温江、成都、华阳、新繁、彭县、郫县等县的调查统计，其押扣率均为三扣五至四扣，新津和双流两县押扣率在三扣五至五扣之间。（见表6-6）

表6-6　成都平原田场押扣率

县别	押扣率	县别	押扣率
温江	三扣五至四扣	新繁	三扣五至四扣
成都	三扣五至四扣	彭县	三扣五至四扣
华阳	三扣五至四扣	郫县	三扣五至四扣
新都	无扣	新津	三扣五至五扣
双流	三扣五至五扣		

　　资料来源：陈太先：《成都平原租佃制度之研究》，1938年冬，载萧铮主编：《民国二十年代中国大陆土地问题资料》，（台北）成文出版社，1977年版，第32458页。

　　可见20世纪30年代，成都平原押扣的一般水平在三扣五至五扣之间。据1938年四川省农改所对温江93户佃农的调查，其中46组田场押扣是根据押银数额直接扣谷物的，押扣率在三扣至五扣五之间，46组田场平均押扣率为

---

① 四川省档案馆：全宗号：民148，案卷号：1393，"温江县佃农调查表"（1938年），表40。

四扣五，仅有三组押扣率在四扣以下，30 组田场的押扣率在四扣五以上，超过九成以上的田场押扣率在四扣以上。（见表 6—7）

表 6—7　温江县 46 组佃农田场押扣分布表（1937 年 4 月—1938 年 3 月）

押扣	三扣	四扣	四扣五	五扣	五扣五	总计
组数	3	13	8	20	2	46
百分比	6.52%	28.26%	17.39%	43.48%	4.35%	100%

资料来源：根据四川省档案馆，全宗号：民 148，案卷号：1393，"温江县佃农调查表"（1938 年）；四川省档案馆，全宗号：民 148，案卷号：1394，"温江县佃农地主调查表"（1938 年）等整理计算而成。

与四川其他地方相比，温江县的押扣率明显高于一般水平。也就意味着温江县佃农在缴纳同等押租额的基础上能够获得比四川其他地方佃农更多的押扣。那这又是否意味着押租制度对于温江县佃农来说是有利的呢？

显然押租制度对于佃农是否有利，不能仅仅取决于押扣的高低。押租金额的来源和押扣利率与普通民间借贷率之间的关系也往往影响了押扣对佃农的贡献。押租金额如果是佃农自己节俭积累而来，那么意味着佃农不需要再支付借贷的利息，在不考虑普通民间借贷率的情况下，是对佃农有利的。如果押扣利率高于普通民间借贷率，即使押租来源是借贷，那么对于佃农来说也是有利的。

为了考察押租制度是否对于温江县佃农有利，首先需要弄清温江县佃农的押租来源。关于押租的来源，通常分为三种：全部自有、部分借贷和全部借贷。在 20 世纪 30 年代的学者中存在着两种截然相反的观点：一种是吕登平，他认为四川地区佃农的押租绝大多数来自于借贷；另一种则是孟光宇、郭汉鸣于 1938 年对四川省 49 个县调查中得出的结论，认为成都平原 75% 以上佃户的押租属于自有。关于这两种观点哪个更为可信，李德英在其著作中进行了详细的论证和分析，认为"成都平原大多数佃农的押租金来源于自有，而不是借贷"[1]。温江县的相关档案也印证了这一结论。据四川省农改所对温江县田场

---

[1] 李德英主要从两项调查的调查过程以及民国时期佃农的借贷信度两方面来论证其可信度。他认为：相对于吕氏的调查，孟氏的调查更为细致而深入，更为可信。由于佃农在借贷中没有物权做信用保证，借款较为困难，即使要借，也往往不得不接受较为苛刻的利息条件，所以佃农不到万不得已，也不愿借贷。（李德英：《国家法令与民间习惯：民国时期成都平原租佃制度新探》，中国社会科学出版社，2006 年版，第 103~106 页）

经营的调查，101 户佃农中有 51 户佃农负债，其中有 9 户因租田而借债①，占负债佃农总数的 17.65%，与孟光宇、郭汉鸣二人的 75% 以上佃户押租属于完全自有相符。

在清楚了温江县佃农大多数的押租来源为佃农自己所有后，可初步知道温江的押租制度是有利于佃农的。佃农虽然向地主缴纳了一定的押租，但自己不仅取得了土地的使用权，而且又有稳定的利米可供食用。不过传统观念认为："押租一旦进入地主手中，立即变成商业或高利贷资本，获得高额利润或利息。这一进一出，地主、佃农得失泾渭分明。"② 地主通过押扣的利率与高利贷的高额利率之间的差额变相加重了佃农的负担。因此还需要比较温江县 1937 年押扣利率与一般借贷利率之间的关系。据 1938 年四川省农改所对温江佃农的调查，97 组田场押扣平均利率为 29.47%，最高为 39.4%，最低为 18.4%。③ 再据 1938 年四川省农改所对温江县田场经营的调查，52 户负债佃农中有 41 户佃农负债需支付利息，平均年利率为 17.23%，最高为 32%，最低为 6.29%。大多数的月息率在 1.2~2 分之间，折合年息在 14.4%~24% 之间。④ 之所以利息率如此之低，与佃农的借贷资本来源有很大关系。由于佃农本身借贷信用额有限，向高利贷借贷条件苛刻，因此佃农借款大多来自亲朋好友以及合作社、摇会等互助组织，极少数来自高利贷。温江县佃农借贷的利率与佃农押扣的利率相比较，借贷的利率明显低于押扣的利率。可见 1937 年温江县大多数佃农不但没有受高利贷的剥削，即使是借贷缴纳押租金，对佃农来说仍然是有利可图的。因此在 1937 年的温江押租制度实际上是一项对佃农有利的制度，佃农从押扣中获得的利息，有效地缓冲了高额地租给佃农带来的负担。这在下节地租的研究中得到了有力的印证。

①　四川省档案馆：全宗号：民 148，案卷号：572、577、578、1406、1407、1541，"温江县田场经营调查表"，"负债表"（民国 26 年至 27 年）。
②　刘克祥：《近代四川的押租制与地租剥削》，载《中国经济史研究》，2005 年第 1 期，第 26 页。
③　据四川省农改所 1938 年的"温江县田场经营调查表"中记录的关于押扣及押租利息率的计算公式及举例：假如押租为 98 元即 70 两，押扣为 5 扣。5 扣即每 100 两扣谷 5 石，$100/5=70/X$，$X=3.5$ 石谷 $=1.54$ 石米（米的平均价格为每石 22 元），$1.54 \times 22=33.88$ 元（利息），年利率 $=33.88/98=34.6\%$。详见四川省档案馆：全宗号：民 148，案卷号：572，"温江县田场经营调查表"（民国 26 年至 27 年）。
④　四川省档案馆：全宗号：民 148，案卷号：572、577、578、1406、1407、1541，"温江县田场经营调查表"，"负债表"（民国 26 年至 27 年）。

第二节　地租

所谓地租，"乃耕种他人土地所偿付的一种报酬"[①]。也就是说，地租是土地所有者转让土地的使用权而获得的一种经济报酬，是土地所有权在经济上的实现。相对于无地或少地的农民来说，则是获得土地耕种权必须付出的一种代价。近代中国，封建土地所有制占主导地位，自给自足的自然经济虽然开始瓦解，商品经济也已出现并有一定发展，但是自然经济仍然占统治地位。由于封建地主土地所有制和自然经济占统治地位，决定了租佃经营的普遍性和地主投资种类的有限性，地租成了地主投资的主要收入来源，并成了无地或少地农民租佃土地的主要经济负担。

四川地租的形式多种多样，多样的生态和社会环境造就了多样的纳租方式：（1）根据田地类别可分为田租和土租。田租大多交银子，土租大多交钱。（2）根据缴纳的成数又可分为分租和定额租。分租是地主和佃农各占收获量若干成分，定额租则是在租田前商定好固定的数量为租额，不受田地收获量的影响。（3）根据租佃的方式可分为干租、干押租和混合租。干租是指佃农不用缴纳押租，每年只要缴纳一定数量的银钱或谷子给地主；干押租则是指佃农一次缴纳押租给地主作为资本，这部分资本的利息作为每年缴纳的地租；混合租则是佃农不仅要缴纳押租同时每年还要缴纳租谷。（4）根据缴纳的方式可分为谷租、银租和钱租。缴纳钱租的多是劣田以及山田，银租是缴租时用银子计算，谷租是地主在每年秋季收谷作为地租。与四川其他地方相比，温江地处成都平原，土地肥沃，受都江堰水利工程的福泽，大部分租佃的田亩收获可靠，数量能预先确定。所以温江县佃种的土地缴纳地租的方式 100％为谷租。[②] 虽然在租佃契约上规定了地租缴纳谷物，但是人们实际上将谷物折成米缴租，所以又称为"租米"。真正收谷物的很少，仅仅只有居住在农村的收租地主收来做粮食或待市价上涨而囤积起来，才会收谷物。其他的一些不在地主收租通常由佃户将米送至地主家过斗，地主付给数量不等的工钱；或地主与城里米商签好合同，由米商前往佃户家中直接卖米；又或者由佃户根据缴租期间的米价折成

---

① 乔启明：《中国农村社会经济学》，商务印书馆，1945 年版，第 235 页。

② 陈太先：《成都平原租佃制度之研究》，1938 年冬，载萧铮主编：《民国二十年代中国大陆土地问题资料》，（中国台北）成文出版社，1977 年版，第 32468 页。

钱，将钱送往地主家。之所以如此，原因是这种纳租方式对于地主和佃农双方都有利。对于地主来说，缴纳租米，不仅手续简单，而且便于食用和变卖；对于佃农来说，地租缴纳租米，在适应地主要求的同时又有糠作为猪的食料。将租米折成钱在方便地主的同时也增加了佃农的经营能力，因为在成都平原地租主要针对大春作物。"大春者，即秋收后缴纳谷米是也；小春，即玉蜀黍、高粱、豆类及各种菜类，悉数归佃农自有，业主不得分润丝厘。"① 大春作物绝大部分都要用来缴租，只能租种稻谷，小春作物才全部归自己所有；而这些小春作物并不能当作主粮，佃户仍然需要在市场上购买部分大米。佃农就可以根据实际需要将小春作物出卖换钱缴纳地租，而将租米留下食用。

既有的对地租额高低的测量研究主要使用两种方法：一种是租额占产额的比率，一种是租值占地价的比率。前一种方法适用于实物地租，租额占产额的比例，即谷租和分租的比率，是以每亩租额占每亩总产量的成数计算的；后一种就是把土地的年租额拿去除它的总价格，就得出若干年度始可收回购买年数（Purchase year）来；购买年数愈少，即地租率愈高。

在用第一种方法讨论 1937 年温江地租额之前，有必要弄清楚温江的粮食产量。温江虽然有着优越的自然条件，"造成全局性损失的灾害较少"，但是"局部性的灾害较多"②。1937 年没有发生大范围的自然灾害，但是因为阴雨天过多，造成部分农田被淹，农作物生长受影响。四川省农业改进所 1938 年调查的 93 户佃农中除两户新佃种尚无产量数据之外，有记录受阴雨和干旱影响的有 25 组田场，其当年收成全部低于地租额，其他还有 18 组田场当年产量低于或等于地租额，虽然没有注明受其他因素影响，但仍可想见其远没有达到丰年水平③。97 组数据中产量最高的为亩产 1 石米（折成谷为 2.27 石）④，可见当年大春作物所有的农田都有不同程度的减产。其中 41 组佃农田场每亩收获量大于亩纳租额，不考虑其他产量小于租额的田地组，单就这 41 组来看，平均租额占亩产的 92.66%，最低的也达到 83.6%，最高的甚至达到 98.35%，由此可见其租额之高。当然，用这种方法计算出来的每亩纳租额仅仅是名义上

---

① 四川地方银行经济调查部《灌县农村调查》，载《四川经济月刊》第三卷，第 3 期，民国 24 年 3 月（1935 年 3 月）。

② 四川省温江县县志编撰委员会编：《温江县志》，卷六《自然灾害》，四川人民出版社，1990 年版，第 138 页。

③ 根据中国农民银行 1940 年的调查，温江当年佃农平均每亩产量 4.26 石，折合成米 1.87 石。见《四川省经济调查报告》之《四川省农场经营》，第 37 页。

④ 按当时计量标准，温江每石谷折米 4.4 斗。

的纳租额，其中忽略了佃农缴纳押租后每年缴租时扣去的押扣。纳租额除了受押租以及主佃关系等因素的影响外，同时受温江的缴租习惯影响，温江县农业生产一年两季，分为大春和小春，地主收租只针对大春作物，小春作物归佃农所有。显然用这种方法来衡量 1937 年温江县地租对佃农的负担有所欠妥。

为了衡量 1937 年温江的地租率，在 1938 年的调查表中将每种地价挑出一户进行计算。（见表 6-8）

表 6-8　温江县佃农谷租额与地租率表（1937 年 4 月—1938 年 3 月）

姓名	地价（元）	谷租额（斗）	地租率	购买年限（年）
王福开	70	6.2	0.19	5.13
陈得福	80	7.9	0.21	4.60
孟士荣	90	8	0.20	5,11
宋海三	100	8.6	0.19	5.29
钟思根	110	7.1	0.14	7.04
赵树生	120	8.5	0.16	6.41
卢氏	130	8.36	0.13	7.07
薛定国	140	8.4	0.13	7.58
彭雨庭	150	8.36	0.12	17.94

资料来源：根据四川省档案馆，全宗号：民 148，案卷号：1393，《温江县佃农调查表》（1938 年）；四川省档案馆，全宗号：民 148，案卷号：1394，《温江县佃农地主调查表》（1938 年）中 93 户佃农调查表整理而成。

由表 6-8 可知，最高购买年限为彭雨庭租种的田场 17.94 年，他的田场地价也为最高；最低的为陈得福的 4.6 年，他的田场为河田，地价最低。王福开租种的也为河田，年限为 5.13 年。温江县平均购买年限为 7.33 年。根据 1934 年的调查，"中国的购买年比欧美各国的购买年短得多，一般为 7～9 年。钱租为 9.06 年，物租为 7.09 年，分租为 7.09 年。而德国在俾斯麦时代为 28 年至 32 年，第一次世界大战后为 20 年；英国在 18 世纪末工业革命时期为 20 年至 25 年；第一次世界大战后美国为 27 年至 30 年"①（"9.06 年""7.09 年"等是民国时期的习惯算法）。再根据秉山和乔启明的调查，中国地租的高低，"虽各地不同，大概中部最低，南部、北部较高"，购买年数则"江苏平均为 12 年、广东为 6.5 年、福建连江县为 8.3 年、山西五台县为 4.6、山东莱阳县

---

① 严中平等编：《中国近代经济史统计资料选辑》，科学出版社，1955 年版，第 309～310 页。

为 9.3 年及浙江镇海县为 15.4 年"。[①] 与之相比较，温江县的地租水平尚处于全国一般水平，与四川地租为全国最高的印象相差甚远。这种方法计算出的地租率与地价成反比，地价越高，地租率就越低。1937—1938 年正值抗战军兴，虽然四川地处大后方，物价上涨与后期相比较为平缓。根据四川省农业改进所调查，温江县 1937 年上等田的全年平均价格仅为 75 元，1938 年全年平均价格为 100 元，[②] 与表 6-8 中地价差距甚大。之所以造成这种现象，原因是表 6-8 的调查时间为 1938 年的 8 月份。可见如果用这种方法来计算，显然降低了温江县 1937 年的地租高度，所以这种方法也无法确切地衡量 1937 年佃农担负的地租水平。

温江地处成都平原，具有一年两熟的良好自然和气候条件。而且土地肥沃，旱涝保收，绝大多数情况下能够保证收获。由于一年两熟，农民的作物亩面积是作物面积的一倍，除了大春作物种植稻米之外，还能生产小春作物如小麦、胡豆、菜籽等杂粮。而温江的地租习惯只针对大春产物收租，所以佃农的小春作物都归佃农自己所有。再加上押扣在缴租时扣除的部分地租，以及受价格等因素的影响，用上述两种方法来测量地租负担均有失公允。所以笔者认为，地租负担的测定应是地主田场盈利与佃农整个田场总收入的比例；或者是地主田场作物收入与田场作物总收入的比率，这样似乎才显公允。根据这种设想，笔者在 1938 年四川省农改所对温江县农民田场经营调查中根据作物面积大小选择 11 户佃农作为标本来计算 1937 年地租对农民的负担量。

表 6-9　温江县佃田农场地租与田场作物总收入及田场总收入百分比

（1937 年 4 月—1938 年 3 月）

姓名	作物面积（亩）	场主作物总收入（元）	地主作物总收入（元）	田场作物总收入（元）	地主作物收入与田场作物总收入百分比	场主田场总收入（元）	田场总收入（元）	地主收入与总收入百分比
周自安	45	268.95	736	1004.95	73.24%	427.6	1163.6	63.25%
周肇展	50	382.92	864.38	1247.3	69.3%	678.87	1543.25	56.01%
张泽之	60	421.24	810	1231.24	65.79%	696.32	1506.32	53.77%
白顺清	30	333.87	390.64	724.51	53.92%	552.02	942.66	41.44%

① 章有义编：《中国近代农业史资料·第二辑》，生活·读书·新知三联书店，1957 年版，第 113 页。

② 四川省档案馆：全宗号：民 148，案卷号：1467，"温江县历年物价登记表"（1941 年）。

姓名	作物面积（亩）	场主作物总收入（元）	地主作物总收入（元）	田场作物总收入（元）	地主作物收入与田场作物总收入百分比	场主田场总收入（元）	田场总收入（元）	地主收入与总收入百分比
杨治维	25	203.83	467.82	671.65	69.65%	462	929.82	50.31%
舒子云	35	365.84	560.28	926.12	60.5%	549.17	1109.45	50.5%
刘炳章	40	350.93	662.2	1013.13	65.36%	526.69	1188.89	55.7%
＊	15	112.85	266	378.85	70.21%	228.56	494.56	53.79%
＊	20	118.85	371.52	490.37	75.76%	286.84	658.36	56.43%
＊	5	62.32	84	146.32	57.40%	118.76	202.76	41.43%
＊	10	88.62	147.18	235.8	62.41%	146.97	294.15	50.04%

资料来源：根据四川省档案馆，全宗号：民148，案卷号：572、577、578、1406、1407、1541，"温江县田场经营调查表"（民国26年至27年）等相关资料整理而成。

＊：在调查表中都没有登记姓名。

从表6-9可知，从佃农田场两季作物总收益与应缴纳给地主的作物支出来看，佃农平均地租率为65.78%，最高为75.76%，最低为53.92%。如果从整个田场产出与应缴纳给地主的地租来看，比率相对有所下降，地主收入占田场总收入平均为52.06%，最高为63.25%，最低为41.43%。这个租率比1938年陈太先对成都平原的调查得到的80.95%要分别低15.17%和28.89%，[1]与上文估算出的名义地租率更要低上不少；但仍然反映出了温江县佃农每年田场产出中超过半数以上的部分作为地租交给地主的情况。由于1938年四川省农改所佃农调查中的56组田场每亩收获数要小于每亩租额[2]，因此可见大多数的温江县佃农仅仅依靠小春作物和每年缴租时作为押租利息的押扣来生活。

---

[1] 陈太先：《成都平原租佃制度之研究》，1938年冬，载萧铮主编：《民国二十年代中国大陆土地问题资料》，（中国台北）成文出版社，1977年版，第32541页。

[2] 四川省档案馆：全宗号：民148，案卷号：1393，"温江县佃农调查表"（1938年）；四川省档案馆：全宗号：民148，案卷号：1394，"温江县佃农地主调查表"（1938年）。

第三节 对政府负担

　　所谓"对政府负担",是指政府依据规定征收的部分以及因政府正税而产生的农民支出,包括田赋、杂税、摊派和差役开支。之所以将田赋、杂税、摊派和差役开支整合进"政府负担"这一范围内,主要是基于迁就史料的原则。在四川省农改所1938年对温江县农民的两项调查中,对于这部分的支出都没有详细地列出,而仅将其归入田场支出地税或捐税项目下及家庭消费中的生活改进项名下。而地税是针对土地所有者征收的税目,土地使用者并不需要负担。按照1937年上等水田地税标准每亩1.577元计算,全部自耕农及自营地主地税项目下数目远超应缴地税额,可知调查者将部分其他税负计算在其中,因此笔者为了考察农民这部分的负担程度,将农民缴纳给政府以及因此而产生的支出整合在一起作为一个整体进行综合考量。

　　川政统一前,四川境内群雄割据,军阀混战,各路军阀为争夺地盘,不断扩充军力,因此军事支出激增。借着各种名称,无论"剿赤"或"讨逆",所有战费,多是向着田赋一项来打主意,田赋就成为军阀聚敛加税的主要对象。根据农锡瑞的调查,1931年温江县的田赋已经征收至1961年。[①] 1935年,新的四川省政府改组成立后,开始整理田赋,减轻农民负担。田赋征收定为一年一征并附征三倍临时军费,实际上是一年四征。除了田赋正税之外,还有种类繁多的附加税和摊派,"四川大多数地方的田赋附加税都达到了20～30余种"[②],温江县所处的成都平原也差不多。"在华阳、灌县、温江、成都、彭县以及川东的巴县等地,发现有附加税20多种。"[③] 又如1942年,四川省训练团在华阳、灌县、彭县、资中、简阳、巴县、邛崃、乐山、眉山、宜宾、隆昌、云阳、长寿、西充、遂宁、广汉、剑阁、阆中等十八县的调查,除开名称和内容相同者外,捐税名目总共达240种。摊派名目最多的资中县达67种之多,最少的广汉县也达11种之多。[④] 与四川其他地方相比,温江县1937年征收的各种捐税名目少得多。据四川省农改所1938年对温江县1937年4月至

① 农锡瑞:《农民负担与农民前途》,载《农村经济》,1935年第2卷第10期。
② 彭通湖主编:《四川近代经济史》,西南财经大学出版社,2000年版,第222页。
③ 李德英:《国家法令与民间习惯:民国时期成都平原租佃制度新探》,中国社会科学出版社,2006年版,第218页。
④ 伍丹戈:《四川省的地方摊派》,载《四川经济季刊》,1944年第1卷第2期。

1938 年 3 月间的调查，温江县农民需要缴纳的捐税有壮丁捐、修飞机场费、保卫团捐、公安捐、救国捐、乡长捐、河工捐等七种。

再看看温江县对政府负担的具体情况。（见表 6—10）

表 6—10　温江县对政府负担表（1937 年 4 月—1938 年 3 月）

项目 ＼ 佃权	调查农家数（户）	平均亩数（亩）	每户平均政府负担（元）	户最高政府负担（元）	最高政府负担户的田亩数（亩）	户最低政府负担（元）	最低政府负担户的田亩数（亩）
佃农	91	21.41	6.23	26.8	50	0.2	45.1
自耕农	42	14.05	38.18	130	30	14	6
半自耕农	24	19.3	39.27	120	30	11	10

资料来源：根据四川省档案馆，全宗号：民 148，案卷号：572、577、578、1406、1407、1541，"温江县田场经营调查表"（民国 26 年至 27 年）等相关资料整理而成。

1938 年，四川省农改所对温江县田场经营调查中，有 91 户佃农、42 户自耕农、24 户半自耕农的政府负担支出项目较为完整。从不同佃权来看，佃农的政府负担水平不管是每户平均或者是最高最低数值都要远低于自耕农和半自耕农，平均每户负担只有 6.23 元，如果按田地大小算，每亩负担 0.29 元左右。之所以如此低，是因为佃农不需要向政府缴纳地税，地税由土地的所有者缴纳。自耕农和半自耕农从每户平均和最高最低数值看，自耕农与半自耕农之间的负担较为接近，其中每户负担半自耕农略高于自耕农。但是由于地税为温江县政府负担中的重要部分，24 户半自耕农平均耕种 19.3 亩土地，其中平均10.8 亩为农户自己所有；而半自耕农这 10.8 亩的土地需缴纳地税，实际上半自耕农的政府负担远高于自耕农。将其负担平均摊在田地上，自耕农每亩负担在 2.72 元左右，半自耕农每亩负担在 2.03 元左右。以每亩上等水田地税1.577 元计，自耕农的其他捐税在 1.143 元左右，半自耕农应该在自耕农之上，都远在佃农的每亩 0.29 元之上。可见佃农的政府负担水平要远在自耕农和半自耕农之下。税赋负担主要根据经济能力为准，自耕农、半自耕农和佃农纳税额依次递减。但是考虑到半自耕农有部分田地不需纳税，实际负担的苛捐杂税要比自耕农重，这结果似乎与美国人布朗（H. D. Brown）于 20 世纪 20年代在成都平原 50 个田家调查的结果相符。

布朗将调查农户分为自耕农、半租农和租耕农三种。据他调查，"那二十七个地主及半租者，一年纳四千六百四十八元的税。平均每一田区，七十三亩之地主，须纳税一八七·八六元（即二·五六元一亩）[1]，半租者平均每亩一田区（三十亩）须纳税一〇二·六元（即三·〇八元一亩）。后者税率较高，乃因所有的及租出的田地之间，分别不小心之故。税率之意，尽以出税能力为准"[2]。又据布朗氏于 1926 年在四川省峨眉新开寺附近田区的调查，"该地农民所纳之税，为数不多，平均每田户约三元四角七。仅占开销全数百分之五点六而已。但这不是常态，不过是出人意外之一端事实，或也有其他的原故。因为这些地，全是租来的，各省所索之军税，多数是想勒诈地主，对贫民实在无法剥削"[3]。综合两地的调查，20 世纪 20 年代的四川每亩纳税大概地主平均 2.56 元，半自耕农平均 3.08 元，佃农平均 3.47 元。地主和半自耕农的纳税并没有包括田赋，加上田赋地主和半自耕农纳税水平应该在佃农之上。

另据卜凯（J. Losing Buck）等人对 20 世纪 30 年代 22 省 47 地的调查，四川各等田地所纳税额，每公顷（15 亩）下等田地，"农民所纳各平均 68.79 元"；中等田地，"四川水稻区三地区每公顷平均 76.32 元"；上等田地，"四川水稻区三地区每公顷平均 82.89 元"。[4] 下等田地平均每亩纳税 4.586 元，上等水田平均每亩纳税 5.526 元。

不管是与布朗 20 世纪 20 年代的调查相比，还是与卜凯 20 世纪 30 年代的调查相比，温江县农民缴纳给政府部分的税赋水平都是较低的。

第四节　负债

在近代农业社会的中国农村，负债是农民日常生活和生产中的重要组成部分，是农民维持生产和生活的重要手段。农民借款以维持田场工作，在青黄不接时供给全家生活需要的粮食，并应付婚丧等特别事件的非常支出，而以收获后的田产物或新的借款偿还旧债。而负债所产生的利息支出也是农家经济中的重要负担。

一、负债农民数

根据中央农业实验所在 1935 年所作 22 省 871 县的农民借贷统计，"各省

---

① 此标示方式原始资料如此。

② 李锡周：《中国农村经济实况》，1928 年 7 月，第 167 页。

③ 李锡周：《中国农村经济实况》，1928 年 7 月，第 146 页。

④ 卜凯主编：《中国土地利用续编》，（台北）台湾学生书局，1971 年版，第 444 页。

负债农家平均占半数以上，借钱者，占负债总数百分之五十六，借粮者占百分之四十八"；又据 1920 年浙江大学农学院所作浙江金华等八县农村调查报告，"负债户数对于全村农民户数值百分比为 58.81，负债额与财产额之比例为31.6：100"，又据陈翰笙于 1933 年调查广东番禺 10 个代表村的结果，"总计1209 户，负债户数为 531 户，负债户数对总户数百分比为 43.9，其中地主负债的占总户数的 5.7%，富农占总户数的 4.6%"。[①] 与以上调查显示负债农家占总农家的半数左右的"温和"相比，金陵大学农业经济系对 14 个地区，852户农民的调查就要显得"激烈"得多。（见表 6—11）

表6—11　各地农村各类农户中负债户百分率（1934—1935）

户别	平均	河南	湖北	安徽	江西
平均	71	66	74	80	57
自耕农	63	62	63	76	42
半佃农	72	66	77	82	58
佃农	78	71	82	82	72

资料来源：严中平等编，《中国近代经济史统计资料选辑》，科学出版社，1955 年版，第 342 页。

江西农民平均负债户百分率最低为 57%，主要得益于自耕农的负债户百分率较低，仅有 42%。其佃农负债户百分率与其他地方相差不大，也在七成以上。从各类农户分别来看，佃农负债户百分率要高于半佃农，半佃农又要高于自耕农。佃农负债户百分率达到 78%。也就是说接近八成的佃农须靠借贷度日，负债户百分率最低的自耕农也超过六成需要借款。与其他地方相比较，温江县却呈现了一幅不一样的景象。（见表 3—12）

表6—12　温江县各类农户中负债户百分率（1937 年 4 月—1938 年 3 月）

户别	平均	自耕农*	半自耕农	佃农
负债户百分率	56.44	63.27	55.56	50.5
统计户数		49	27	101
负债户数		31	15	51

资料来源：根据四川省档案馆，全宗号：民 148，案卷号：572、577、578、1406、1407、1541，"温江县田场经营调查表"（民国 26 年至 27 年）等相关资料整理而成。

*：不包含有多余土地出租的自耕农。

---

① 茹春浦：《农民的负债与整理》，载于《农村合作》，1937 年，第 2 卷第 4 期，第 66 页。

　　根据 1938 年四川省农业改进所的调查，1937—1938 年温江县农民平均负债户百分率为 56.44%，低于金陵大学农业经济系调查的 71%，而与江西的平均水平相当。略低于"中行四川 1556 家农民调查其负债情形的百分之六十一"[①] 和杨礼恭在 1935 年对四川农民调查中有关负债方面，"负债者，占百分之六十二"[②] 的结果。佃农、半自耕农和自耕农的负债户百分率呈递增趋势；一半的佃农负债，较自耕农负债户数少了一成多，自耕农负债户百分率反较佃农大。

二、借款的用途

　　温江县农民借贷多是用于购买粮食及婚丧喜庆等特别事件之消费贷款。农民所得生产贷款多属短期贷款，用以购买肥料、农具、牲畜之属，间亦修筑沟渠。长期借贷中佃农主要用于租田，自耕农用于购置田产，这两类用途在温江县较为常见。非生产贷款大都用以购买农家收获以前所需的粮食。由于温江县针对大春作物缴纳谷租的租佃习惯和高额的名义地租额，造成农民自己田地收获缴纳租米后，大春作物所剩无几，佃农需要借款来缴纳地租或购买食用的大米。此种借款，对农民尤为有用。（见表 6-13）

表 6-13　温江县各类农户借款用途百分比（1937 年 4 月—1938 年 3 月）

用途	平均	自耕农	半自耕农	佃农
生产用	31.45	22.58	26.67	45.10
非生产用	68.55	77.42	73.33	54.90
伙食	26.90	25.81	33.33	21.57
婚丧	23.61	22.58	26.67	21.57
其他	49.49	51.61	40.00	56.86

　　资料来源：根据四川省档案馆，全宗号：民 148，案卷号：572、577、578、1406、1407、1541，"温江县田场经营调查表"（民国 26 年至 27 年）等相关资料整理而成。

　　温江县负债农民中三成以上将其借款投入农业生产中。从各类负债农民来看，近半数负债佃农的借款用于生产投入，将借款用于生产支出的负债农户百分率佃农高于半自耕农，半自耕农又要高于自耕农。据金陵大学农业经济系 20 世纪 30 年代 4 省 14 地区 852 户的调查，农民"由于无以为生，才不得不

---

①　李铮虹：《四川农业金融与地权异动之关系》，1938 年 12 月，第 47162 页。

②　杨礼恭：《四川农业经济调查报告》，载于《川大周刊》1936 年第 4 卷第 18 期，第 2 页。

饮鸩止渴，乞怜于高利贷，因而农民的借款就不可能用于生产上"①（见表6-11）。从投入生产用途方面来看，温江县31.45％的负债农民将其借款用于农业生产，四省平均只有8.4％的借贷农民用于生产。从用于伙食用途来看，四省农户用于伙食用途的借款农户百分比平均值42.1％也要高于温江县农民平均26.9％。不同类型农户间，温江县用于伙食的佃农负债百分率要比半自耕农和自耕农小，自耕农又小于半自耕农，而四省则自耕农、半佃农和佃农呈递增趋势，超过六成的负债佃农将借款用于伙食支出。只有婚丧方面四省平均值要略低于温江县平均值。从温江县不同类型农户比较和温江县与1935年的调查比较，可以推断出以下结论：（1）1938年温江县农民经济状况要比1935年的河南、湖北、安徽、江西四省农民好，因此温江县农民才能够用更多的资金来投入生产。（2）温江县自耕农经济状况要比半自耕农好，半自耕农经济状况要比佃农好。在生产投入上自耕农积攒有资金，相对半自耕农和佃农将大部分借贷来的资金投入生产相比，他们可以将借贷来的资金用于改善自己的生活。

表6-14　各类农户借款用途百分比（1934—1935）

用途	平均	自耕农	半佃农	佃农
生产用	8.4	7.4	11.6	5.8
非生产用	91.6	92.6	88.4	94.2
伙食	42.1	25.6	43.9	60.3
婚丧	18.1	21.5	12.7	20.3
其他	31.4	45.5	31.8	13.6

资料来源：严中平等编，《中国近代经济史统计资料选辑》，科学出版社，1955年版，第344页。

三、负债的来源与利息

温江县农民借款的主要来源（见表6-15）与四川的一般借款来源相比（见表6-16）较为集中，绝大部分来自亲朋好友和关系紧密的同宗本家，农村合作社等互助组织也是少数农民借款的对象，而从富户和地主中借款的比率较小。这可能是因为温江县农民经济状况在整个四川来说较优，农民大多勤俭节约而能够积攒一定的积蓄，当他们需要借款时就不需要从富户和地主手中借贷高利贷，而从亲友手中便可借贷利率水平较低的资金。这一点从温江县农民

---

① 严中平等编：《中国近代经济史统计资料选辑》，科学出版社，1955年版，第340页。

所负债务利率方面来看也得到了相关印证。

表 6-15　温江县农民所得借款来源分布百分率（1937 年 4 月—1938 年 3 月）

类别	亲友	地主	摇会	合作社	本家	富户	店铺	未详	总计
自耕农	80.65			3.22	3.22		3.22	9.69	100
半自耕农	73.33	6.67	6.67					13.33	100
佃农	70.59	3.92		5.9	3.92	1.96	1.96	11.75	100

资料来源：根据四川省档案馆，全宗号：民 148，案卷号：572、577、578、1406、1407、1541，"温江县田场经营调查表"（民国 26 年至 27 年）等相关资料整理而成。

表 6-16　四川水稻区所得借款来源之百分比

地带及区	地区数目	村人	亲友	富户	商人	农民	典质	店铺	地主	邻人	邻村	其他	未详
四川水稻区	7	0	53	8	0	0	0	0	8	7	1	9	14

资料来源：卜凯主编，《中国土地利用续编》，（台北）台湾学生书局，1971 年版，第 665 页。

　　温江县农民负债的主要来源决定了他们负债的年利率要比同期其他地区的利率低很多。在分析温江县农民负债的年利率前有必要了解同时期中国农民一般借贷年利率的情况。据中央农业实验所 1935 年发表的全国 22 省 871 县借款利率的报告记载，"农村借款利率年利二分到三分的占 36.2%，三分至四分的也占 30.3%，四分至五分的占 11.2%，而五分以上反占 12.9%，二分以下的反占 9.4%，全年平均利率二分至四分的合起来要占 66.5%"。上述利率的百分率，据原报告所讲，"系仅就调查表中普通利率项下的数字计算而得，实际上农民所能贷得的借款利率，并不能受普通利率的限制"[1]。温江县本周年不同类型负债农民的年均利率和最高年利率都自自耕农、半自耕农和佃农呈下降趋势（见表 6-17）。从平均年利率来看，自耕农年利率 24.29% 为三类农民中最高的，佃农 17.23% 为最低的；从最高年利率来看，自耕农最高年利率 48% 为三类农民之最。

---

[1]　陈翰笙、薛暮桥、冯和法合编：《解放前的中国农村》（第二辑），中国展望出版社，1987 年版，第 586 页。

表 6-17　温江县负债农民借款年利率与不同类型农民最高年利率

（1937 年 4 月—1938 年 3 月）

类别	平均年利率	最高年利率
自耕农	24.29％	48％
半自耕农	22.92％	36％
佃农	17.23％	32％

资料来源：根据四川省档案馆，全宗号：民 148，案卷号：572、577、578、1406、1407、1541，"温江县田场经营调查表"中"负债表"（民国 26 年至 27 年）整理而成。

从不同类型农民负债年利率分布来看（见表 6-18），自耕农、半自耕农和佃农分别有 12.9％、13.33％和 15.69％的负债农民的借款不需要利息，全部负债佃农和半自耕农的借款利息在四分之下，只有 6.45％的负债自耕农借款利息在四分至五分之间。年利率在二分以下（包括不需利息的负债农户）的负债自耕农占所有负债自耕农的 41.94％，半自耕农为 46.67％，佃农为 68.63％；年利率两分至四分的负债自耕农占所有负债自耕农的 51.61％，半自耕农为 52.33％，佃农为 27.45％（这些数据是根据表 6-18 进行的二次计算）。可见佃农负债利率水平要比半自耕农低，半自耕农要比自耕农低。

表 6-18　温江县不同类型农民负债年利率分布百分比（1937 年 4 月—1938 年 3 月）

利率	0	0~10％	10％~20％	20％~30％	30％~40％	40％~50％	不详	总计
自耕农	12.90	3.23	25.81	19.35	32.26	6.45	0	100
半自耕农	13.33	6.67	26.67	33.33	20	0	0	100
佃农	15.69	7.84	45.1	23.53	3.92	0	3.92	100

资料来源：根据四川省档案馆，全宗号：民 148，案卷号：572、577、578、1406、1407、1541，"温江县田场经营调查表"中"负债表"（民国 26 年至 27 年）整理而成。

从温江县农民借款数额来看（见表 6-19），负债半自耕农平均负债额最高，负债自耕农略低于半自耕农，负债佃农最低。负债半自耕农平均负债额在负债佃农平均负债额的两倍以上；最高负债户为自耕农，用途是买田。负债半自耕农中的最高负债户借款用途是修造房屋。可见自耕农和半自耕农经济状况较佃农好，他们有一定的余力来为改善自己的生活而投入更多的资金。

表 6-19　温江县不同类型负债农民平均负债额（1937 年 4 月—1938 年 3 月）

类别	平均负债额（元）	最高负债户负债额（元）	最低负债户负债额（元）	最高负债户负债用途
自耕农	239.35	1000	10	买田
半自耕农	248.67	700	40	修造房屋
佃农	116.3	840	5	父子分账

资料来源：根据四川省档案馆，全宗号：民 148，案卷号：572、577、578、1406、1407、1541，"温江县田场经营调查表"中"负债表"（民国 26 年至 27 年）等整理而成。

相对同时期的中国其他地区来说，温江县农民负债比率较小，又由于他们借款主要来自亲朋好友及利率较低的合作社，虽然自耕农比半自耕农、半自耕农比佃农利率要高，但是相对同时期其他地区利率较低，受高利贷剥削较小，他们可以将比其他地区更多的资金投入到生产中，自耕农和半自耕农也有更多的资金来改善自己的生活和固定投资。所以在负债农民数和借款利率方面都较其他地区小的情况下，可以得出本年度的温江农民负债水平是较低的。

小　结

一般认为，在近代中国的农村，沉重的负担一直都是农民生活水平低下的"罪魁祸首"。高额的地租、名目繁多的苛捐杂税、地主和高利贷商人高利贷剥削侵蚀了大量本属于农民的劳动成果。虽然 1937 年 4 月—1938 年 3 月温江县也部分地存在着近代中国农村经济的一般特征，但是却呈现出与其他地区不一样的景象。温江押租制度是租佃制度中的重要部分。虽然押租在其他地方而言是地主对佃农的另一种剥削形式，是地租的附加部分，但是在温江却起着保护佃农利益、缓解高额地租的作用。在温江地区农民相对较为"富裕"，押租大部分来自平时生活节俭或向亲朋好友这种利率相对较低的渠道借贷，而押租的利息即押扣又相对于四川其他地区较高，再加上地租只针对大春作物征收，因此使得高达 80% 以上的名义地租额，降至 50% 左右的实际地租额。由此可见押租制度客观上在温江高额地租的情况下一定程度地维护了佃农的利益，有效地缓解了高额地租给农民带来的负担。

民国建立以后温江将清朝时期的地丁税改为正税，津贴捐输新捐改为副税，并设立征收局统一征收。在防区制时代，正税和副税归为军费支出，又向农民征收附加费作为政务费用支出。至 1934 年温江县长"以册籍散失，亩分不实，乃倡丈量田地，以均负担，并厘定粮额为 5860.613 两，折合银元为 65271.544 元"[①]。1937 年就照这个标准征税。从地权状况来看，需要支付田税的自耕农和半自耕农分别平均支付 38.18 元和 39.27 元的赋税负担，不需要支付田税的佃农平均支付 6.23 元，分别占田场收入的 8.99%、8.46% 和 2.03%。虽然赋税较重，但是与中国其他地方比较，赋税负担相对较轻。

负债也是民国时期农民的一项重要负担，由于农民的普遍贫困，在青黄不接的时候，借债是农民维持生存的重要手段，也进一步加重了农民的负担。从反映农民负债负担水平的负债农民比率、农民借款的来源以及农民负债的用途等项标准来看，与同时期其他农村地区相比，温江县 1937—1938 年作物周年内负债负担要较全国其他地方低得多。

可见，温江县农民 1937—1938 年作物周年内，虽然名义地租高达 80% 多，但是由于押扣的有效缓冲，政府负担较轻，负债负担较低，温江县农民整体负担较其他地区轻上不少，这对于温江县农民生活水平的保障是至关重要的。

[①] 欧学芳：《四川省土地陈报之研究》，1939 年冬，萧铮主编：《民国二十年代中国大陆土地问题资料》，（台北）成文出版社，1977 年版，第 12953 页。

第七章　民间信仰与国家控制

李德英

　　民间信仰是乡村社会文化与权利网络的一个重要环节。晚清以来，国家和精英对民间信仰的控制亦是一个日益增强的过程，同时民众传统的生活方式和信仰仍然存在着极强的生命力。本章通过讨论乡村民间信仰与国家控制，反映了一方面民间信仰和习俗不易改变，生命力极强，另一方面也说明政府控制并非没有空隙。

　　本章所谓的"民间信仰"是指民众日常生活中流行的各种信仰活动，即不能被纳入佛教、基督教、伊斯兰教等成熟形态的世界性宗教和中国传统的道教和儒教以及官方祭祀仪式的民间宗教及信仰[①]。据笔者所知，民国时期，已有人对"民间信仰"进行研究。冯毅从中国是否存在宗教的问题入手，提出"中国没有形而上学的一元宗教，但却不乏具体形式的民间信仰表现，惟其因为是没有一元的宗教，而民间信仰表现的形式就十分众多"。然后作者分析了以建筑为代表的民间信仰形式，"庙""寺""观""宫""院""庵""堂"，其代表的特质有所不同及其原因，还分析了阴阳观念和偶像崇拜、灶神与家庭、五福临门与鬼神等问题，最后把民间信仰与"迷信"联系在一起，认为民间信仰在很多方面"还不能脱离迷信倾向"，主张清除民间信仰中的"迷信"倾向，保存中国人民精神生活的规范，即"忠、信、孝、悌、礼、义、廉、耻"，这样"就可以看出中国人民一颗至善向上的心灵"[②]。由此可见，在社会精英心目

[①] 关于"民间信仰"的概念有很多不同的解释。王铭铭从社会人类学的角度，指出其"是流行在中国一般民众尤其是农民中间的信仰体系"。见王铭铭：《社会人类学与中国研究》，生活·读书·新知三联书店，1997年版，第99页。西方学者称"民间信仰"为"大众宗教"（popular religion），朱海滨则分析了日本和中国关于"民间信仰"概念内涵的不同，认为"民间信仰"一词，来源于日本；清末以来，中国学者对"民间信仰"的研究，则是把它作为"迷信"来批判，没有对其进行系统的学术研究。详见朱海滨：《中国最重要的宗教传统：民间信仰》，复旦大学文史研究院编：《"民间"何在，谁之"信仰"》，中华书局，2009年版，第45页。

[②] 冯毅：《中国民间信仰研究》，载《杂志半月刊》，1940年第6期，第36页。

中，民间信仰与"迷信"的联系非常紧密，而民国以来，"破除迷信"运动也主要是针对民间信仰。①

晚清以来，随着社会改良及现代化进程的深入，传统中国的民间信仰受到越来越多的打击，大众的日常生活、行为模式也受到越来越多的控制，国家与社会精英结合起来，以"破除迷信"为号召，对民间信仰发动了几次大规模的"进攻"。②

也有学者指出，国家政权与社会精英对民众日常行为模式的改变和民间信仰的控制，也遭到民众的抵制与反抗，这是一个双向过程，社会改良者与国家政权联合起来，"努力改变民众的宗教信仰。官方正统思想认为，民众的宗教信仰是'迷信''落后'的，因此必须被改造和限制"。但社会改良者的目标并未完全实现，"人们拒绝放弃'迷信'，使改良者非常失望，因此寻求更严格的规章"③

这些研究表明，晚清以来，国家和精英对民间信仰的控制是一个日益增强的过程，同时民众传统的生活方式和信仰仍然存在着极强的生命力。笔者在查阅民国温江县政府档案时有幸看到一批地方政府取缔神权迷信的档案（1936—1946年）。从这些档案中可以看出基层政府在处理民间信仰时所采取的态度，以及中央、地方和民众的关系。如果说晚清以来，社会精英对于"迷信"的讨论与禁止，主要体现在精神和学理层面，那么抗战时期，反"迷信"的言论和行为都集中在政治层面，政府对民间信仰采取了既抑制又利用的策略。

---

① 关于"迷信"这一概念的起源，沈洁做了非常细致的考证，认为"20世纪初中国的知识界开始大量使用'迷信'一词，用以指陈对民间信仰及其仪式行为的批判，反对'迷信'、改造民众的信仰世界从而彻底变革其生存方式与思维方式的'迷信'运动便是此期启蒙主义的核心命题之一"。参见中国人民大学博士论文，沈洁著，杨念群指导：《现代中国的反迷信运动：1900—1949》，中国人民大学2006年博士论文，现藏于中国人民大学。民国时期关于"迷信"展开过多次讨论，通过这些讨论，可以看出在社会精英眼里"迷信"更多是指没有被纳入几大宗教体系和官方礼祀的民间崇拜和民间信仰。参见《东方杂志》，第十九卷，第三号，1922年2月版，"迷信的研究"专栏。以及黄健六撰：《拿学理来反对迷信捐》，安徽省佛教会出版，1929年版。康寄遥著述：《破除迷信》，上海佛学书局出版，1933年版。李干忱编纂：《破除迷信全书》，上海美以美会全国书报部，1924年版。宋桂煌著：《科学迷信斗争史》，上海华通书局，1933年（民国22年）版。容肇祖著：《迷信与传说》，广州国立中山大学民俗学会，1929年版。

② ［美］杜赞奇著，王福明译：《文化、权力与国家：1900—1942年的华北农村》，江苏人民出版社，2003年版，第103页。

③ 王笛著，李德英、谢继华、邓丽译：《街头文化：成都公共空间与地方政治，1870—1930》，中国人民大学出版社，2006年版，第220页。

第一节　国民政府对民间信仰的态度

在传统中国，官方对民间信仰和崇拜有接受、"允准"的可能性，例如沿海民众对"天后"（妈祖）的崇拜，就得到朝廷的承认，被纳入礼部祭祀程序中[①]。也就是说，民间信仰有被官方承认和非承认之分。被国家准许的崇拜享有特权，包括国家出钱在整个政府的中心地区建立寺庙，而不被准许的崇拜则要受到官方的打击和排斥。那么民国政府对民间信仰是否有"正""邪"的划分，以及"淫祠""淫祀"的概念呢？[②]

1930 年 4 月，国民党中央执行委员会秘书处发布《神祠存废标准》，对各种寺庙进行划分，哪些能保留，哪些必须废除，有明文规定，这就代表了国民党及国民政府对民间信仰及神灵世界的态度。

可以保存的神祠分为以下两类：

一是先哲类：主要是对民族国家、科学技术以及忠孝伦理有卓越贡献者的纪念神祠，如：对于民族发展确有功勋者；对于学术有所发明，利溥人群者；对于国家、社会、人民有捍卫御侮，兴利除弊之事迹者；忠烈孝义，足为人类衿式者。根据这个标准，伏羲、神农、黄帝、嫘祖、仓颉、后稷、大禹、孔子、孟子、公输般、岳飞、关羽等十二人"皆有合于前定先哲范围之四点，允足为人类衿式，各处如有以上先哲祠庙，应一律保存，以志景仰。其有虽不在上文列举之中，而其学问事业，有合于前四点之一者，应由各省市县地方政府查明一体保护"[③]。

二是宗教类：《神祠存废标准》是这样定义"宗教"的："宗教者，以神道

---

① 参见詹姆斯·沃森：《神的标准化：在中国南方沿海地区对崇拜天后的鼓励（960—1960）》，David Johnson，Andrew J. Nathan，Evelyn S . Rawski：*Popular Culture in Late Imperial China*，Berkeley：University of California Press，1985，pp292－324.

② "淫祠"与"淫祀"是两个联系紧密的概念，或者说是一个概念的两个方面。"淫祠"指"淫祀"活动的场所，而"淫祀"则指信仰活动。赵世瑜分析了明清时期官方对民间信仰的态度，认为"在民间信仰活动中，有些是政府认可的，或者是政府认可的祭祀活动发展演变而来的，还有些则是纯粹的民间创造，也就是通常官方所谓的'淫祀'"。他还指出："'淫祀'还包括了对不在政府正式封赐范围内的鬼神的信仰活动，包括了对民间'非法'给予了帝王圣贤名号的鬼神的信仰活动，以及在任何信仰活动中充斥所谓荒诞不经和伤风败俗的活动。"（见赵世瑜：《狂欢与日常——明清以来的庙会与民间社会》，生活·读书·新知三联书店，2002 年版，第 35～36 页）

③ 中国第二历史档案馆编：《中华民国档案资料汇编》第五辑，第一编，《文化》（一），江苏古籍出版社，1991 年版，第 499 页。

设教，而设立诚约，宗旨纯正，使人崇拜信仰之神教也。专祀一神者为一神教，并祀多神者为多神教。现国民政府以党治国，而国民党党纲，规定人民有信仰上之绝对自由，故属于宗教性质之神祠，一律应予保存。惟流俗假宗教之名，附会伪托之神，与淫祠同在取缔之列。"① 根据这一定义，佛教、道教以及从道教派生出来的老子、元始天尊、天师等民间崇拜，得到政府的承认，但《神祠存废标准》同时又指出："按道教为中国固有之宗教，唯以无人倡明，致为方士所混淆，其善者则从事于服饵修炼，其不善者则以符箓禁咒惑人，后世之白莲教、义和团、大刀会、小刀会、及最近之硬肚社、红枪会等，皆其流毒也，应即根本纠正。凡信仰道教者，应服膺老子道德经，其以服饵修炼，或符箓禁咒蛊世惑人者，应一律禁止。"② 足见民国政府对道教及其民间信仰仍有所顾忌与提防，与对其他宗教的态度有所区别。对一神教的伊斯兰教和基督教一律承认，对中国古代的日月星辰崇拜也予以承认。

由此看来，民国中央政府对传统先贤、宗教和部分民间崇拜予以承认并保护，但对与民间崇拜关系最为密切的道教有所警惕。因为由这些民间崇拜派生出来的民间宗教，在政府看来曾经对政权构成威胁，成为民间反叛力量的精神武器，因而民国政府的态度是让其存在，一旦有不轨之举则予以禁止。

民国政府仍然有关于"淫祠"的划分。"我国自秦汉以来，淫祠渐多，虽历代迭有毁废，而以政纲废弛，教育不振，民智顽陋之故，旋废旋兴，不可究诘。"以下四种情况为淫祠："（甲）附会宗教，实无崇拜价值者；（乙）意图藉神敛财，或秘密供奉开堂惑众者；（丙）类似依草附木，牛鬼蛇神者；（丁）根据齐东野语稗官小说世俗传说，毫无事迹可考者。"③ 按此规定，张仙、送子娘娘、财神、二郎、齐天大圣、瘟神、痘神、玄坛、时迁、宋江、狐仙等庙，皆为淫祠，一律禁止和取缔。以上诸庙，跟百姓日常生活关系最为密切，涉及生子、增财、招财、除病痛等现实关怀。另外与盗匪有关的崇拜，因有违正常生活秩序，也一律禁止。

关于国家对民间信仰的态度，彭慕兰在对碧霞元君的研究中对"淫"有独到的见解："这一称号不像'邪'那样坏。事情是这样，这一第三类别的存在

---

① 中国第二历史档案馆编：《中华民国档案资料汇编》第五辑，第一编，《文化》（一），江苏古籍出版社，1991年版，第499页。
② 中国第二历史档案馆编：《中华民国档案资料汇编》第五辑，第一编，《文化》（一），江苏古籍出版社，1991年版，第501页。
③ 中国第二历史档案馆编：《中华民国档案资料汇编》第五辑，第一编，《文化》（一），江苏古籍出版社，1991年版，第504页。

提供了一个重要的缓冲余地，使得那些达不到正教标准的崇拜不用按照严格的正、邪二元来区分，否则就要遭到镇压。""淫"处于"正"和"邪"的中间地带，"'淫'并不是指有问题的宗教"，"只是用来指一些大致无害的民众毛病（通常是过度热情的结果），而这些信仰与正统道德又基本吻合使其毛病无足轻重。在危机来临时，甚至那些特别正统的人也会公开求助于这些崇拜，而这样绝不是要摒弃正统礼仪"。① 就此看来，不论是"淫祀"还是"淫祠"，与政治权威仍有共生的余地，对于它们的存在，政府则是可以利用，可以排除。与"邪教"不同，"邪教"则是必须要消灭的。这就不难理解为什么民国政府虽有取缔"淫祠"的政令，各地仍有不少"淫祠"存在的现象了。

《神祠存废标准》还提出改良祀神礼节："现查旧日祭祀天地山川之仪式，一律不能适用，即崇拜先哲，亦重在钦仰其人格，宣扬其学说功烈，凡从前之烧香拜跪冥镪牲醴等旧节，均应废除。至各地方男女进香朝山，各寺庙之抽签礼忏，设道场放焰口等陋俗，尤应特别禁止，以蕲改良风俗。"②

此后，改良祀神风俗和礼节的运动，在基层各县宣传展开。温江县档案中也反映出改革乡村礼俗，限制百姓进香朝山等活动。从这些内容中，人们可以发现国民政府对民间信仰的控制，主要目的是为了统一思想，防范异己，避免群体事件，而"破除迷信"只是手段而已。

第二节　抗战时期国民政府对民间信仰的抑制与利用

一、抑制与禁止

政府抑制并禁止乡村百姓的朝山进香活动，认为这种活动耗费人力、物力、财力，也妨碍地方治安，应调动民间各种力量，全力抗日。同时，认为百姓因为"迷信"活动而点灯烧纸，是一种浪费，在抗战建国最困难的时期，要厉行节约，尽量限制和禁止这种迷信活动。

1938 年 3 月，第三区行政督察专员沈鹏给四川省第一行政督察专员公署发电报称："查区属大足县宝顶山香会期届，一般无知愚民成群结队朝山进香，

---

① 彭慕兰：《泰山女神信仰中的权利、性别与多元文化》，［美］韦思谛编，陈仲丹译：《中国大众宗教》，江苏人民出版社，2006 年版，第 117 页。
② 中国第二历史档案馆编：《中华民国档案资料汇编》第五辑，第一编，《文化》（一），江苏古籍出版社，1991 年版，第 506 页。

接踵摩肩，趋之若鹜，不仅虚耗人力、财力、物力，抑且妨碍地方治安，动摇国体，莫此为甚。兹倭寇压境，全面抗战紧张之际，川省连年灾歉，农村疮痍未复之时，自应厉行节约，极度减缩消费，藉以增加生产之资本与劳力，杜绝奸宄以可乘之隙，巩固后方，严整抗战阵营，方能应付长期抗战达到救亡图存之共同目的。所有是项，藉神号召妄诞不经之迷信举动，允宜采取最有效方法力予矫正，善为劝阻或严厉制止并严惩其首要以杜乱萌而苏国力，除令饬所属各县区道照办理外，理合电呈钧座鉴核，准予通令全川各县，一致取缔，是否有当，伏乞示道。"①

四川第一行政督察专员认为"无知愚民成群结队朝山进香，最易受奸人之煽惑，值此非常时期，对此种行为及藉神号召之举动，尤应严厉查止，以维地方治安"②，要求"各县遵照查禁，以遏乱萌"。③

1939年2月1日，四川省第一区行政督察专员公署发布训令，禁止各县举办"香会"。"查各县名山寺观，每年举办香会，往往有男女信徒不远千里，成群结队前往朝山进香，积习相沿为日已久。在昔时以其无碍大体，各地方政府因而亦多放任，未遽加以干涉。值此抗战严重期间，诚恐人数众多，奸宄易藏，后防治安亟须顾虑，且当厉行节约之际，尤应省无谓之消耗，备战时之需要。此种迷信陋习，自应及时禁止，除分令外，合行令仰遵照并转饬所属各县政府一体遵照查明所辖境内，如有名山胜地举办香会地方，务即先期示禁，防于未然。其素无香会地方，亦应布告人民，勿得沿习前往，致遭禁阻，徒劳跋涉，是为至要！"④

从上述训令中，我们可以看出，反对民间"迷信"活动的理由，一是治安防范；二是厉行节约，减少消耗。四川省政府甚至对"迷信"纸张都做了规定："每年消耗于迷信之纸张为数甚巨，此项物资若任其虚耗，则直接间接影响于抗建工作，殊非浅显，自应加以查禁。至该会原提案所请加增迷信纸张捐税，全数拨充救济书荒费用一节，于法无据，未便照办。兹准前由除分会各区行政督办专员公署、各市县政府、四川省会警察局、嘉陵江三峡乡村建设试验区署外，合行令仰该府即便遵照，对于迷信用纸，务须切实查禁，其尚未填报迷信用纸调查表者，并应克速查填具报，以凭汇转为要！"⑤

---

① 成都市温江县档案馆：全宗号：33，案卷号：9，《关于取缔神权迷信事项卷》，第14页。
② 成都市温江县档案馆：全宗号：33，案卷号：9，《关于取缔神权迷信事项卷》，第14页。
③ 成都市温江县档案馆：全宗号：33，案卷号：9，《关于取缔神权迷信事项卷》，第14页。
④ 成都市温江县档案馆：全宗号：33，案卷号：9，《关于取缔神权迷信事项卷》，第16页。
⑤ 成都市温江县档案馆：全宗号：33，案卷号：9，《关于取缔神权迷信事项卷》，第34页。

政府要求改造黄表纸作坊，不许生产黄表纸，改生产毛边纸。为此，内政部、财政部专门转发了第五战区经济委员会的呈文："查敬神祭鬼之黄表纸，大部产于四川之大竹、达县、梁山等处，每年运销鄂省者约在二十万篓以上，每篓以现价八元计共值一百余万元，如再加以销售其他各地者，其价值之巨，可想而知，花费几许劳力与材料，结果则付之一炬，而全无实用，殊深可惜。自抗战军兴，纸张日感缺乏，倘将此项造纸作坊勒令改造类似毛边之纸张，不准再造黄表纸，则于国计民生均有莫大利益，本会有鉴于此，除分电四川省政府限令各造纸作坊改造外，用特电请贵会禁止黄表纸运入鄂境，以仰体中央倡导节约厚蓄国力之旨。"并认为"该会所称各节，确为改进生产、破除迷信，节约无益耗费与战时经济有关物资"，要求各地遵照执行。[1]

其实，抗战时期国民政府提倡破除迷信，对民间信仰进行打压和控制，最直接的目的是统一思想，防范政治异己，预防民变与"匪患"。

纵观抗战时期，国民政府或基层社会中，有关"破除迷信"的言论及做法，都旨在统一思想，防范政治异己，强调"一个主义，一个政党，一个领袖"。1939年，国民参议会第三次大会召开，有人提交议案，强调"抗战建国要在'人定胜天'的信念中达成，而委之于劫数、运命等不啻消灭人之志气，长寇虏之精神"[2]。该提案交到国防最高委员会第三次常务会议，该会议决议"交行政院注意"，行政院将此议案转发各省教育厅，四川省教育厅将此议案转发所属各县，并要求各县社教机关注意宣传并查禁"迷信"活动。四川省教育厅指出："领袖之外无领袖，在抗战之今日，决不许有一般群众憧憬未来之真命天子出现。祖国之外无祖国，此等秘密宗教，旨在复清，今日之下，不许另制造幻想任何世界乐土，以诱惑一般愚夫愚妇。"并提出要禁止谣言，因为"谣言影响兵役最大"。[3]

该议案还提出了统一思想，禁止"迷信"活动的办法：第一，利用战时教育文化法令严行查禁之。第二，揭示各点作正当指导，说明"人为自然界之主人翁"，与抗战必胜、建国必成、自力更生之大道理。第三，晓谕各佛寺道观，在抗战期中除弘扬外不许涉及旁门左道。第四，晓谕各慈善团体、各会馆、各茶社、各轮船人等厉行肃清邪说，免为众人乘隙滋蔓。[4]

这一时期反对"迷信"活动，除了统一思想外，还与预防民变、防"匪

---

① 成都市温江县档案馆：全宗号：33，案卷号：9，《关于取缔神权迷信事项卷》，第45页。
② 成都市温江县档案馆：全宗号：33，案卷号：9，《关于取缔神权迷信事项卷》，第61页。
③ 成都市温江县档案馆：全宗号：33，案卷号：9，《关于取缔神权迷信事项卷》，第61页。
④ 成都市温江县档案馆：全宗号：33，案卷号：9，《关于取缔神权迷信事项卷》，第61页。

患"密切相关。如1940年1月，有国民党四川省执行委员会观察员到川北各地视察后，呈文省政府，反映川北各地民众迷信甚深，竟聚众反对县长，建议取消朝庙和各种神会，以防事端。

四川省政府将该文转发给各县，指出"事关后方秩序及社会文化"，要求各县"政府设法防止，并厉行社会教育，以治愚顽而资感化"。①

不仅对迷信活动需要禁止，通过邮件传播迷信信息和敛财，都要予以查处。如1940年1月，泸县邮电所查获藉神敛财信件及传单，及时向省政府报告。省民政厅指示："一律严予取缔。"②

1939年9月，国民政府转发了内政部的"加强查禁社会神权迷信办法"，认为："治匪办法内述'隔断匪教交通，使教不为匪利用'一节，兹法甚善，函请本府统筹制止邪说妄教，并隔断匪教勾结为患办法，通令施行，以例清剿。""各级执行人员，如能切实奉行，则邪说妄教不难根本禁绝，同时教与匪之勾结自亦因而隔断。"1940年4月，四川省兼理主席蒋中正和民政厅长共同签发训令，要求各市县政府、四川省会警察局，按照本办法"切实执行，认真查禁，期于隔断教与匪之勾结，暨彻底禁绝邪说妄教，而利新县制之推行"，更加表明了"隔断匪教交通，使教不为匪利用"的态度和主张。③

二、抵制与利用

国民政府从维护政权和厉行节约出发，对民间信仰活动多有抑制，但民众对这种抑制却表现出了抵抗，一些地方政府和社会精英也向中央政府提出意见，在对待"迷信"活动时，要考虑各地情形，变通处理。

1930年中央政府要求各地调查淫祠，并填报淫祠邪祀调查表，天津、上海均有呈报。1930年3月，国民政府还颁布了《取缔经营迷信物品办法》，规定"凡供鬼神所用之锡箔、纸炮、冥镪、钱纸、黄表、符箓、文疏、纸马像生及一切冥器等"皆属迷信物品，"凡制造或贩卖迷信物品，即为迷信物品营业者"，对迷信物品营业者，各地方政府和各地公安局及工商业团体要进行劝导，限该办法公布之日起，一年期内改营其他职业。④

此办法在执行中受到阻碍，以至于浙江省政府主席张人杰向国民政府呈

---

① 成都市温江县档案馆：全宗号：33，案卷号：9，《关于取缔神权迷信事项卷》，第64页
② 成都市温江县档案馆：全宗号：33，案卷号：9，《关于取缔神权迷信事项卷》，第66页
③ 成都市温江县档案馆：全宗号：33，案卷号：9，《关于取缔神权迷信事项卷》，第67页。
④ 中国第二历史档案馆编：《中华民国档案资料汇编》第五辑，第一编，《文化》（一），江苏古籍出版社，1991年，第493页。

文，要求根据各地情形，"准予变通办理"。呈文主要从就业和失业的角度出发，提出："此项迷信物品关系文化进展，予以取缔，本属理所当然。原办法以劝导期以一年，亦已审慎斟酌。惟是近年以来，工商凋敝，失业者本已日众，若再增此数百万人而欲于一年内得有他项职业，实非易事，加以连年灾歉，社会空虚，生计艰窘，而以此数百万人营业而生活之家属为数更夥，一旦失业，何以为生。况各省灾荒更有甚于浙省者，此于人民、社会安宁，关系匪细。""乡间党部禁烧纸灰，影响于纸灰营业一项，人数已有五十万人之巨，而于未有救济方法以前，失业后之政府及社会之不安。"呈文提到国民政府主席已注意到了这个问题，嘱咐大家要注意这个问题。此文提出建议："窃以为取缔此项迷信物品，依现时社会状况，似宜先由政府尽力提倡各项工业，使得有相当容纳之地，一面多方劝导，明白宣传，促其觉悟，而欲再分别种类，并酌量地方情形，随时改善，逐渐进行。"该文最后请求政府"准予变通办理，并令知各省体量社会情形，一并变通"。①

浙江省政府的呈文，代表了很多地方的情形，事关社会稳定，人心安宁，该年5月行政院经过研究后同意了浙江省的做法，准予变通。

由此可知，中央政府改善习俗的愿望与地方政府维持生计、保持稳定的取向时有矛盾，二者妥协的结果是维持现状。在民国温江县的档案中，这样的矛盾和冲突也存在。

1937年4月，久旱不雨，温江县士绅陈树培等人呈请设坛祈雨，一开始遭到县府的反对，后来呈报四川省政府后，得到批准。

> 呈为久旱不雨，农作愆时，恳恳设坛祈雨，以弭巨祲而顺舆情事。窃吾温西南僻邑，襟江而居，阡陌沟塍，纵横绣错，号称沃壤，兼以雨旸时若，水利凤饶，前此虽困诛求之余，仍有来苏之庆。本年川东北各县荒旱成灾，赤地千里，而吾温收获终然可望，是虽地域使然，微钧座事惠黎元殚心农事不及此。乃客岁洪水之后，继以冬旱告灾，入春以来，数月不雨，骄阳厉威，旱魃肆虐，田畴龟坼，妇子鸿嗷，菜麦强半枯焦，秧苗更难栽插。荐饥且至，荒象垂成。比闻中央政府轸念川灾，鸿慈特霈，委派中央振务委员长朱庆澜氏，赍振款数十万元，来川放振，其眷顾西陲之意，至深至远。我川省政府，亦复积极筹振，以惠民生，终觉款微灾广，救恤或有未周。天道变于上，人事应于下，充目所及，正不仅狱讼繁兴、

---

① 中国第二历史档案馆编：《中华民国档案资料汇编》第五辑，第一编，《文化》（一），江苏古籍出版社，1991年版，第494页。

盗贼滋炽而已，瞻念前途，不寒而栗，合无协恳钧座垂悯农村，俯念灾黎，准照向例，设坛祈雨，并禁屠宰，以禳天变，而重民生。庶几诚恪照格，立致甘霖，亿万生灵，同沾浩泽，民无菜色，岁仍有秋，斯固士绅等寤寐诚求泥首祷祝者也。

士绅等凤隶蚑蠕，同叨仁育，非不知勤政爱民，救荒筹振，早在成算之中，祇以榱榆桑梓，朝夕敬恭，心所谓危，不揣冒渎，如蒙允行，则三十万温民，拜赐当无纪极矣。

复查灌县白龙池为江渎正神，水泉总汇，历来川省旱灾，圭璧祈禳，首严于是，可否简派贤员，径赴该地，虔求雨泽，俾藉神庥，以延民命，抑或以第一区专署名义，令行灌县县长，就近祈祷，以昭灵应之处。①

省政府的回答是"此种举措虽云事涉迷信，但各地灾荒严重，人民望泽情殷，不能不加以曲谅，亦藉以顺应民意，共图感召天和，希参酌贵治地方实际情形，酌办为荷。"② 并要求"各市县政府官民一律斋戒并禁屠宰，绅民有祈雨者，加以保护，全省合作庶可感召天和"③。

有意思的是，此前政府曾多次明令禁止迷信活动，特别是聚众的摆坛设醮活动，但关于旱灾中的祈雨活动，则大都是支持的，这时候"迷信"就搁置一旁了。此后各次祈雨政府几乎都允准了。如1940年7月安岳的祈雨活动，有人以"迷信"原因加以阻拦，造成事端，国民政府最后准许了祈雨活动的开展，事端才得以平息：

据报安岳第三区民众因天久不雨，米价日趋高涨，因请求区署设坛禁屠祈求雨泽，该区署以事属迷信未允，民众遂集合千余人，将区署捣毁等语。查禁屠祈雨为民间多年习俗，值此天旱米贵，人心惶恐之时，自可勉顺舆情，不必因迷信之故，辄加阻止，徒惹纠纷，希即通令各县知照务各善体此意为盼。

等因奉此除命令各行政督察专员公署、各市县政府、四川省会警察局、嘉陵江三峡乡村建设试验区署外，合令仰该府，即便遵照！④

---

① 成都市温江县档案馆：全宗号：33，案卷号：13，《据县绅陈树培等呈请设坛祈雨卷》（民二十六—二十七），第11~12页。
② 成都市温江县档案馆：全宗号：33，案卷号：13，第7页。
③ 成都市温江县档案馆：全宗号：33，案卷号：13，第7页。
④ 成都市温江县档案馆：全宗号：33，案卷号：13，《据县绅陈树培等呈请设坛祈雨卷》（民二十六—二十七），第14页。

1941 年 5 月，四川省兼理主席张群专门发出训令，改变此前阻止祈雨活动的命令，要求各县市体察民意，若无其他用意，则应从习惯，不再禁止。"查天旱之年，民间多有祈雨之举，习俗相沿，由来已久，本府于二十九年曾经通令各县市政府对于此种举动分加阻止，以顺舆情在案。近查各地天久不雨，人心惶恐，民众祈雨，自在意中，该县如遇人民有此表示，而别无其他用意，仍应从其习惯，勿庸禁止，除分令外，合行令仰该府知照。"①

国民政府对祈雨活动的态度，正如彭慕兰所言："在危机来临时，甚至那些特别正统的人也会公开求助于这些崇拜。"② 政府和社会精英希望通过这种习俗来化解民众的积怨，使社会得到安宁，这时候是否"迷信"已经不再重要，"别无其他用意"才是最为重要的因素。

不仅如此，政府还利用民间的祭祀活动来悼念在抗战前线牺牲的将士，更是将"迷信"活动为我所用，成为凝聚人心的工具。抗战末年，温江县鱼凫镇绅士提议为前线牺牲战士举行清醮会。"窃值此国难当前，抗战方殷，前方将士死亡枕藉，后方又因天灾迭见，人心惶恐，长等暨地方人士有鉴于此，拟就本城西外梓潼宫地点，修建太平清醮，于本月十一日起至十六日止，藉以追荐忠魂，消弭灾患，为此具文协请钧座鉴核准予期内禁屠宰，以利修建，可否之处，敬候示遵！"③

温江县政府对于此次活动表示支持，并发布公告保护该活动，无论何人，不得滋扰，如有违抗，依法重处。

温江县县长黄氏告示：

> 据两仪慈善会呈，自本月旧历九月二十日起至二十八日止，举办醮会，追荐为国牺牲壮士，请予保护等情，应准照办。特此公布，无论何人，不得滋扰，如敢故违，定予拿案，依法重处，决不宽贷，此告。④

由此可见，尽管国民政府以抗战建国为号召，严厉禁止和打击"迷信"活动，但并非没有通融的余地。一般看来，只要不是聚众、结党、反对政府，官民之间终有妥协，官府不仅不予理会，在某些时候还要借助这样的活动和力

---

① 成都市温江县档案馆：全宗号：33，案卷号：13，第 24 页。

② 彭慕兰：《泰山女神信仰中的权利、性别与多元文化》，韦思谛编，陈仲丹译：《中国大众宗教》，江苏人民出版社，2006 年版，第 117 页。

③ 成都市温江县档案馆：全宗号：33，案卷号：13，《温江县宗教系统》，《据县绅陈树培等呈请设坛祈雨卷》。

④ 成都市温江县档案馆：全宗号：33，案卷号：13，《温江县宗教系统》，《据县绅陈树培等呈请设坛祈雨卷》。

量，以达成民意，凝聚人心。

小　结

晚清以来，社会改良者不断规范民众的行为，使其更为文明，对民间的习俗和信仰，也多加控制，希图移风易俗。但在抗战这个特定时期，"破除迷信"的涵义与其他时期有所不同，除了改良风俗之外，更多考虑的是社会稳定和防范异端，在经济上也有提倡节约的目的。同时，政府和民间，在面临灾荒和其他突发状况时，也有互相妥协的余地。这一方面说明民间信仰和习俗不易改变，生命力极强，另一方面也说明政府控制并非没有空隙。这些由社会精英主导的社会改良活动，意在塑造新的"国民"，成都平原乡村社会在这种"改造"中逐渐被卷入"现代化"的过程中。但总的看来，乡村社会的民间信仰仍然普遍存在，在寻常百姓的精神世界中，仍然需要神灵作为归宿。下面这则资料，反映了一个独立治家，依靠家庭手工业养活全家的农村妇女的精神生活。

> 每当更鼓乍起时，一阵喃喃的诵经声会从机房旁边的屋子里送出来，那里面黑沉沉的模糊不清，只有弥勒佛的画像显在长明灯晕黄的光里；那光又照出几个匍匐在地下的身影。杜家婆媳也在其中。他们所拜的弥勒佛是三教归一或归根教的教主。三教指儒释道说，归根即是落叶归根的意思。据说当初无极圣母生育万物，其子下凡，成为人类，人类沉迷于酒色财气，堕入苦海，归根教的信仰是为了超度人类，归返天宫。
>
> 杜二嫂入道有五年了，五年前，她得了一种无名的病，浑身疼痛，医药无效，几乎不起，邻人刘明善劝她敬神，于是请教中的先生来念三天的经，又在神前发下愿心，不料三天以后她果然好了许多，自是便修了大道——念经、礼佛，终身吃素。老师赐法号善元。①

杜二嫂是一个能干的女人，在丈夫死后，独立支撑一个家庭机房，周旋于市场与工人之间，她最重要的精神寄托就是"归根教"。可见，民间信仰在百姓生活中，特别是农村妇女日常生活中，仍然占有极其重要的地位。

综上所述，民间信仰具有极强的生命力，人们对精神世界的需求与依赖，

---

① 杨树因：《一个农村手工业的家庭——石羊场杜家实地研究报告》。指导教师：林耀华，燕京大学法学院社会学系学士毕业论文，1944 年 6 月，第 24~25 页，现藏于北京大学馆。

与传统的民族文化融为一体，很难有外力能够完全压制。即使是在"文化大革命"期间，全国几乎所有寺庙都被迫停止了正常的信仰活动，有的老百姓仍然偷偷地在家里供奉神像，祈祷平安。改革开放以后，各地的民间信仰活动渐渐恢复起来。这种民间活动背后所潜藏的信仰思想，正是数千年来中国文化最内核的东西，它深深地烙在了中国文化的方方面面，只要中华文化传统还在，这样的信仰就会长久延续下去。

第八章　乡村集镇与农民生活（一）

李德英

　　1949 年末、1950 年初，美国著名人类学家施坚雅（Skinner）曾在成都平原的高店子（当时属华阳县）做了三个月的社会调查，写出了《中国农村市场与社会结构》几篇系列论文，提出了"基层市场社区"理论[①]，不仅对美国的中国学研究产生了巨大影响，也在中国学界引起了共鸣。几十年来，人们利用施氏理论来研究中国的农村市场网络与社会结构，进而扩大到城乡关系和城市与区域的空间分布[②]。近年来对施氏理论的反思和进一步研究也是硕果累累。人们争议的焦点之一是施氏理论是否适用于中国所有地区，施氏的六边形市场模式是否太过理想不符合历史事实？还有学者从经验层面批评施氏理论资料支撑不足，通过实证研究来修正施坚雅的某些结论。[③] 作为施坚雅理论的重要来

---

① G. William Skinner，"Marketing and Social Structure in Rural China"，Part 1，2，3，Journal of Asian Studies. vol. 24. N0.1−3（1964−1965）。

② 自从 1964 年施坚雅发表《中国农村市场和社会结构》以来，这个理论很快风靡美国汉学界，从而为新一代汉学研究确立了新的范式。20 年后，黄宗智回顾施氏的影响时，就曾指出，"施氏原意，不过是要矫正人类学家只着眼于小团体的倾向，但结果几乎完全消灭了他的对手（我们由此也可以看到他在美国学术界影响之大）。一整代的美国史学认为中国的村庄，在经济上和社会上高度结合于大的贸易体系。因此，未注意到村庄这个单位"（见黄宗智：《华北的小农经济与社会变迁》，中华书局，1986 年版，第 23 页）。关于施坚雅理论的学术影响，美国很多学者都有极高的评价。柯文认为施氏理论对美国的中国历史研究影响深远（见 ［美］柯文著，林同奇译：《在中国发现历史——中国中心观在美国的兴起》，中华书局，1989 年版，第 144~147 页）。李丹认为，"施坚雅引领了一代学人，努力回避那些中国研究的传统预设，采用能够同传统中国大量的经验信息和历史信息最相适应的理论工具，从而为这个领域建立起了中国中心的方法"（见 ［美］李丹著，张天虹、张洪云、张胜波译：《理解农民中国》，江苏人民出版社，2008 年版，第 74 页）。利用施氏理论来研究中国农村基层社会的学术著作更是不胜枚举。至于国内，它在 80 年代传入中国以来，对中国社会经济史的研究也产生了极大的影响。很多学者纷纷用农村基层市场社区理论及施氏市场模式来研究和解释农村基层社会。

③ 详见任放：《施坚雅模式与中国近代史研究》；及王庆成：《晚清华北的集市和集市圈》；史建云：《对施坚雅市场理论的若干思考》；黄正林：《近代甘宁青农村市场研究》，载《近代史研究》，2004 年第 4 期；刘永华：《墟市、宗族与地方政治》，载《中国社会科学》，2004 年第 1 期。

源地——成都平原的学者，有必要对学术界的相关争论做出一些回应。① 尽管市场理论可能不尽完善，但乡村集市在农村居民生活中的重要意义确实不容忽视。对于成都平原而言，乡村集镇可以说是农民生活中不可缺少的一个活动空间，是农民生活的重要组成部分。本章不拟探讨乡村集市的时间和空间模式，仅从农民日常生活出发，观察乡村集镇在农民日常生活中的作用和地位，对近年来学术界对于基层市场理论的批评作一点回应。

第一节　"基层市场社区"理论

所谓"乡村集镇"，是指传统社会中的农村市场，又称为"集市"，它是以地方定期交易为核心的经济流通空间。根据王笛的研究，"在传统社会中，集市总的经济意义主要由三个因素决定：1. 它向其他经济区提供商品与劳务的作用；2. 它在连接经济中心地的销售渠道结构中的地位；3. 它在运输网络中的位置"。"这些农村集市是农民之间以及农民和商贩之间进行交易的立足点"，"集市初为小生产者交换和调剂产品的产所，赶场者出售其多余或结剩的产品，换回自己不能生产的日常生活或生产用品"②。按照施坚雅的集市体系理论，属于集镇（town）范畴的彼此相连的经济中心地包括基层市场（standard market）、中间市场（intermediate market）、中心市场（central market）。

"基层市场"是地方市场系统的三个等级中最低的一级，它是能满足农户所有基本贸易需要的乡村集市。它不仅是市场区域内农户交换商品的场所，也是农产品的手工业品上流到更高级市场系统的起点，也是供应小农消费的货物下流的终点。本文研究的"乡村集镇"主要指这一级市场集镇。"中间市场"，在商品和劳务向上下两方的垂直流动中都处于中间地位。"中心市场"，与基层市场和中间市场相比，通常在流通网络中处于战略性地位，有重要的批发职能。它的设施，一方面，是为了接受输入商品并将其分散到它的下属区域去；

---

① 二十年前，王笛利用施坚雅的市场理论对长江上游特别是四川地区的乡村集镇进行了非常卓越的研究（见王笛：《跨出封闭的世界——长江上游区域社会研究，1622—1911》，中华书局，1993 年版），但此后四川学界对此问题则鲜有关注。

② 王笛：《跨出封闭的世界——长江上游区域社会研究，1622—1911》，中华书局，2001 年再版，第232～233 页。

另一方面，为了收集地方产品并将其输往其他中心市场或更高一级的都市中心。① 这三种经济中心地的居民点，分别称之为"基层集镇""中间集镇""中心集镇"。在理想状态下，基层集镇的空间分布意味着 18 个自然村以六边形围绕着一个集市。

通过包含八层等级的"中心地模式"，即基层集镇、中间集镇、中心集镇、地方城市、较大城市、区域城市、区域都会、中心都会，将城市与乡村结合起来，这种模式最核心的内容是"市场"。它强调人们通过经济关系，进行社会交往，从而形成一个社会网络，人们的活动都在这个网络中进行。这个网络最重要的一个概念是"基层市场社区"（standard marketing community）。基层市场社区是亲戚、宗族组织、秘密社会、宗教组织、方言乃至"小传统"（little tradition）的载体。②

施坚雅提出基层市场社区理论的学术目的是证明农民社会活动区域是由市场区域所决定的。"研究中国社会的人类学著作，由于几乎把注意力完全集中于村庄，除了很少的例外，都歪曲了农村社会结构的实际。如果可以说农民是生活在一个自给自足的社会中，那么这个社会不是村庄而是基层市场社区。我要论证的是，农民的实际社会区域的边界不是由他所住村庄的狭窄的范围决定，而是由他的基层市场区域的边界决定。"③ 施坚雅证明了基层市场社区的经济功能与社会功能，认为过去对于中国传统社会结构的分析，太注重行政体系，希望取得一种共识：传统中国社会处于中间地位的社会结构，既是行政体系和市场体系这两个各具特色的等级体系的派生物，又纠缠在这两个体系之中。

第二节　赶场与集镇

传统社会中国农民的活动半径有多大？农民的实际社会区域是由村庄还是市场区域决定的？这是施坚雅研究基层市场区域时所提出的问题。实际上，这

① [美] 施坚雅著，史建云、徐秀丽译：《中国农村的市场与社会结构》，中国社会科学出版社，1998年，第5~7页。

② [美] 施坚雅著，史建云、徐秀丽译：《中国农村的市场与社会结构》，中国社会科学出版社，1998年版，第21~55页。

③ [美] 施坚雅著，史建云、徐秀丽译：《中国农村的市场与社会结构》，中国社会科学出版社，1998年版，第40页。

个问题在不同环境、不同气候、不同居住模式的区域有着完全不同的答案。四川的农家民居都分散在田中，就是有聚集一起的也仅三五家而已，称为"院子"。耕种者的田地即围绕在住处周围。这种院落式的居住模式与华北平原乡村的集中居住不同，人们之间的交往和互动需要一定的空间和媒介。而"赶场"就为人们的交往提供了时机，"集镇"则为人们的各种活动提供了空间。

"赶场"在成都平原农民生活中是非常重要的事情，也是十分热闹的一天。每个月的一、四、七，三、六、九或二、五、八这些日子，是不同的集镇赶场的日子。关于川西坝子赶场的热闹场面，很多文学作品都有非常详尽而生动的描述："赶场是货物的流动，钱的流动，同时也是声音的流动。"[1] 赶场天的集镇，不仅是商品流通的场所，更是乡村人口汇集的空间，人流、物流、财流的聚集与发散，打破了乡村的宁静。

20 世纪 40 年代燕京大学社会学系的学生曾对成都平原乡村社会生活有过很多调查，包括乡村手工业、秘密社会、农家教育等问题，几乎每个人都对"场"做了十分生动的描述。1944 年美国韦尔斯利学院人类学家脱鲁岱（Mary Bosworth Tredley）来到成都华阳县的中和场做社会调查，1947 年春写成 *The Men and Women of Chung Ho Chang*，对中和场进行了非常详细的分析描述；对该镇的商业系统如商店、家庭市场、小摊贩及社会结构、家庭经济、婚姻关系、健康与卫生、正式与非正式的教育、社区宗教、新旧政府、文化与社会变迁等问题，都有深入的研究。[2] 有意思的是这个时期来到四川调查的学者（包括施坚雅）都把注意力放到"集市"或"集镇"上，这除了反映当时学术研究的旨趣以外，更重要的是反映出四川乡村社会的一个重要特点，即分散居住的农民，需要借助"赶场"和"集镇"来进行商品交易和社会交往。

关于"赶场"和"集镇"，这些学者有具体的描述和独到的见解。燕京大学社会学系杨树因认为"赶场"是农村社区经济自给自足的体现。"赶场是人类经济生活——原始交易中为市的遗留。在农业社会中，地域的分工是不存在的，同时商业也不发达，于是造成小社区经济自足的现象。社区中的人民有着简陋的分工，他们之间没有商人做交易的媒介，而自己不能随时随地的做买卖。于是便有了定期与定地的交易机构，那就是赶场制度。在这里生产者与消费者直接地从事交易的活动，场的势力范围是在以 12 里为半径的社区范围以

① 李劼人：《死水微澜》，人民文学出版社，2000 年版，第 55～59 页。
② 脱鲁岱：《四川中和场调查》。其英文为：Mary Bosworth Tredley：*The Men and Women of Chung Ho Ch'ang*，The Chinese Association For Folklore，1974。笔者见到的是英文版。四川大学历史文化学院陈波博士将这个资料复制给我，特此鸣谢。

内，因为12里的往返正相当于一日内的行程。"①

场设在街上，那里平时开着商店，工商业的影响正在伸入这些小小的农业社区。但是社区经济的自足依然没被破坏，每逢场期，社区的人口便向场上集中。街上的铺户清早就在门前陈设起货摊，接着年轻的汉子，龙钟的老太婆，村俗的大姑娘，拖着鼻涕的孩子，陆陆续续地来到。他们有的挑着筐子，有的背着竹篮，里面藏着自己的产品，带来出售，得到钱买些自己所需要的物品回家去。少数的贩子和流动的商人同时参加着活动。

十点到下午两点是齐场的时间，短短的街上霎时成了一条人流，货品有些是按着类别固定在一个地点出售，像米市菜市杂粮市等，其他货摊成为三列摆在街两旁人家的阶前与街的中央，这里有熟食、有肉类、有柴米油盐有布有文具有工艺品有烟有酒，有烧水化蛋的巫婆，有游走江湖卖药的郎中，大家或是用钱换货，或是用货调钱，更有人用交易的手段不要本钱的从中取利。②

白锦娟通过对洞子口场镇的调查，认为"场是一切活动及交易的中心"，逢场的日子，四面八方的人来此交易。

逢场即开市之日，与商店是不同的，商店地点固定须纳营业税及所得税，是每天开门营业，市的售卖者虽依习惯将货品放在一个固定地点，但实际上可任意摊摆，市中只纳佣金，无以上所取之税，市是规定的逢场日才交易的。

市已经传统下来成最普遍的市场制度，在中国各乡村莫不如此，洞子口之市分两种，即大市及小市。大市是大量的米麦菜油等的交易，进行交易时不用将货陈列出来，买卖双方商讨价格时，有时有经纪人从中拉拢，出价还价多用摸手指表示；小市转为本地的消费者及小本贩卖者之交易，货品多为日常泛用的分类货物，交易皆现钱现货，商讨价格时，双方直接用语言磋商。③

洞子口位于当时成都的西北郊，这里商业繁茂，除了具有传统的农副产品

---

① 杨树因：《一个农村手工业的家庭——石羊场杜家实地研究报告》，指导教师：林耀华，燕京大学法学院社会学系学士毕业论文，1944年6月，第23页，现藏于北京大学图书馆。
② 杨树因：《一个农村手工业的家庭——石羊场杜家实地研究报告》，指导教师：林耀华，燕京大学法学院社会学系学士毕业论文，1944年6月，第24页，现藏于北京大学图书馆。
③ 白锦娟：《九里桥的农家教育》，指导教师：廖泰初，燕京大学法学院社会学系学士毕业论文，1946年4月，第11页，现藏于北京大学图书馆。

交易以外，还从事大宗粮食产品的收集和批发，兼具施坚雅所定义的"基层市场"和"中间市场"的二元特色。

脱鲁岱则对中和场的集市做了详细的调查，分析了集期（四川称"场制"），统计了赶集（四川称"赶场"）的人数以及交易品种。根据脱鲁岱的调查，中和场每个月有九个赶场天，赶一、四、七，一、十一和二十一是大场天，其余三个"四"和三个"七"是小场天。赶场天乡下的农民天不亮就起床了，沿着乡村通向集镇的小路，带上自己要出售的农产品来到集市上，大约上午 9 点左右开市，下午 4 点左右结束。但中和场很少有人有时钟，所以经常早半个小时或晚一两个小时。赶场天人很多，有的挑着竹筐，有的背着背篓，还有的妇女背上背着孩子。脱鲁岱考察了一个大场天和一个小场天赶集的人数。大场天是 1944 年农历九月二十一日，小场天是三天以后的九月二十四。大场天来赶场的人大约 12026 人，其中男人约 9116 人，女人 2999 人，看上去 12 岁以下的小孩 913 人[①]；小场天来赶场的人约有 10677 人，男人 6822 人，女人 3143 人，小孩 712 人。作者认为如果这两个调查具有一定的典型性，那么可以分析出赶场人口的结构，来赶场的 2/3 是男人，1/4 是女人，而且是成年妇女，12 岁以下的孩子比较少。交易的品种有粮食、蔬菜、水果、禽蛋、鸡鸭猪崽、木柴等。他们购买食盐、灯油及其他日用品。场上也有中间人促成更大宗的交易，也促成各种服务和契约的形成。脱鲁岱还分析了集镇赶场的季节性特征，收获季节赶场比较早，主要交易的是稻米和米糠，以及各种杂粮、棉花、红薯、蔬菜、水果等。而三四月农忙季节，赶集的人少一些，粮食交易量少一些。[②]

脱鲁岱对中和场的分析与施坚雅对高店子的调查有很多相同之处，都非常关注集镇的经济活动与农民生产活动的关系。只是施坚雅的集期分析和基层市场社区理论更为概括更具理论性，而脱鲁岱则更注重考察市场中的"人"，以及市场对他们的改变。二者侧重点不同，但同样强调了集市在农民生活中的重要关系和作用。

---

① 该调查数据总数与分项似有出入，原文如此。
② 详见 Mary Bosworth Tredley：*The Men and Women of Chung Ho Ch'ang*，The Chinese Association For Folklore，（台北）东方文化书局，1974 年版，第 67~85 页。

第三节　基层市场与农民生活

成都平原租佃制度发达，居住在乡村的农民绝大多数是佃农，佃农在农村中所占的比例非常高，有的县达到 70％以上，有的村镇几乎全是佃农。① 本文中所讨论的农民，主要指佃农，当然由于租佃关系非常复杂，有些农民即使身份不是佃农（自耕农、小地主、小手工业者），也存在一定的租佃关系。②

佃农经济收入绝大部分来源于他们耕种的土地（田场），但按成都平原多年的习俗，大春收入（主要是水稻）的绝大部分作为地租交给地主，小春收入及副业收入才归自己所有。佃农为了增加收入，往往投入很大精力从事副业生产。郭汉鸣、孟光宇通过对 49 个县，200 多个乡的调查，认为"佃有大小，境遇不一，但无论大佃小佃，纯依佃耕之收入，大都不能维持其全家最低之生活。尤以小佃为甚。而所以能勉强维系之者，全恃因佃得房地一份，以为居住耕作之所，再利用农暇操种之副业。如成都平原之靠烟麻菜籽，榨油碾米，资内一带靠蔗糖工业等。其他各地佃农之养猪、鸡、鸭、种菜、卖柴、做工、小贩、抬滑竿、土木工、石匠、采金、划船等。凡操以上任何一种副业，均须有一住所，及'猪栏''牛圈''碾磨'等设备。故忍受租额押租之高重，俾获取地主此项供给，以操其可能劳作与必须糊口之副业"③。仅靠田场的收获而没有其他副业的经营，很多农户都无法维持基本生活。而农家副业则离不开集镇，离开了集镇，就失去了市场，佃农的副业则无法经营下去。

农村副业中，佃农的家庭副业往往占有较大比例。抗战期间，农家副业产品价格上涨，佃农专心田间工作，往往不得温饱，若从事副业，则可获得较多收入，家庭日用品，如柴米油盐等不致缺乏。因此，"一般佃农皆乐于从事副业，副业在佃农的经济生活中亦占有重要的地位"④。家庭手工业品和家禽饲养都通过"赶场"的形式，到乡村集镇上换取佃农需要的资金，购买生产和生

---

① 详见李德英：《国家法令与民间习惯：民国时期成都平原租佃制度新探》，中国社会科学出版社，2006 年版。

② 详见李德英：《20 世纪 30 年代成都平原佃农地主结构分析》，载《中国经济史研究》，2007 年第 4 期。

③ 郭汉鸣、孟光宇：《四川租佃问题》，商务印书馆，1944 年版，第 15 页。

④ 谢放：《抗战时期四川小农经济与社会变迁》，《庆祝抗战胜利五十周年两岸学术研讨会论文集》，台北，近代史学会，1995 年版，第 795 页。

活用品。随着农产品商品化的加快，佃农的家庭副业也与集镇的商品需求存在密切的关系。一般农家妇女多从事打麻线、编织等副业，但"郫县女工，多以麦草编成笠帽卖之，赤贫之家妇女多以此为生计"①，成都近郊的农民多种植蔬菜、水果以及薪炭柴木等供应市场需求，藉以增加家庭所得改善生活②。根据离成都市区的距离，各地家庭副业的种类不一样，离成都市近的区域，农民选择种植蔬菜，供应城里的消费，而且是离城越近，种得越多，"蔬菜的种植地在南部，换言之愈接近城市愈多种植。这充分地表明了城乡区位的生产特色"③。

（一）家庭手工业

成都地区的农家妇女除农忙时参与田场的劳动以外，往往根据市场需要，分别从事打草鞋、打草帽、纺麻纱和麻线等手工业，几乎家家都有这笔收入。根据金陵大学农业经济系与四川省农业改进所 1937—1938 年对成都平原温江县田场经营的调查，可以看到每户农家都有家庭手工业的收入，占其家庭年收入的 1%～10%，根据家中女眷的多少和劳动力大小，各有不同，有母亲、妻子和女儿的，家庭手工业收入多一些。如佃农杨治维家有母亲和妻子，两人空闲的时候打草帽、编草鞋，这年有 7 元的净收入；康仲永的妻子和女儿，编草帽、打麻纱，这年也有 7 元净收入；而薛青山家只有妻子编草帽，这一年只收入了 1.8 元④。

成都平原农村家庭手工业比较普遍，除了作为副业的家庭手工业外，还有专门从事手工业的家庭作坊，他们以手工业为主业，但也租种土地。燕京大学社会学系杨树因同学在成都平原考察农家手工业，认识了石羊场的杜二嫂⑤，仔细观察了一个农村妇女独自支撑的家庭机房，注意到了家庭机房与市场的关系。

---

① （同治）《郫县志》，卷四十，第 39 页。

② 参见（台湾地区）陈祥云：《农业商品化与社会变迁：以四川盆地为中心（1861—1937）》，政治大学历史研究所博士论文（未刊），1998 年，第 247～252 页。

③ 白锦娟：《九里桥的农家教育》，第 13 页。

④ 四川省档案馆：全宗号：148，案卷 572，四川省农业改进所，"温江县农家田场经营调查表"（1937—1938 年）。

⑤ "杜二嫂不顾蚀本，今年依旧租了两块地来种，一块九分，一块四分，大春种包谷，小春种麦，家里没人下田，还得请人来做，谷租一个是一石，一个是四斗，去年就蚀本的。杜二嫂说：'本来不想写（四川方言：'租'的意思），看人家还是写了。'周大娘说：'自己种些才不用买，这些娃娃都是要吃的，再吗，尿水可挑地，又可以拾些柴草烧'。"（见杨树因：《一个农村手工业的家庭——石羊场杜家实地研究报告》，第 15 页）

杜二嫂家是以织绸为主业的乡村机房，与杜二嫂的经营有重要关系的是三个场镇，一个是石羊场，杜二嫂生活在这里；一个是白家场，一个是簇桥。这三个市场提供机房所需要的原料——生丝，它们的场期正好错开，杜二嫂可以轮流赶这三个场，去收购廉价的生丝。生绸市场在成都南门，杜二嫂机房的产品送到这里出售。通过赶场与进城，杜二嫂的生绸机房与市场紧密地结合在一起。

最大的生丝市场在双流县的簇桥。抗战以后由于城市机关的疏散，使那里迅速地繁荣起来。石羊场南方十二里的白家场是另一个较小的。城里虽也有生丝卖，但价钱比较高，机房的老板们情愿自己辛苦些，赶场去收贱价的丝。生绸的市场在成都南门，杜二嫂经常地过着赶场与进城的生活，两年前她轮流赶这两个场，没有一次错过。簇桥的场是阴历二、五、八，白家场是一、四、七，正与石羊场的场期相交错。

收丝与卖丝是许多交易中的一种，向人家租一张桌子摆在街上，就算柜台。收丝的人坐在小凳子上，等候卖丝的人前来。后者多半是妇女。当一把丝来到丝摊上觅主顾时，先由买主用秤称过，双方再讲价钱。当双方都满意于一个价钱时，买卖便成交了。像一切机房的老板一样，杜二嫂也曾摆着摊子，在那里她老练地做着生意。

生绸市场在成都南门酒市巷子的茶馆里，城里绸行在这儿收货，机房的老板在这儿卖货。茶馆在人们的社会中是一种重要的社交机构，借着一杯清茶，人与人之间发生着种种的关系。买卖的成交，纠纷的调解，政治的角逐，秘密会社的集会……有人说" A cup of tea is a cup of humanity"实在不错。在这生绸市场的茶馆里，经过行副①做中介，货与钱便在买卖双方之间交换着。绸行买了生绸，还要经炼制与着色的手续，再将熟绸批发到各商店去。每逢机房出了两三个货，杜二嫂便带到这里出卖。她清早进城，在茶馆里一边喝茶，一边做生意。价钱若好当天便可卖掉，否则还可以将绸寄在行副处，等待着善价。

市场与机房紧密地连接着，市场上的一切都会波及机房，这种机构又决定了人的生活方式与社会关系。为了做这项绸业，杜二嫂必得赶场进城，她由家庭机房走入市场，参加了更多的系统，与更多的人发生关系。更新环境中的刺激，使她学会一套心得适应。另一方面，别人对她的原有

_____

① 行副：即生绸买卖的中间人。

反应，这时也改变了。人家不仅视她为一个女人，并且是一个老板。在家里她不仅是个主妇，而且是个主人。换句话说，就是社会地位的提高。她第一次进城时，是人家的雇工，如今却以老板的资格出现在市场上。①

杜二嫂的家庭机房与城市商业及消费紧密结合在一起，她穿越于基层市场与都市之间，甚至为远处的市场生产产品，颇有西方学者所言"原始工业化"的意味。②

（二）家禽饲养业

"各农家均喜养猪，一则以为家庭支出之补偿，再则为肥料之用，且猪肉为通常之食品。四川猪素有名，毛黑身大，长成后，每只约值十八元"，"养鸡亦为农家副业之一，常见各农家至少有三只，多则有十八只者，但未见专以此为业"，"在成都平原附近十一二月，尚有甚多之农家以养鸭为副业"③。1927年美国社会学者布朗对成都平原农家经济进行的调查显示，在佃农的实际收入中，家禽的收入占农户收入的百分之几到百分之几十之间不等④，根据农户该年是否出售牲畜、牲畜大小而有所不同，与1937—1938年金陵大学农业经济系学生们的调查结论基本一致，家禽饲养是佃农重要的收入来源之一，但不同农户家禽饲养的收入差异很大，有的比例较大，有的则较小。如杨治维家养1头水牛，6头大猪，4头小猪，出售了4头大猪，获得84元。养了5只鸡，出售了3只，获得3元，全年出售305个鸡蛋，单价500文/个，获得6.1元；共计家禽收入为93.1元。而该农户全年家庭进款为360.81元（主要包括牲畜、牲畜产品、作物、作物副产、杂项收入等），其中家禽饲养收入占全年家庭进款的比例为25.8%。李文奂家有水牛1头，三家合用，养了3头大猪，

---

① 杨树因：《一个农村手工业的家庭——石羊场杜家实地研究报告》。指导教师：林耀华，燕京大学法学院社会学系学士毕业论文，1944年6月，第24~25页，现藏于北京大学图书馆。

② "原始工业化"一词系由富兰克林·孟德尔斯提出。他认为：原始工业化的过程是一种具有地区性的过程。在此过程中，农民家庭（或者说，至少农村家庭）为远处市场生产产品。详见王国斌对此理论的评述，〔美〕王国斌著，李伯重、连玲玲译：《转变的中国：历史变迁与欧洲经验的局限》，江苏人民出版社，2008年版，第37页。

③ 马学芳：《成都平原之土地利用》，载萧铮主编：《民国二十年代中国大陆土地问题资料》，（台北）成文出版社，1977年版，第22508页。

④ 布朗，又翻译为"白郎"，其调查报告1928年发表在《中国经济杂志》（*Chinese Economic Journal*，Vol, II, No, 1）上，后由李锡周翻译，收入《中国农村经济实况》中，后又被收入（台湾地区）《中国经济史资料丛书》第1辑，第2种，冯和法主编：《中国农村经济资料》（上），华世出版社，1978年版。

出售 2 头，得 44 元；3 只大鸡，5 只小鸡，出售 2 只，得 1 元；2 只大鸭，2 只小鸭；出售 200 个鸡蛋，得 4 元；出售 100 个鸭蛋，得 1.8 元。共计收入为 50.8 元，该农户全年进款为 207.96 元，家禽饲养收入所占比例为 24.4%。以上两户家禽饲养收入均在 20% 以上，以下两户比例则要低一些。宋吴氏有 1 头水牛，值 66 元，2 头大猪，1 头小猪，4 只大鸡，2 只大鸭，2 只鸽子，出售 280 个鸡蛋，得 5.6 元，出售 28 个鸽蛋，得 0.34 元。但宋吴氏还没有出售任何家禽，所以这一年的家禽收入较少，只有 5.94 元。而该农户全年进款为 193.24 元，家禽收入所占比例为 3.07%。薛青山有 1 头水牛，年初值 42 元，年底值 38 元，2 头猪，3 只大鸡，3 只小鸡，出售 100 个鸡蛋，500 文/个，得 2 元。薛青山也没有出售家禽，虽然有估价，但没有进款，全年只有 2 元禽蛋的进款，该农户全年总进款为 62.55 元，家禽饲养所占比例也仅为 3.2%。[①]

以上四个农户家庭都有家禽饲养，但收入则不尽相同，贫富差别很大，其原因在于是否与市场结合。前面两家都有卖猪、卖鸡、卖蛋，后两家也饲养了牛、猪、鸡、鸭，但没有出售，所以没有经济效益。由此可见，农民的家禽饲养必须通过交换，依靠集镇或集市的商业活动，才能获得应有的经济效益。

农家手工业和家禽饲养业收入占农家收入的比重在不同地区不同家庭都可能不同，不管这个比重是多大，其是否与市场结合是很重要的因素。没有市场，农家副业就无法体现其价值。下面这则崇庆县元通场的资料可以让我们了解农户从事副业的种类和收入的比例。从这个比例中可以看出，元通场的这 20 户农家养鸡的收入比较多，元通场极有可能是一个重要的活鸡收购市场。

表 8-1　崇庆县三江镇元通场农家副业及收入（1943 年）

副业	收入 %	副业	收入 %
养鸡	20.0	织线	5.5
养猪	8.5	打麻线	9.5
养蚕	4.5	编席	8.0
养蜂	4.0	编蓬	5.0
织布	6.0	荒地种菜	10.0
编草鞋	7.5	其他	2.0
织麻布	9.5	总计	100

---

① 四川省档案馆：全宗号：148，案卷号：572，四川省农业改进所，"温江县农家田场经营调查表"（1937—1938 年）。

资料来源：曹茂良：《崇庆县的租佃情形》，载《四川经济季刊》，第 1 卷第 1 期，1943 年 12 月。

表 8—1 中元通镇农家副业包括家禽饲养、家庭手工业及蔬菜种植三方面，这些家庭副业与集镇紧密结合在一起，为农民家庭提供经济收入。对绝大多数佃农而言，集镇是出售农副产品的重要场所。根据马学芳的调查，"农家收入大部分为农产品出售所得，而其支出，则以消耗于普通商品方面者居其多数。但农产品之与普通商品，在市场上难做对等之竞争"①。马同学的结论，很恰当地反映了成都平原农家与市场的关系。

（三）劳动力出售、经商

成都农家每年以三到五月、七到九月为农忙季节，冬季则放牛、喂猪、砍柴、烧炭，春季则割草，三四月犁田，之后是播种、施肥，到九月水稻成熟，收割。所以犁田、下种和收割时，最需要人力。除了这几个农忙时节外，农民大多数都到集镇上出卖劳动力。有的做小买卖、做泥水匠、推鸡公车、做苦力、抬轿子、抬滑竿，也有的在家养牲畜和编篾筐。而很多农民是逢赶场时到镇上从事这些活动的，赶场天除了可以出售农产品以外，还可以找到干活的机会。

表 8—2 温江县农民场镇经营活动调查表（1937—1938 年）

编号	姓名	性别	租佃土地（亩）	经营场所（场镇）	经营活动	时间	收入	其他
1	杨治维	男	25	隆兴镇	推车②	7 个月	不详	自用
2	李文奂	男	25	文家场	推车	2 个月	不详	自用
3	康仲永	男	27	隆兴镇	盖屋匠、推车	5 个月	6 元	纳入家庭收入
4	张场主	男	27	苏坡镇	推车	2 月	36 元	纳入家庭收入
5	杨先云	男	41	公平镇	推车	120 天	28 元	

---

① 马学芳：《成都平原之土地利用》，载萧铮主编：《民国二十年代中国大陆土地问题资料》，（台北）成文出版社，1977 年版，第 22556 页。

② 这里的"推车"，是指推"叽咕车"，俗称"鸡公车"。（李劼人先生认为应该叫"叽咕车"，"我们至今称之为叽咕车，但一般都写作鸡公车，不免太歪曲了"。见李劼人：《死水微澜》，人民文学出版社，2000 年版，第 3 页。）它是一种需要人推的独轮车，这是成都平原城乡间一种独特的交通和运输工具，可以载人，也可以载货，乡下乘坐的人很多："鸡公车能走灌县、汉州、郫县、龙泉驿、中和场等处，价甚廉，乡下乘者极多。"见傅崇矩：《成都通览》，巴蜀书社，1987 年版，第 306 页。

编号	姓名	性别	租佃土地（亩）	经营场所（场镇）	经营活动	时间	收入	其他
6	周自安	男	45	文家场	行医	1 年	72 元	
7	张泽之	男	60	文家场	推车	60 天	7.2 元	
8	陈朝丰	男	72	温江	经商（贩猪）	4 个月	60 元	土地转租收入
9	周廷玉	男	28	公平镇	推车	3 个月	不详	自用
10	周洪兵	男	28.2	隆兴镇	推车			
11	雷福轩	男	28.7	板桥镇、苏坡桥	插秧、推车	6 个月	16 元	
12	杨清如	男	30	公平镇	推车	3 个月	不详	土地转租收入
13	白顺清	男	30	公平镇	推车	3 个月	不详	
14	李鸿兴	男	30	苏坡镇	推车	3 个月	不详	
15	刘文长	男	31	隆兴镇	推车	3 个月	不详	
16	宋天玉	男	32	公平镇	泥水匠	120 天	36 元	
17	王国珍	男	34	马家场	经商（贩猪）	11 个月	240 元	

资料来源：四川省档案馆，全宗号：148，案卷号：572，四川省农业改进所，"温江县农家田场经营调查表"（1937—1938 年）。

表 8-2 根据四川省档案馆相关调查表整理而成。该调查表共调查了 30 户农家，28 户为佃农，其中田场男主人需要到周围的场镇从事经营活动的有 17 家，绝大多数是到集镇出卖劳动力——推车。17 家中有 13 家的男人到集镇推车，两家经商——贩猪，两家做泥水匠、盖房子，一家行医。尽管这个表格比较粗略，也有农户隐瞒收入的可能性①，但农户到集镇从事经营活动，通过这些活动获得经营收益则是事实。他们农忙时在家务农，农闲则在赶场时到集镇经商、做手工活。正如陈祥云博士所说："四川农业生产力的商品化，刺激了雇佣市场的出现，不仅调节了农村人力的支配，同时改变了农家的生活周期。"②

---

① 这是农村经济调查中经常出现的问题，农民不愿意讲述自己真实的收入。
② 陈祥云：《农业商品化与社会变迁：以四川盆地为中心（1861—1937）》（未刊），1998 年，第 247 页。

（四）娱乐活动

农民的娱乐生活，也主要在集镇进行 。根据 1938 年金陵大学农经系同学的调查，农村的娱乐方式分为以下几种：茶馆消费、唱戏、玩灯、杂耍小唱。调查表显示（以 1937—1938 年温江县 30 户佃农为例），29 户佃农有茶馆消费，最高金额为 20 元，最少为 1.8 元；两户佃农有唱戏（应为听戏）消费，均为 2 元，这两户也都有茶馆消费。[①] 可见，坐茶馆是农民最为普遍的娱乐方式。而乡村茶馆主要分布在集镇上，茶馆成为农民了解信息、进行社会交往的重要场所。这与施坚雅的论断不谋而合。"高店子市场社区的农民，到 50 岁时，到他的基层市场上已经去过了不止 3000 次，平均至少有 1000 次，他和社区内各个家庭的男户主拥挤在一条街上的一小块地盘内。他从住在集镇周围的农民手中购买他们贩卖的东西。更重要的是，他在茶馆中与离他住处很远的村社来的农民同桌交谈。这个农民不是唯一这样做的人，在高店子有一种对所有人开放的茶馆，很少有人来赶集而不在一个或两个茶馆里泡上个把小时。殷勤和善的态度会把任何一个踏进茶馆大门的社区成员很快引到一张桌子边，成为某人的客人。在茶馆中消磨的一个小时，肯定会使一个人的熟人圈子扩大，并使他加深对于社区其他部分的了解。"[②] 费孝通在江南的调查也有相似之处，农闲或是赶集之日男人们在茶馆里消遣。"茶馆在镇里。它聚集了从各村来的人。在茶馆里谈生意，商议婚姻大事，调解纠纷等等。但茶馆基本上是男人的俱乐部。偶尔有少数妇女和他们的男人一起在茶馆露面。"[③]

通过以上几方面的探讨，我们可以了解到乡村集镇在农民生活中的重要作用。不管这些集镇是否具备了施坚雅的"基层市场社区"的元素成为农村市场体系中最基本的环节，但对以租佃土地为生的佃农而言，乡村集镇是其农副产品出售的重要场所，是增加收入、改善生活的重要经济来源地，同时也是他们了解外部社会、获取信息的重要空间。

---

① 四川省档案馆：全宗号：148，案卷号：572，四川省农业改进所，"温江县农家田场经营调查表"（1937—1938 年）。

② ［美］施坚雅，史建云、徐秀丽译：《中国农村的市场与社会结构》，中国社会科学出版社，1998 年版，第 45 页。

③ 费孝通：《江村经济——中国农民的生活》，商务印书馆，2001 年版，第 119 页。

第四节　集镇生活方式对乡村社会的影响

集镇居于城市与乡村之间，是城市文明传递到乡村的中间站，集镇人们的生活方式对乡村生活具有重要的示范作用。而近代成都平原的乡村集镇往往具有较强的传统文化的外壳，人们安于现状，满足于既有的生活，对新的事务缺乏安全感，有一些排斥心理。脱鲁岱在《四川中和场调查》一书中有一章"文化与社会变迁"，作了这样的描述：

> 生活在中和场的农民和商人喜欢他们生活的这个集镇，他们不愿意离开这里，或者说是不愿意看到这里有太大的变化。当然，他们希望日子越来越好，希望庄稼长势好，这样，农民就有钱来买菜油和香烛，并且在回家前在镇上喝点小酒。但是他们不希望那些稀奇古怪的新世界去威胁他们，不少人感到躺在印着自己的脚印、有着深刻年轮的千年古树下非常安全。农民从收割中得到满足，那收割的镰刀，从新石器时代到现在两千多年了，其形状都没改变。这种长久使用的方法一定能成功，爸爸知道怎么做好，爷爷知道怎样做更好，时间越长久，这种种植庄稼的知识和技能就越丰富，信心也就更强。
>
> 乡村集镇不喜欢陌生人，高墙背后的人家都养着狗，对不认识的、人们认为会存在威胁的陌生人，它们会狂吠不止。人们之间的情谊像房屋和财产一样一代一代传下去。个人和家庭的关系受到许多年前无数不知名的男男女女行为的约束。四川人觉得两个人在街上有说有笑议论别人的家长里短很不好。乡下的女人从小就在妈妈的膝盖上学习如何与人交谈。如果要她们使用一些新名词和新概念，她们会很不好意思。经过长时间的淬炼，适合各种语调的古老语言已经足够满足她们社会交往的需要。
>
> 生活在集镇上的人们随时可以应对各种突发事件。他们明确知道需要做些什么，因为他们父母的父母告诉了他们的父母。任何疑虑在跟算命师和巫医聊过之后都可以散去。道士处理那些标志人们生死以及连接生死两端或长或短的各种途径的大事。[1]

---

[1]　Mary Bosworth Tredley：*The Men and Women of Chung Ho Ch'ang*，The Chinese Association For Folklore，1974，pp. 267—268.

脱鲁岱描绘了中和场顽固的传统之后，也为我们展示了 20 世纪以来这个农村基层集镇发生的变化，以及对该区域内农民生活方式的影响。她称之为"时尚的效仿"。

中和场正在慢慢地改变。在赶场的日子里，时尚悄悄地出现在摩肩接踵的人群中。祖父辈的人还清楚地记得 20 世纪初走在街上的男人们头上长长的辫子。过去中国男人像奴隶一样被束缚着而失去了追求自由的意愿，他们努力维持着象征他们被奴役的发型。而当下，有钱的人在成都剪掉他们的头发，同时，在街上从事理发工作的人员，可以从赶集的人群中看到更远的城市甚至海外的理发同行的精湛手艺。"理发"，这个 20 世纪才出现的新事物，并非原来认为的那样不好，不被接受。过去，中国女人的头发，以直顺、油黑、滑亮为美，但是现在，女人的头发变得卷曲了，像"鸡毛"一样，对将要结婚的新娘而言，她们认为在结婚前，这样的发型更耐久一些。

思想观念上也同卷发一样存在着新的风尚。城市里闲聊的话题也传到了中和场。木匠们慢慢走到城里去买工具，这些工具在乡场上买不到，在回来的路上，他们用方言谈论着中午在茶馆吃饭时听到的话题，问题是张木匠嘴里讲的那些词语，他自己并不知道是什么意思。

那些为福先生带路的人抽着香烟，意味着什么？甚至在农民的家里，也有人给玉智递烟。他们喜欢抽烟，因为烟能让他们享受片刻的宁静。工业品带给穷人和富人的享受都是一样的。他们向天上吐出一缕一缕的白色烟圈，可以向老天询问这样的问题，诸如目前粮食分配的不公平的问题，那些粮食从富饶的土地中收获，却有人在背后损害和操纵等等。[①]

卷发和吸香烟，是当时城市里女人和男人的新时尚，通过中和场这样的小镇中转之后，生活在乡下的农民也跟上了时尚的潮流。其实，在民国时期的其他社会调查中，我们也看到了类似的记载："每年清明节前后，叶家最热闹，城中的人带着香烛供品祭物来上坟，傅家的孩子们整日在叶家，看烫弯了头发的女人及穿着洋服的男子。"[②] 城里人的穿着打扮，使乡下的孩子感到稀奇，同时也对他们的审美情趣产生了潜移默化的影响。"第一件影响是疏散到九里桥的城中人，动摇了保守而固定的乡村风俗，使整个社会失去平衡而求适应，

---

① Mary Bosworth Tredley：*The Men and Women of Chung Ho Ch'ang*，The Chinese Association For Folklore，1974，pp. 268−269.

② 白锦娟：《九里桥的农家教育》，第 29 页。

最显著的一件事就是妇女烫发的普遍。傅家的四姐就烫了发，再有就是官学的迁来与入官学的本地人加多，打破了不知多少不肯上官学的农家心理。"①

场镇也是农民了解外部世界的消息来源之一，这里每天都有来自成都这个"大都会"的各种消息。

> 商人们一个月中有二十天忙着在成都和中和场来来回回。回来的路上，如果有人同行就更兴奋，他们可以聊聊这几天在城里的所见所闻。对外国人而言，成都并不比中和场或其他乡镇大多少，但对山里人或成都平原的农民或小贩来说，成都就是一个光怪陆离的大都会了。因为害羞，他们很少在那些不正眼瞧他的城里人面前说话，他们悄悄学一些新东西，以便在家里喝茶逗嘴逗输了，或者在酒馆里输掉扳手劲或掷硬币比赛之后，能通过讲这些新的见闻，扳回面子。

> 李大哥知道一些湖南、广西前线艰苦战事的消息。从一排排曾经在缅甸丛林战斗过的中国士兵那里知道盟军在战斗，飞机正飞过四川灰蒙蒙的天空。他不能阅读，但能听懂读过报纸的人们谈论的话题。也就是从这里，他获得了作为国家的中国的爱，并热切地关心着国家的命运。玉智不知道，她只知道他带着问题向她走来，这些问题显示出他对这场战争相当清楚，也知道如何去捕捉那些暗示他自己和他祖国命运的东西。

> 中和场至少有一辆自行车，骑自行车的是一个送报纸的男孩。他每天早上从成都来的邮车上取报纸，然后沿街叫卖，高声喊着报纸上那些人们不认识也不理解但应该是很吸引人的标题，每天有五十个家庭收到这些报纸。镇上这五十个家庭具有十分重要的意义，他们通过集镇网络传递知识和信息，就像一个小孩子往池塘里扔石头激起的涟漪一样在乡村蔓延开去。②

关于中和场，作者最后这样说："这个场镇正在经历着变化，但对于现代社会而言，这些变化显得十分缓慢。""中国将要经历剧烈的变动，土地正等着农民耕种。"希望和平来临，人们免去恐惧和惊慌；希望镇上的商户不再闲散，有大量的商品和购买商品的人听着他们快乐的方言③。作为国际友人，脱鲁岱

① 白锦娟：《九里桥的农家教育》，第35~36页。
② Mary Bosworth Tredley：*The Men and Women of Chung Ho Ch'ang*，The Chinese Association For Folklore，1974，pp. 270−271.
③ Mary Bosworth Tredley：*The Men and Women of Chung Ho Ch'ang*，The Chinese Association For Folklore，p. 272.

对中和场的调查研究以及对这里的人们生活的希望和态度，对我们现在的研究也很有价值。过去学术界关于抗战对四川农村生活的影响，从多个层面有所展示，但从人类学的角度对日常生活做详细描述的则不多见。

通过上述社会学和人类学工作者的田野报告和著作，我们可以体会到民国时期乡村社会生活正在逐渐有所改变，这样的改变来源于城市的影响，而城市则是通过集镇来影响乡村的。抗战时期，人员流动加剧，城市对集镇和乡村的影响也更为突出，乡村民众对城市生活及生活方式的效仿，逐渐蚕食着传统的生活方式。为什么用"蚕食"一词而不用"改变"，是因为这样的改变尚不剧烈，并不构成对传统生活方式的完全颠覆，传统生活方式仍然占主导地位。

小 结

施坚雅的农村基层市场社区理论，尽管存在一定局限，不能尽善尽美地解释农村基层社会，但完全否定和彻底推翻则是不明智的做法。其实施坚雅的农村市场理论提出之后，有很多学者进行了修正和补充，让后学者对农村基层社会有了更多的理解和解释渠道，如孔飞力（Philip Kuhn）提出中国社会组织的两个模式："一套同心圆"模式（nested concentric mode）和"游方小贩"模式（tinker peddler mode）。在"一套同心圆"模式下，人们的流动和相互联系是沿着从村落通向贸易中心的道路和河流，然后再通向更高层的中心。那些最适应这一生态系统的人与长期的交换、学习、拜神及社会控制制度相互影响。这些制度包括：市场网络的中心、官方教育制度、官僚铨选、祭礼仪式、佛寺及民间宗教、法庭及县税务衙门。这种模式有固定的日程、固定的地点，等级分明。在"游方小贩"模式之下，人们从一个村庄到另一个村庄，水平往来于居住区之间而不是垂直地流动于各级市场系统，它没有固定的日程、地点，等级特点不明显。[①]孔飞力意在强调，市场并不是社会群体整合的唯一法则，行政、科举、宗教、仪礼及游商小贩都可以在社会群体中产生一定的作用。而孔飞力的学生杜赞奇则进一步提出了"权力的文化网络"概念："文化网络由乡村社会中多种组织体系以及塑造权力运作的各种规范构成，它包括在宗族、市场等方面形成的等级组织或巢状组织类型。这些组织既有以地域为基

---

① 详见［美］孔飞力著，谢亮生、杨品泉、谢思炜译：《中华帝国晚期的叛乱及其敌人：1796—1864年的军事化与社会结构》，中国社会科学出版社，1990年版。

础的有强制义务的团体（如某些庙会），又有自愿结成的联合体（如水会和商会）。文化网络还包括非正式的人际关系网，如血缘关系、庇护人与被庇护人、传教者与信徒等关系。""这些规范不能用市场体系或其他体系来概括或取代，它是由各种集团和组织交织而成的天衣无缝的一个网络。"① 尽管杜赞奇通过对华北平原几个村庄的研究，得出"市场并不是决定乡村大众交易活动的唯一因素"的结论，但他并没有否定市场在农村经济交往中的作用，"市场体系及村民纽带联合决定了乡村经济交往"。②

通过前文的论述，我们了解到，对成都平原农民而言，乡村集镇具有非常重要的地位，不管是基层市场社区理论还是文化网络理论，不管这些理论如何解释农村社会和农民的行为，乡村集镇的社会功能中市场功能是基础，这是谁都无法否定的，而其他的解释则是对市场理论的丰富和补充。就此意义而言，施氏的农村基层市场社区理论仍然具有相当的学术价值和现实意义。

---

① ［美］杜赞奇著，王福明译：《文化、权利与国家：1900—1942 年的华北农村》，江苏人民出版社，2003 年版，第 10 页。
② ［美］杜赞奇著，王福明译：《文化、权利与国家：1900—1942 年的华北农村》，江苏人民出版社，2003 年版，第 13 页。

第九章　乡村集镇与农民生活（二）

张杨　田玥　刘欢　袁上　张续

本章继续讨论乡村集镇与农民生活的关系，主要基于四川大学历史文化学院学生在 2013 年夏天做的关于川西平原赶场制度的口述历史，是对前一章所述施坚雅理论的进一步补充。

第一节　学术综述与口述资料介绍

一、学术综述

明清以来，伴随着商品经济的发展、交通设施的改善以及人口的增长等因素，农村市场逐渐繁荣，具体表现在：商品更加多样，交易活动更加频繁，交易程序更加复杂，形成了固定且较为密集的集期（四川称"场期"）。由于农村承担了近代中国大多数的人口和资源，市场是农民经济活动的主要场所，因此农村市场成为 20 世纪以来学者密切关注的对象。就目前而言，华北、江南和四川是农村市场研究的热点地区，20 世纪初日本"南满铁道株式会社"对东北、华北和华东农村地区的调查，20 世纪二三十年代乡村建设运动高潮中刊发的农村社会调查报告，抗战时期中国农业银行和四川省农村经济调查委员会对四川地区的深入调查，以及人类学家、社会学家的田野调查都给这些地区农村市场的研究保存了大量资料。既往研究多注重共和国建立之前，尤其是晚清和民国时期，而对中华人民共和国成立后农村市场的研究相对缺乏。同时，对中国农村市场的人类学研究创造了诸多典范，如施坚雅笔下的川西高店子、脱鲁岱笔下的川西中和场、杨庆堃笔下的山东邹平。这些研究都是中国农村市场研究的典范区域，但是这些研究大多集中在民国，而共和国时期这些人类学家研究的典范区域经历了怎么样的变迁，目前尚缺乏研究。

新中国成立后，对中国农村市场的研究趋于衰落。20 世纪 80 年代以来，国内明清两代市镇经济研究的发展和海外著述翻译增多，为农村集市、市镇的研究提供了学术土壤，其中以江南和华北两个区域的研究成果最为丰硕。

傅衣凌先生在江南市镇经济的研究中，第一次完整使用了明清时代、江南、市镇经济三个关键词，框定了江南市镇经济研究的叙事结构和学术话语。台湾地区的学者刘石吉对于明清江南地区市镇的兴起、专业市镇的发展和市镇数量的分析带来了方法和视野上的突破。此外樊树志对于江南市镇网络以及市镇在中国城市化进程中的角色有过深入研究，王家范亦对江南市镇的结构和专业市镇均有研究，洪焕椿从剖析明清江南农村综合型产业结构入手探求市镇经济兴盛的原因等等。① 华北地区农村集市研究大概从 20 世纪 90 年代兴起并很快成为中国经济史研究的新领域。这些研究从不同角度不同程度地勾勒了华北农村集市发展的基本线索，其研究重点主要集中于不同时期集市的格局、集市贸易与市镇的关系、集市的功能与作用等方面。其中，许檀在《明清时期山东商品经济的发展》② 一书中对山东商业城镇和集市的发展做了深入研究，李正华的博士论文《乡村集市与近代社会——二十世纪前半期华北乡村集市研究》③ 对 20 世纪前半期华北乡村集市的形成、发展、形式和特点进行了分析。此外，黄宗智、马若孟等人在对近代华北地区社会经济的研究中也涉及农村集市问题。④

近年来学者们将施坚雅基层市场社区理论应用于华北地区集市的具体研究中，形成了一种检验式的研究，这一类研究对本文具有启发意义。王庆成的《晚清华北定期集市数的增长及对其意义之一解》⑤ 研究了集市数量与人口和商品化之间的关系；《晚清华北的集市和集市圈》⑥ 一文运用丰富的方志资料对近代华北地区农村市场做了论述，并对施氏理论提出了质疑。朱炳祥的《"农村市场与社会机构"再认识——以摩哈苴彝族村与周城白族村为例对施坚

---

① 关于明清时期市镇经济史的研究综述主要参考任放的《二十世纪明清市镇经济研究》，载《历史研究》，2001 年第 5 期。
② 许檀：《明清时期山东商品经济的发展》，中国社会科学出版社，1998 年版。
③ 转引自赵志强：《近代华北集市研究综述》，载《河北青年管理干部学院学报》，2008 年第 2 期。
④ 本文所指这些学者的主要著作大致包括黄宗智的《华北的小农经济与社会变迁》，中华书局，2000 年版；马若孟的《中国农民经济——河北和山东的农民发展：1890—1949》，江苏人民出版社，1999 年版。
⑤ 王庆成：《晚清华北定期集市数的增长及对其意义之一解》，载《近代史研究》，2005 年第 6 期。
⑥ 王庆成：《晚清华北的集市和集市圈》，载《近代史研究》，2004 年第 4 期。

雅理论的检验》① 以在彝区的田野调查为基础对当今西南少数民族地区农村市场进行了研究。文章认为市场是促进中国农村基层社会构成与发育的重要因素，但不是必要因素，更不是唯一因素；并认为施坚雅的"作为社会体系的市场结构"的基层市场理论似有修正必要。奂平清的博士论文《华北乡村集市变迁与社会结构转型——以定州的实例研究为例》，以社会学的方法对目前处于社会转型阶段的农村市场进行了研究。该论文认为，农村集市交易的商品结构中工业品的比重越来越大，集市贸易人员结构也发生了变化，其中最大的变化就是集市不再如施坚雅所描述的那样，不同层次的市场之间的关系是商品的双向流动，乡村集市主要承担外部商品输入这种单向流动功能，集市越来越依赖于乡村居民的需求而存在和发展。②

本章以施坚雅、脱鲁岱在 20 世纪 40 年代中后期到 50 年代初期对川西平原高店子、中和场赶场的描述和研究为基础，利用四川大学口述史教学实验与科学研究中心于 2013 年 7 月、8 月对上述两地的口述史采访所得材料，借以考察共和国时期两地赶场所发生的变迁，并进一步考察国家政令与民间习惯的互动。

二、本章所用口述材料介绍

2013 年 7 月 1 日至 7 月 10 日，四川大学 2010 级历史学基地班学生和 2011、2012 级中国史硕士研究生共 36 人对成都市高新区中和场进行了口述调查。本次调查共完成 59 位老人的口述调查，另有 10 次回访，受访者年龄集中在 80 岁左右，最小的为 57 岁，最大的为 98 岁。2013 年 8 月 5 日至 8 月 10 日，他们对成都市锦江区高店子进行了以共和国时期高店子场镇变迁为主题的口述史调查。本次口述调查共采访 11 位高店子本地老人，受访者年龄集中在 75 岁左右，最小的为 52 岁，最大的为 83 岁。上述材料均保存在四川大学口述史教学实验与科学研究中心。

本次口述史调查的采访对象均为中和场与高店子本地人，他们长期生活在那里，对新中国成立后两地的社会变迁有着切身的体会。从年龄结构来看，大部分受访者年龄集中于 75～80 岁之间，对于新中国成立后上述两地赶场制度变化有着较为清晰的记忆，这也是本文论述所依托的主体。另外，较为年长者

---

① 朱炳祥：《"农村市场与社会机构"再认识——以摩哈苴彝族村与周城白族村为例对施坚雅理论的检验》，载《民族研究》，2012 年第 3 期。

② 奂平清：《华北乡村集市变迁与社会结构转型——以定州的实地研究为例》，中国人民大学社会学博士论文，2005 年，现藏于中国人民大学图书馆。

的清晰记忆可以追溯到新中国建立之前，可以为认识赶场制度变迁提供延续性的视角。从社会身份来看，受访对象的职业包括了新中国成立早期时的村干部、农村合作社售货员、农民和小商贩（有时农民兼小商贩身份）。这些受访者对于赶场的记忆主要依托其原来的职业。他们分别从不同的角度、层面进行了回忆，较为立体、多面地反映了当时的社会变化。因此，受访人群有差距的年龄结构和较为多元的社会身份为本文认识农村基层社会的变化提供了一个丰富多维的视野。

口述作为记忆的一种表达形式有着文字不具备的功能，口述史料也可以视为另一种形式的史料文本，从而为"眼光向下"的日常生活史研究提供史料上的补充。受访人受其年龄、社会身份、活动空间的影响，其记忆是具体的、特殊的、不全面的。但本研究所涉及的最基层的赶场活动变迁则与其生活密切相关，他们的回忆为我们提供了了解农民衣食住行的生动画面。

赶场作为农民日常生活的一部分，几乎充斥着人生的各个阶段，因此农民的这种回忆基本是可信的。但是由于这种活动太过"平常"，因此这种回忆充满着模糊性和泛化。农民对发生在其身边的日常生活的记忆是大历史书写和档案文献很少记载的，因此口述构成了研究日常生活史的重要方法和材料来源。为了保证口述材料的原始性和乡土性，本文在引用口述材料时皆为直接引用，不做文字修饰。

三、中和场、高店子的自然地理及建制沿革

高店子（场）位于成都东南郊，距市区 7 公里。清代光绪年间建场，因地处狮子山凉风顶高坡，坡上有卖酒小店而得名，又称三圣场，新中国成立后为三圣乡人民政府驻地。三圣乡位于成都市东南角，东与龙泉驿区大面乡、洪河乡接壤，南接双流县新兴乡，西依琉璃厂，北连保和乡。辖区面积 13.8 平方公里。1990 年，全乡人口为 17696 人，其中农业人口为 16959 人。三圣乡1959 年属华阳县管辖，1959 年 10 月划入成都市郊区，1960 年 7 月属成都市金牛区，1990 年底划入成都市锦江区。2004 年 10 月，撤销三圣乡建制，政区主体部分形成三圣街道辖区（高店子街道辖区）。高店子属于浅丘地形，地势西北高东南低，平均海拔 543 米，主要农作物有水稻、小麦、玉米、红苕。乡域内自清代乾隆年间开始种养花卉，素有"花乡"之称。1992 年成都市人民政府确定三圣乡为成都市鲜花生产基地，逐渐发展成为全省、全市乃至中国西

部地区花卉生产主产区。[①]

中和场位于川西平原，西距双流县城 26 公里，北距成都市东南 10 公里，现与北面锦江区柳江街道相接。其南及东之偏南毗邻双流县万安镇，东之偏北与锦江区三圣街道接壤，东之中部与双流县新兴镇相邻，其西邻府河、傍天府大道，与成都高新区桂溪街道以及双流县华阳街道毗连。2011 年辖区有户籍人口 6.4 万，居住人口总计约 15 万。中和场是由迎江、黄都二场合并新建而成，具体年代已不可考。民国时期隶属华阳县第三区，1965 年 4 月并入双流县。2010 年 5 月，为打造"天府新城"市级战略功能区，中和街道划属成都高新区。此地气候温和，土壤肥沃，地势东北高西南低，大部分为平坝，少数为浅丘。与高店子同样具有川西平原的气候地理特征。经济上以农业为主，主产粮油，农村副业以饲养毛猪为主。因府河由成都向南流经镇境，可通太平场等五场和仁寿等地，下达嘉定（乐山）出川，故此地兼有水陆交通之便。[②]

第二节　施坚雅、脱鲁岱[③]笔下的高店子、中和场赶场样态

根据施坚雅的理论，本文涉及的高店子属于基层集市，中和场则属于中间

---

① 金牛区地方志编纂委员会编纂：《成都市金牛区志》，四川大学出版社，1996 年版，第 95～97 页；成都市锦江区编纂委员会编：《成都市锦江区志（1991—2005）》，方志出版社，2011 年版，第 56～57 页；成都市锦江区地方志编纂委员会办公室编著：《锦江街巷》（下卷），新华出版社，2012 年版，第 234～236 页。

② 成都市高新区中和街道办事处编纂：《中和街道年鉴》（2010—2011），四川师范大学电子出版社，2013 年版，第 5～6 页；双流县中和镇人民政府编：《中和镇志》，1991 年版，第 4 页；钟合阶：《在历史边缘行走的中和场》，中国文史出版社，2012 年版，第 307～308 页。

③ 脱鲁岱是美国韦尔斯利女子学院（著名的七大常春藤女校之一）人类学教授。20 世纪 40 年代，西迁至成都的金陵大学在中和场设立了"金大农业服务站"，金陵大学社会学学者楚玉琴为该站负责人。1944 年，7 名金陵大学社会学系学生在中和场进行田野调查，在兰观海博士的指导下完成了七篇毕业论文。1947 年，脱鲁岱根据金陵大学这 7 名同学的调查资料和论文完成了 *The Men and Women of Chung Ho Ch'ang* 一书，书中对川西平原中和场农民的日常生活进行了详细的描述和分析，其中诸多内容涉及了农民的赶场活动。

集市（如附录一所示）①。施坚雅在涉及高店子和中和场的叙述中采用的是分析的方法，甚少描述；而脱鲁岱则是以描述为主，甚少分析。通过施坚雅和脱鲁岱的叙述，以及口述材料，我们试图重构民国时期中和场、高店子农民的赶场样态。

一、集期（场期）安排与赶场时间

脱鲁岱指出："中和场每月有 9 个赶场天，农历初一、十一、二十一是三个大集日；初四、十四、二十四、初七、十七、二十七是 6 个小集日。中国农村以阴历纪年，集日之间有两天间隔；一个月中，十九、二十两天不赶场。"关于中和场赶场时间，赖兴仁老人回忆道："倒石桥是二、五、八，中兴场是三、六、九，中和场是一、四、七嘛。"② "一般认为，集市早上 9 点准时开市，下午 4 时收市。但中和场几乎没有钟，更没有什么人在乎市场是早开了15 分钟，或是迟收了 2 个小时。公鸡一叫，新的一天就开始了，农夫和他的妻子就起身出发。"③ 赶场时间冬夏也不一致。脱鲁岱指出中和场是"冬季早上 10 点左右、夏季 9 点左右开市"④。关于高店子的场期，详见第九章附录一。同时，高店子的刘国生老人告诉我们当时流传的一句关于赶场的俗语："每逢农历三六九，今天吃了明天有。"⑤ 施坚雅指出：一个每日市场并不是从早到晚"在集会中"，而只是每天上午（在某些情况下是下午或晚上）有两三

---

① 施坚雅指出：我用"基层"（Standard）一词指一种农村市场，它满足了农民家庭所有正常的贸易需求；家庭自产不自用的物品通常在那里购买。基层市场为这个市场下属区域内生产的商品提供了交易场所。但更重要的是，它是农产品和手工业品向上流动进入市场体系中较高范围的起点，也是供农民消费的输入品向下流动的终点。一个设有基层市场的居民点（但并不同时也设有较高层次市场），这里称"基层市场"。至于"中间市场"，只要说一句话就够了，它在商品和劳务向上下两方的垂直流动中都处于中间地位。[美]施坚雅著，史建云、徐秀丽译：《中国农村的市场和社会结构》，中国社会科学出版社，1998 年，第 6～7 页。

② 2013 年 7 月 4 日张素华、唐仁恕、赖兴仁的口述访谈。口述地点：中和街道办事处应龙社区居民委员会。采访人：田玥、张杨、徐悦超。这一说法得到了曾德庸、屈智龙的印证。两位老人告诉我们：中和，原来的中和，一、四、七赶场。中兴场，就是现在的华阳，是三、六、九，当然其他的场名堂就多喽，啥子有二、五、八，倒石桥，二、五、八。（2013 年 7 月 4 日，对曾德庸、屈智龙的口述访谈。口述地点：中和街道办事处观东社区居民委员会。采访人：杨鲁、邹家兴、毛莎莎、于姐）

③ [美]玛丽·博斯沃斯·脱鲁岱著，张天文、邹海霞译：《中和场的男人和女人》，中国文联出版社，2011 年版，第 35 页。

④ [美]玛丽·博斯沃斯·脱鲁岱著，张天文、邹海霞译：《中和场的男人和女人》，中国文联出版社，2011 年版，第 37 页。

⑤ 2013 年 8 月 6 日，对刘国生、张安华、张远秀、彭定高、李大春的口述访谈，口述地点：三圣乡花卉交易市场茶铺。采访人：袁上、张杨、田玥。

个小时。①

二、对市场的选择

虽然某一区域内的农民都有自己的"首场"②，但在不同的日子里，中和场和高店子两地的多数农民都不会只局限在某一个场上赶场，他们的赶场范围通常涵盖了两个甚至两个以上的场。施坚雅写道：在四川，我曾和一个典型的农民家庭一起生活了3个月，他们的田场距一个称为高店子的集镇三里远，距另一个集镇牛市口五里远。三个月中，户主和他的妻子赶前一个集——他们的基层市场——一共46次；而对后者——他们的中间市场——只去了三次。③脱鲁岱指出："中和场外，还有别的集市逢场，急需的人还可以到那里去购物。""95个摊主只赶中和场，他们对每月9次的摊位经营很满足。一些乡间的摊主会在其余的时间里负重北上，去赶成都的集市。1/3的摊主穿梭于2个场镇之间，有1/4的在3个不同市场上做生意。还有14人为4个镇上的人所熟知，4个人在5个集镇上摆摊设点，有1个大忙人奔走于6个集镇出卖货物。男人最喜欢在中和场做生意，其次是石羊场和三瓦窑。"④

而农民们会因为怎样的理由对不同的集市做出选择？施坚雅和杨庆堃都是着重从市场等级差异的角度予以阐释的，即农民会因为中间市场和基层市场的差异，而在不同的日子里对二者做出选择。施坚雅在他的研究中援引了杨庆堃的说法："农民只是偶然地去赶中间市场——为了购买不常用的东西，为了得到某些农民不常需要的劳务，为了获得一笔较大的贷款，或者为了参加一年一次的宗教庆典。"⑤ 除了因为中间市场能提供给农民周边基层市场所没有的经济或社会服务外，此市场体系下的"行贩"也会在两种市场等级之间巡回。其典型日程是："在中间市场上度过三个集日（按：三个大集日），在六个下属的

---

① ［美］施坚雅著，史建云、徐秀丽译：《中国农村的市场和社会结构》，中国社会科学出版社，1998年版，第18页。

② 某区域农民经常赶的市场。他们会自然而然地、习惯性地去自己的首场赶场。因而他们只有在选择其他场作为自己的目的地之前才会有更多的考虑。

③ ［美］施坚雅著，史建云、徐秀丽译：《中国农村的市场和社会结构》，中国社会科学出版社，1998年版，第34页。

④ ［美］玛丽·博斯沃斯·脱鲁岱著，张天文、邹海霞译：《中和场的男人和女人》，中国文联出版社，2011年版，第50页。

⑤ ［美］施坚雅著，史建云、徐秀丽译：《中国农村的市场和社会结构》，中国社会科学出版社，1998年版，第34页。

基层市场上各度过一个集日（按：六个小集日）。"① 贩卖商品的商人和购买其商品的农民对集市的选择是双向的、相互协调的。商人可以根据集市规模大小所决定的市场等级的高低来"追逐"其购买群体，农民也可以根据行商的巡回周期来选择不同等级的市场。

三、商品及买卖

据脱鲁岱的描述，当时中和场有 16 个不同的市场：米市、柴市、杂粮市、棉花市、棉布市、棉纱市、米糠市、鸡鸭鹅兔市、蛋市、猪羊市、牛马市、甘蔗市、蔬菜市、鱼市、猫狗市以及狗屎市②（各场的位置详见附录二及表 9-1）。施坚雅指出：大多数这类集镇只有一条真正的街道，缺少一个专门的综合市场。代替它的是一系列小市场，每种产品一个。谷物市场可能设在庙院内，猪市场在镇边，而各种各样容易腐烂的产品和本地生产的小手工业品沿着主要街道各有自己习惯的交易地段。③ 赶场主要是买卖生活必需品。中和场的游国栋老人告诉我们："逢场嘛是啥子都有嘛，有些卖点鸡啊、卖点蛋啊，啥子都有嘛。那时候农村头，那个喂猪有些——胡豆杆——那会儿栽的胡豆，那个杆杆，就（拿）来打，打细了的，然后卖渣滓就卖给人家喂猪，你自己喂喂不完，你可以拿去卖嘛，然后赶场都啥……都出去嘛。也有卖米的，卖小菜的卖豌豆胡豆，啥都有卖的，赶场就有了。"④ 由于中和场和高店子临近成都，所以二场商品的价格多受成都市场的影响，当然，还与买主是否会讲价有关。⑤ 一般金额较小的商品买卖双方直接进行交易，而对于金额较大的商品，则寻求中间人（经纪人）的帮助。脱鲁岱指出：镇上有各种中间人 73 人，人们称之

---

① ［美］施坚雅著，史建云、徐秀丽译：《中国农村的市场和社会结构》，中国社会科学出版社，1998年版，第 35 页。
② ［美］玛丽·博斯沃斯·脱鲁岱著，张天文、邹海霞译：《中和场的男人和女人》，中国文联出版社，2011 年版，第 37 页。
③ ［美］施坚雅著，史建云、徐秀丽译：《中国农村的市场和社会结构》，中国社会科学出版社，1998年版，第 24~25 页。
④ 2013 年 7 月 3 日，对游国栋的口述访谈。口述地点：中和街道办事处朝阳居民委员会。采访人：谌晓律、赵璟熙、廖体春、刘益民。
⑤ 关于此点，脱鲁岱指出：由于城市商人、小摊零售商以及小贩的不断往来，中和场与成都的联系相当紧密，城市价格的变化能在一周内影响到中和场的店铺和摊点。价格的确定由成都及周围集市条件而定，买主方面的因素不大。除非讨价还价，价格一般都无多少回旋余地。在善于还价的情况下，买主可以设法说动货主，砍掉喊价的 1/10 的价钱。如果货主只考虑中和场的情况，那价格更容易变通。要知道，经过一番讨价还价，精明的买主会讲掉卖主定价的 1/3，甚至 1/2。（参见：《中和场的男人和女人》，第 52 页）

为"行户"。中间人为买卖双方提供两种服务，收取中间费（一般为现金）。一种是中间人带着计量的斗或秤，为卖出的货物测量或称重；中间人的第二种职责是帮助买卖双方建立起相互的信任关系。[①]

表 9－1　中和场店铺类型、数量统计

类型	数量	类型	数量	类型	数量
食品	112	白铁器店	3	**冥品店**	20
茶馆	24	陶器店	2	棺材铺	5
酒肆	22	钟表修理	2	墓碑店	1
饭馆	15	玻璃器皿	1	香蜡纸钱	12
杂食店	14	竹制品	1	丧葬纸店	2
肉铺	17	各种工具	14	**交通运输**	9
大豆坊	6	固定物	4	旅馆	3
面馆	5	鞭炮店	2	黄包车店	3
制面坊	4	煤店	2	车修理铺	2
糖果店	5	**药材**	14	轿子铺	1
豆腐坊	7	中药店	12	**娱乐品**	10
菜油店	3	西药店	2	水烟筒	2
炒花生豆子	2	**布匹服装**	26	烟叶	1
羊肉汤	2	鞋店	8	烟斗、旱烟管	1
菜蔬店	2	裁缝铺	6	纸牌	1
茶叶店	2	土布店	4	香烟	5
油煎食品	1	机制布	2	**其他**	8
高粱酒店	1	纺织品	2	当铺	5
家庭及农用设备	41	帽子店	2	理发店	3
木制器皿	5	染房	1		
铁器店	5	刺绣	1	合计	260

本表来源：［美］玛丽·博斯沃斯·脱鲁岱著，张天文、邹海霞译：《中和场的男人和

---

① ［美］玛丽·博斯沃斯·脱鲁岱著，张天文、邹海霞译：《中和场的男人和女人》，中国文联出版社，2011年版，第39页。

女人》，中国文联出版社，2011 年，第 144 页。

四、对市场的管理

对市场的管理可分为民间组织管理和政府管理。施坚雅指出：在高店子，如同在四川盆地其他很多集镇上一样，市场本身受一个秘密会社分会的控制。掌粮食斗的人、猪的过秤人、牲畜经纪人和其他一些拿佣金的代理人都由会社成员担任，每个经纪人的酬金中都有一部分要上缴作为分会的财产。[①] 脱鲁岱指出：过去，做生意既无市场税收，也不存在官方监管。民国 27 年（1938年）起，乡间的庙宇、祖宗的祠堂开始挪作公用。分散的市场被搬到正街的空地上，不很公允的税收活动也频繁地落在个人和团体身上，这是人们始料不及的。1944 年，华阳县中和场开始实行新兴政策，现行规定由乡人民议会制定并公布施行。"斗行户"等由政府同意发证，方可营业。他们向生意人征税、收取中介费。[②]

---

① ［美］施坚雅著，史建云、徐秀丽译：《中国农村的市场和社会结构》，中国社会科学出版社，1998年版，第 47~48 页。施坚雅这里提到的秘密会社指的是四川的哥老会，即袍哥组织。施坚雅指出：在以高店子为中心的基层市场社区中组成了两个分会，一个"清"，一个"混"。两个都在镇上的茶馆中设有山堂并举行会议。大部分男性成年人属于一个分会或另一个分会，几乎在每个集日分会成员们都能与分会职员们一起处理事务，后者呆在一个指定的茶馆中。
② ［美］玛丽·博斯沃斯·脱鲁岱著，张天文、邹海霞译：《中和场的男人和女人》，中国文联出版社，2011 年版，第 39 页。

五、赶场时的娱乐

赶场[①]作为农民日常生活的一部分，不单单是一种经济行为，而且也是农民扩大交往、娱乐的一种方式。脱鲁岱描述了农民在赶场过程中可以品尝各种中和场的美食，找算命先生算日子、算命，坐茶馆喝茶、和朋友喝酒等娱乐活动。[②] 从表9-1中可以看出，中和场上的茶馆和酒肆店铺的数量是所有店铺类型中最多的两种，此外娱乐品还包括香烟和纸牌。中和场的杨大明告诉我们一项关于猪市"估膘"的娱乐活动："比如当时的人，他们写的，估膘就是桌子上摆起的时候，他就在上面写，写的时候就差不多这么宽的纸，要写两张。但是没得脱蓝纸（即复写纸）。估膘就跟现在买彩票一样，比如说你看到这挂了三片肉，你估计对了，那个肉就是你的了。唉，有点先进，用的克克子（意思：以克为单位）。你估计着有，比如说有两百五十斤，你就按好多克，换算成好多克。他为了最准确，所以他落实到克的原因就是你容易估起整的嘛，比如说一百五十斤也不行，一百五十斤几两几钱，相当于达到这种程度你才算对，所以最准的就叫神彩。有一家头就得过神彩，神彩就拿半边猪回去。"[③] 此外，高店子的刘国生老人告诉我们："那个时候（新中国成立前）娱乐多，有讲评书的、卖唱的，那些都有。（天）黑了就有唱皮灯影，下午没得事就去

---

① 四川农村的传统贸易形式，其外延很宽泛。本文主要讨论赶场地点、集期（场期）、赶场人员。场大都设在交通路口、水旱码头，有的是自然形成，有的是专门设立，大都经历过由草市而场、由场而镇的历程。场，有约定俗成的固定场期，或一、四、七日，或二、五、八日，或三、六、九日。邻近的几个场的场期都尽量错开，以方便人们的购买和销售。有的地方有大场和小场之分，或两个大场中间夹一个小场，或两个小场中间夹一个大场。大场规模大，小场规模小、人少。赶场是农民的一项重要的经济活动。燕京大学社会学系杨树因认为"赶场"是农村社区经济自给自足的体现。"赶场是人类经济生活——原始交易中为市的遗留。在农业社会中，地域的分工是不存在的，同时商业也不发达，于是造成小社区经济自足的现象。社区中的人民有着简陋的分工，他们之间没有商人做交易的媒介，而自己不能随时随地地做买卖。于是便有了定期与定地的交易机构，那就是赶场制度。"见杨树因：《一个农村手工业的家庭——石羊场杜家实地研究报告》，指导教师：林耀华，燕京大学法学院社会学系学士毕业论文，1944年6月，第23页，现藏于北京大学图书馆。转引自：李德英：《民国时期成都平原乡村集镇与农民生活——兼论农村基层市场社区理论》，载《四川大学学报（哲学社会科学版）》，2011年第3期，第14页。一般认为农村集市和草市的萌生是在唐代，在宋代规模得到扩大。明清时期随着人口的增加、消费需求的扩大、交通更为便利等因素的变化，集市发展开始日趋完善，走向成熟。详见龙登高：《中国传统市场发展史》，人民出版社，1997年版。

② ［美］玛丽·博斯沃斯·脱鲁岱著，张天文、邹海霞译：《中和场的男人和女人》，中国文联出版社，2011年版，第45~50页。

③ 2013年7月1日，采访杨大明。口述地点：中和街道办事处。采访人：周卫平、常青、孙洁、古耀文、周鼎豪。

（坐）么店子。就那些讲评书，卖唱的就是'过街叫'的那些，咿咿呀呀的，听一折给好多钱，两折又给好多。"① 农民赶场很多时候是为了买日常生活用品，但也有很多人是为了娱乐而去赶场。高店子的曾瑞德老人告诉我们："如果没什么要买的，又逢赶场，那就去赶耍场。"② 专门是为娱乐而赶场。

以上便是施坚雅和脱鲁岱笔下的中和场和高店子的赶场活动，加上口述材料，基本描绘出了民国时期两地的赶场样态。

第三节　共和国时期乡村集市变迁

一、赶场周期的变化

我们通过对多位口述人所述内容的相互印证，得以通晓中和场、高店了两地的赶场周期在整个共和国时期发生了多次转变。

通过口述人对两地在民国和新中国成立初期赶场周期的回忆，与施坚雅、脱鲁岱的调查、描述得到了相互印证，即都为三天一赶。当我们向当过"篾匠"的赵之德询问其什么时候编农具、什么时候卖农具时，他回答道："一天编……赶场才去（卖），一般都三天才赶一场。不是天天赶得嘛，我编三天够了嘛。"③ 三天一赶的周期是与农产品的生产和贩卖周期相互吻合的。同时，施坚雅在其著作中将斯潘塞等学者的见解概括为："市场间集期分布的方式是使每个市场开市时间尽量不与邻近市场相同……使村民们差不多每天有集可赶，也可减少临近市场间的竞争。"④ 作为当年中和场的一名普通农民，游国栋老人对场期安排的解释也有着与之相似的认识："就三天嘛。它跟这儿附近几个场就是挪开的嘛，今天赶这儿，明天那儿又逢场嘛，后天那儿又逢场

---

① 2013 年 8 月 6 日，对刘国生、张安华、张远秀、彭定高、李大春的口述访谈。口述地点：三圣乡花卉交易市场茶铺。采访人：袁上、张杨、田玥。
② 2013 年 8 月 7 日，对曾瑞德的口述访谈。口述地点：双流县新兴镇老年互助院。口述人：张杨、刘欢。
③ 2013 年 7 月 2 日，对赵之德的口述谈访。口述地点：中和场新民社区街道办事处二楼小会议室。采访人：袁上、李毅、陈晶、周怀洁。
④ ［美］施坚雅著，史建云、徐秀丽译：《中国农村的市场和社会结构》，中国社会科学出版社，1998年版，第 24 页。

嘛。"① 而根据施坚雅当年对川西平原②各场镇赶场周期的统计，中和场是一、四、七，高店子是三、六、九。中和场的付寿德老人告诉我们："我们这（中和场）赶……原来是赶一四七……我们是三天一赶，初一、初七、初四。"③高店子的刘国生老人还激动地念出了当年的俗语"口诀"："每逢农历三六九，今天吃了明天有。"④

但在施坚雅的调查之后，仅就这两地而言，它们的赶场周期是否仍是三天一赶？是否发生了一系列的变化？多位口述人经过细致的回忆，为我们厘清了大致的变化轨迹。

高店子的赶场周期在人民公社化时期发生了首次变化，其场期由原来三天一赶的频率下降到七天一赶。高店子（即现在的三圣乡街道）"槐花树"农家乐的老板、老板娘都是生于斯长于斯的高店子人，他们仍清晰地记得"吃大锅饭的时候是七天赶一次，就在高店子"⑤。其他老人的回忆也印证了高店子集期的变化。高店子的刘国生老人回忆起："就是五九年、六〇年都不准赶场，六一年、六二年以后又不同了，（不准的时候）你卖个蛋都要遭。"张远秀老人立刻在旁补充道："到六一年、六二年以后就是一个星期才赶一次场了。"⑥ 而中和场作为比高店子高一级的中间市场，这样的变化较为和缓，其在人民公社

---

① 2013年7月3日，对游国栋的口述访谈。口述地点：中和朝阳社区居民委员会会议室。采访人：谌晓律、赵璟熙、廖体春、刘益民。

② 川西平原位于四川盆地龙泉山以西，因成都市位于平原中央故称成都平原。面积约6000平方千米，由岷江、沱江及其支流的8个冲积扇相连而成的复合冲积扇形平原，其堆积物厚度在300米以上。其水系呈纺锤状，河渠纵横，分支交错，灌溉方便，土壤肥沃，农业十分发达。成都平原农田水利十分发达，耕地集中连片，属典型的水田农业区，土地利用率高达60%以上。农作物主要有水稻、小麦和油菜，产量高而稳定。但因平原邻近川西高原山地，深受山地下沉的冷空气影响，加之平原河水大多来自西部高原山地的冰雪融水；同时，平原上地势低洼的古河道地区，地下水位高、土壤冷湿，故成都平原无论气温、水温和土温均较低，热量条件较之四川盆地其他地区较为逊色。（四川百科全书编纂委员会编：《四川百科全书》，四川辞书出版社，1997年版，第172页；国家发展和改革委员会国土开发与地区经济研究所编：《中国西部开发信息百科·综合卷》，中国计划出版社，2003年版，第39～40页。）

③ 2013年7月4日，对付寿德的口述访谈。口述地点：双龙社区街道办事处三楼会议室。采访人：袁上、李毅、田玥、周怀洁。

④ 2013年8月6日，对刘国生、张安华、张远秀、彭定高、李大春的口述访谈。口述地点：三圣乡花卉交易市场茶铺。采访人：袁上、张杨、田玥。

⑤ 2013年8月6日，对刘援朝口述访谈。口述地点：三圣乡"槐花树"农家乐。采访人：张杨、袁上、田玥。

⑥ 2013年8月6日，对刘国生、张安华、张远秀、彭定高、李大春的口述访谈。口述地点：三圣乡花卉交易市场茶铺。采访人：袁上、张杨、田玥。关于刘国生提到的"五九、六〇年不准赶场"还需要其他材料进一步佐证。

化时期的场期仍保持着三天一场的规律："(六几年) 都按(四川方言, 指"一直""不间断") 到活路做的嘛。等于说, 那点儿还是三天一场。"[1] 故中和场的集期要迟至"文化大革命"时期才发生变化: 场期不再固定, 由三天一赶变为5~10天一赶。原中和镇新民村村委会主任高玉传在1972年以后, 曾兼职在场镇上的工商所为他人开具发票, 她的上班时间为每个星期的星期天, 即当时业务最为繁忙的赶场日。她说:"我从七二年就在工商所帮他们……仅仅我就挣一块钱一天, 一个月只挣四元钱, 四个礼拜, 礼拜天赶场。"[2] 中和场的唐仁恕老人在谈到"文化大革命"时期中和场赶场活动的衰落时说:"十天赶一场都搞过, 不准开茶铺都搞过!"一旁的赖兴仁也补充说:"五天(赶一场)搞不赢(四川话, 来不及的意思), 就十天赶一场。"[3]

综上所述, 高店子的场期安排在人民公社化时期由三天一赶变为七天一赶, 中和场的场期则是在"文化大革命"时期发生的类似变化。所以, 从人民公社化时期或"文化大革命"时期开始, 两地便被施行了延长且不稳定的赶场周期, 这样的情况要一直持续到改革开放以后, 乃至20世纪80年代初期。

改革开放以后, 随着农村经济的逐渐恢复与贸易需求的增加, 基层市场与中间市场的场期变得频繁起来, 高店子"槐花树"农家乐的老板刘援朝也记得:"改革开放后, (赶的是)五天一场。"[4] 但在普通民众的记忆中, 最为重大的变革发生在20世纪80年代初期, 在这时政府将赶场周期改为了"隔天一赶"。中和场的张武能便说道:"改革开放了暂定一、三、五、七、九, 逢单赶, 现在人多了嘛, 那个交通也大了, 各方面也比较繁荣, 改成一、三、五、七、九了。"[5] 付寿德也说:"这个时候(改革开放后)隔一天赶一场, 有点区别了。"[6] 在张武能与付寿德的记忆中, "隔天一赶"的制度被模糊地定位到了"改革开放后"这个较广的时间范围。但实际上, 中共中央在1982—1986年连

---

① 2013年7月3日, 对游国栋的口述访谈。口述地点: 中和朝阳社区居民委员会会议室。采访人: 谌晓律、赵璟熙、廖体春、刘益民。

② 2013年7月2日, 对高玉传的口述访谈。口述地点: 中和新民社区居民委员会二楼会议室。采访人: 袁上、李毅、陈晶、周怀洁。

③ 2013年7月4日, 对唐仁的口述访谈。口述地点: 应龙社区居民委员会。采访人: 田玥、张杨、徐悦超。

④ 2013年8月6日, 对刘援朝的口述访谈。口述地点: 三圣乡"槐花树"农家乐。采访人: 张杨、袁上、田玥。

⑤ 2013年7月3日, 对张武能的口述访谈。口述地点: 中和场朝阳社区办公室。采访人: 周卫平、常青、朱伟。

⑥ 2013年7月4日, 对付寿德的口述访谈。口述地点: 双龙社区街道办事处三楼会议室。采访人: 袁上、李毅、田玥、周怀洁。

续五年发布以农业、农村和农民为主题的中央"一号文件"，对农村改革和农业发展作出具体部署，国家开始重视并推动市场机制的建立。中和场与高店子场"隔天一赶"的赶场制度也就是在这一时期得以确立。在茶铺的聊天中，高店子的刘国生老人也说："兴三号、四号赶场都是八几年了，邓小平上台了兴到一、三、六号啊那些。"① 他虽然准确地回忆起隔天一赶的制度是 20 世纪 80 年代推行的，但这一制度的兴起又被错误地放置到了"邓小平上台"的时间点。② 而在路边接受我们采访的清洁工李淑芬记得是"（高店子）八几年过后改成逢双"③。

二、对市场的选择

前文已述，施坚雅和杨庆堃的研究偏重于分析市场等级因素对人们选择集市的影响，④ 但经过口述材料的补充，我们认为两地农民选择市场的标准还有诸多因素。这些多元且交织在一起的衡量标准，在多数情况下共同决定了普通农民对除"首场"外的其他集市的选择。⑤ 上文曾征引到施坚雅认为民国时期川西平原的典型"行贩"会在"大集日"赶中间市场，"小集日"赶周边的六个基层市场。但"典型"化的理论在实际上必然会有所出入。"追逐"顾客的商人也并不会严格依照"中间市场—基层市场"的巡回模式。在我们的口述访谈中，我们采访到了中和场有名的冯家染坊的后人冯家庆，他在回忆 1948、1949 年其父冯树清赶场卖布的情景时说："染坊办起来，当时生意还不错……那个时候要去收布，中和场赶场逢一、四、七。二、五、八，三、六、九，一个是赶桂溪，一个是赶新店子，生意还不错。"⑥ 根据施坚雅模式，中和场在当地属于中间市场，桂溪和新店子都属于基层市场。冯家染坊在四、七这两个"小场日"也会回到中和场，他们施行的只是三个市场依序巡回的模式，或许

① 2013 年 8 月 6 日，对刘国生、张安华、张远秀、彭定高、李大春的口述访谈。口述地点：三圣乡花卉交易市场茶铺。采访人：袁上、张杨、田玥。
② 此处便表明了普通民众在当下的回忆中，往往只有那些之后看来是重大变革的历史事件被保留下来。这些记忆会使得他们将相近时间内的其他事件或认识错置到这些"重大事件"上，从而使得整个时间段内的记忆模糊化、简单化。
③ 2013 年 8 月 6 日，对李淑芬的口述访谈。口述地点：三圣乡街道办事处门口街边。采访人：张杨、袁上、田玥。
④ 参见本文第四小节第二部分。
⑤ 民国时期当地农民对市场选择的考量因素，除对市场等级的区分外，其他则因年代久远已难以考证，故本文在此处的讨论范围主要集中于共和国时期。
⑥ 2013 年 7 月 2 日，对冯家庆的口述访谈。口述地点：中和街道办事处新民社区居民委员会。采访人：黄蛉、郑清华、周利波、赵斐。

在冯家染坊经营者眼中并没有对三地市场等级的差异做过多考虑。

当我们分析普通农民对市场选择的衡量标准时，首先应区分两种情况：

其一是当某种必需的或最好的商品只有在某个市场上才能买到时，这便直接决定了农民的赶场目的地。需要注意的是，这些"必需"商品或最好的商品并非只集中在理论上规模更大、商品更齐全的中间市场，因为很多市场都自有其主要交易的商品种类。槐花树老板娘回忆，在"文化大革命"时期的高店子"卖鸡蛋那些，喂的鸭子、鸡就互相交流"，而"菜蔬区就不喂那些，挨着川师（按：现四川师范大学狮子山校区）边边儿（四川话，旁边）就属于菜蔬区，他们就到这儿来买蛋、鸡，他们觉得农民的新鲜"。而高店子的农民要买菜蔬，有时就会到川师附近的市场上购买。[①] 李淑芳也说："走远点周边市场你选择面大些。"[②] 不同的市场，或是买卖家禽的人多，或是买卖菜蔬的人多，这样一些集市功能的偏重也是农民选择市场的重要标准之一。

其二是当某种商品在各个地方都能买到时，价格因素便成了市场选择行为的主要标准之一。槐花树的老板刘援朝说道："我们买肉就要到大面铺，打酱油也要去，因为大面铺是跨了区域，它更便宜。这边的肉卖七角七，大面铺卖七角四，一斤就节约三分。"而且还说："大面铺随便啥子产品，农副产品也好，工业产品也好，都要比高店子低点。高店子靠近市区嘛。"[③] 普通农民的趋利性作为其主要特征之一，理性的经济头脑会驱使他们去追求更为"实惠"的买卖场所。

另外，当地的农民有些时候也会首先考虑"就近赶场"的原则。老年互助院的曾大爷从小住在高店子附近，周边几个集市都离其居住地有一定的距离："赶场好远哦！到高店子8里路，赶中和场10里路，赶大面铺18里，你有啥子时间去赶场。新店子12里路，琉璃厂还是12里。"当问到当地农民一般会在哪个集市赶场时，他回答道："只有赶高店子还近点子，高店子是（我们这里人的）首场的嘛。"[④] 从这里可以看到市场距离也在一定程度上影响了农民对市场的选择。

---

① 2013年8月6日，对刘援朝的口述访谈。口述地点：三圣乡"槐花树"农家乐。采访人：张杨、袁上、田玥。

② 2013年8月6日，对李淑芬的口述访谈。口述地点：三圣乡街道办事处门口街边。采访人：张杨、袁上、田玥。

③ 2013年8月6日，对刘援朝的口述访谈。口述地点：三圣乡"槐花树"农家乐。采访人：张杨、袁上、田玥。

④ 2013年8月7日，对曾瑞德的口述访谈。口述地点：双流县新兴镇老年互助院。采访人：张杨、刘欢。

而且，中和场及其附近几个乡镇因为在历史上不断有湖广人迁入，他们中的一部分在迁入四川后形成了"小聚居"的社会情形，[①] 并形成以地方认同为基础的集市，在这样的集市上，向"老乡"购买商品往往能获得更为实惠的价格。老年互助院的刘大爷及其父母虽然都是四川人，但因为有位近亲是迁入四川的广东人，对广东人了解较多，而且自己至今还会几句广东话，所以他绘声绘色地给我们讲道：

> 大面铺和赖家店是说广东话、客家话，要说得来客家话才捡得到便宜。如果说不来，那你就只有赶高店子，说湖广话。大面铺、赖家店、龙潭寺那边都要说得来客家话，买东西要方便点。如果说不来，理都不得理你，要把其他人招呼完了才理了，还要喊高价。

因为讲广东话或客家话可以表明自己的地域身份，这是一种基于"家乡认同"的市场交易行为，更大程度上体现的是社会关系对经济行为的渗透与影响。

综上所述，除市场等级差异因素而外，价格、距离和社会关系因素都是农民市场选择行为的标准。[②] 而这几个因素或许并没有哪一个在其中起着"主导"作用。在农民选择市场时也许其中某个因素会决定其目的地，但这些因素在更大程度上是交织在一起的，是很难割裂开来讨论的，农民往往会综合考量（甚至是一个都不考量）这些因素。

但是，表面看来价格因素确实是基于经济理性的原因，"大家同是广东人"的社会关系因素在深层次的动机上也是为了寻求更实惠的价格，而且农民选择较近的市场在另一方面也节约了长途奔波的时间和精力成本，这背后或许还是以经济因素为市场选择的衡量标准。但当我们以口述的方式来理解农民的市场选择行为时，就会发现，这些农民往往并不会考虑得如此深远，某些情况下他们只会单纯地认为"我去土广东那里买菜就是觉得亲热些""我就近买菜图个方便"等等。[③] 从对市场的选择标准上来看，经济理性并非普通农民考虑市场的唯一因素。

---

① 中和场的多位口述人都提到了生活在当地且被四川人称为"土广东"的人群。参见中和场口述档案，现藏于四川大学口述史教学实验与科学研究中心。

② 影响农民市场选择行为的因素应该是极其宽泛的，也可能是无法穷尽的。此处旨在点出几个主观上农民常常会考虑到的因素。

③ 参见 2013 年 8 月 7 日，对刘明华的口述访谈。口述地点：双流县新兴镇老年互助院。采访人：张杨、袁上、田玥、刘欢。以及 2013 年 8 月 6 日，对刘援朝的口述访谈。口述地点：三圣乡"槐花树"农家乐。采访人：张杨、袁上、田玥。

三、商品及买卖

商品是市场的灵魂，一个市场若是没有商品，市场也就不存在了。20 世纪 50 年代到 80 年代对市场上商品种类影响最大的就是各级供销社的成立。

供销合作社简称"供销社"[①]。早在解放战争时期，各革命根据地的农村，就普遍地发展了合作社商业。新中国建立初期，在对农业的社会主义改造中，供销合作社又成为农业合作化运动的一个组成部分。1950 年成立中华全国供销合作总社，之后在全国范围内建立了由全国供销合作总社、省联社、县联社及基层供销合作社组成的自上而下、独立完整的组织系统。基层供销社简称"基层社"，是供销合作社的基层组织[②]。钟兴福老人说："供销社是从五二年土改过后才成立的。省上、市上、县上都有。叫省供销社、市供销社、县供销社。"[③] 从中可知在成都地区，供销社也逐渐形成了省、市、县、镇这样一个供销社体系，中和场供销社大致是在 1952 年成立。根据张安华老人的描述："供销社就在高店子街上"[④]，可知供销社也开到了高店子街上。

在 1955 年期间，合作社和国营公司一起可以说至少已经掌握了农村市场零售商业的半数。1955—1956 年的冬天，供销社的干部们在全国范围内开展了一场把尚存于农村市场的 250 万~300 万个个体商贩中的大多数纳入"社会主义改造"的运动。鼓励小批发商和兼有批发零售双重功能的商店组合联号（个体合作）。大部分小商小贩成为供销合作社的买卖代理商。到 1956 年春，

---

① 供销社：1950 年成立中华全国供销合作总社，1983 年起农村供销合作社改为集体所有制，90 年代农村供销合作社解体。它是我国农村社会主义商业体制的一种形式，由农民群众自愿联合，集资入股，国家扶助建立的合作商业机构。它是我国集体经济组织的重要形式，农村商品流通的主要渠道，城乡经济联系、商品交换的重要纽带。其基本职能是在国家的方针政策指导下，组织收购农副产品，为农民推销产品，供应生产资料和生活资料，提供生产服务、生活服务和技术服务。我国供销合作社是在全国解放前的革命根据地合作社的基础上发展起来的。参见汝信主编：《中国工人阶级大百科》，中国国际广播出版社，1992 年版，第 520 页；何盛明主编：《财经大辞典》（上卷），中国财政经济出版社，1990 年版，第 1124 页。

② 何盛明主编：《财经大辞典》（上卷），中国财政经济出版社，1990 年版，第 1124 页；汝信主编：《中国工人阶级大百科》，中国国际广播出版社，1992 年版，第 520 页。

③ 2013 年 7 月 9 日，对钟兴富的口述访谈。口述地点：中和街道办事处府河社区钟兴福家。采访人：杨鲁、邹家兴、毛莎莎。钟兴福老人系供销社老员工，对以前供销社的情况较为熟悉，其资料的可信度较高。

④ 2013 年 8 月 6 日，对张安华的口述访谈。口述地点：三圣乡花卉交易市场旁的农贸市场，采访人：张杨、袁上、田玥。

农村市场上只有不足 5％的零售业务尚掌握在完全的私人业主手中。① 刘加德、成世军老人讲道："解放前就有店子，易宏斌的店子，只卖东西，店子很小，只有两间茅草房，他在住家，在住家开个店店儿。"② 供销社老员工钟兴福老人讲道："各地都有供销社嘛，各乡、各社、各县上全部都有，全部都有供销社。分社就要在区社来进货。区社有库房嘛，进的货要多些嘛。它由县供销社分的指标，你在哪个公司去进，指定的，其他地方你进不到。"③ 槐花树刘援朝老人说："供销社在农村有分店嘛，农村的幺店子嘛！"④

从刘加德、成世军老人的回忆中我们可以看出，在新中国成立前及新中国成立后的一段时间，他们生活的农村存在为人们提供日常生活用品的私人经营的小店。但同时根据钟兴福老人和刘援朝老人的回忆，供销社在各省、各市、各县、各乡以店铺的形式存在于人们的生活之中，并逐步向农村蔓延，直至各村各社都有供销社的分店，逐步控制了农村的零售商业。为了有效地将所有物品纳入供销社控制的范围内，供销社还积极控制进货渠道，使小商小贩依赖于"社会主义商业"体系，他们成为供销社的买卖代理商。成都市金牛区档案馆所藏的 1960 年三圣乡供销社改造的一份文件也显示：供销社正计划调整商业网，撤销现有各十字路口商店，以区设门市部，食堂设代销店。⑤ 这对于农村市场造成了很大的冲击。

为了更有效地管理商品，国家还实施了"统购统销"⑥ 政策。贯彻"统购

---

① ［美］施坚雅著，史建云、徐秀丽译：《中国农村的市场和社会结构》，中国社会科学出版社，1998 年，第 127～128 页。

② 2013 年 7 月 7 日，对刘加德、成世军的口述访谈。口述地点：中和场龙灯山社区某茶馆。采访人：常青、孙洁。

③ 2013 年 7 月 9 日，对钟兴富的口述访谈。口述地点：中和街道办事处府河社区钟兴福家。采访人：杨鲁、邹家兴、毛莎莎。

④ 2013 年 8 月 6 日，对刘援朝的口述访谈。口述地点：三圣乡"槐花树"农家乐。采访人：张杨、袁上、田玥。

⑤ 成都市金牛区档案馆：卷宗号：85，目录号：1，卷号：8，《关于整顿三圣公社高店子乡场的情况报告》，1960 年 5 月 2 日。

⑥ 1953 年 10 月 12 日，中共中央书记处开会讨论有关全国粮食会议问题。13 日，在全国粮食会议上陈云作总结报告。陈云首先传达了毛泽东同志在中央书记处会议上的意见。陈说："毛主席昨天晚上说：'征购、配售的名称可否改变一下？因为日本人搞过这个事情。这个名称有些吓人的。'章乃器先生提出把'配售'改为'计划供应'，我们把'征购'也改为'计划收购'。简称'统购统销'。"接着，陈云就计划收购、计划供应、对付私营粮商、粮食管理等问题分别做了说明，重点谈了计划收购问题。这样"统购统销"正式成为国家的大政方针。参见林蕴晖：《向社会主义转型——中国经济与社会转型（1953—1955）》，《中华人民共和国史》第二卷，香港中文大学出版社，2009 年版，第 102 页。

统销"政策的正是供销社。它主要通过自己的购销业务，在流通领域把个体农民组织起来，以此沟通城乡的物资交流，达到流通领域割断资本主义与个体经济联系的目的，以减少中间剥削，为农民的生产和生活服务，促进农业合作化运动的发展。[①]

供销社营运的范围包括粮食、盐、白糖、布等生活必需品，同时还营运干杂、小吃、农具、药品等众多的物品。[②] 根据刘国生老人的回忆："就干杂店，卖点水果糖嘛，几分钱一个，啥子饼子，要票的！干杂店就卖点框框箩筐。"所有管区所需的一切生产资料、生产工具，用具的采购、分配，农副产品的出卖、收购，均由供销门市部统一办理。[③] 正如李大春老人的描述："就生产队分噻，那个时候不管你叉子也好、肥料也好，一切东西就供销社分配了。"这些物品遵循"统购统销"原则，工业品主要是通过国营贸易公司提供，在高店子和中和场主要是通过成都市的省供销社的厂子提供。钟兴福老人就讲道："供销社就管整个场镇的商业，它等于是领导机构，商业归供销社管。所以进货的货源，商店里所有卖的，副食品，穿的，都由供销社进。省上、市上、县上都有。叫省供销社、市供销社、县供销社。省供销社它有几大公司，热轧（音）公司，土产公司，还是有副食品公司、木材公司，它就经营这些。商业，城市的公司它就管百货啊这些，五金，副食这一类的。粮食又是粮食局管。它是分了部门的。"农副产品主要是通过从农民手里收购的方式获取。清洁工李淑芬说："当时只是说不准卖的是像农民那时候的菜啊这些，不允许在市场上大量地销售，它因为是附近的……成都它原来有蔬菜队噻，专门种蔬菜来送到蔬菜公司，蔬菜公司又送到各个市场。"成都市金牛区档案馆所藏的一份三圣

---

① 汝信主编：《中国工人阶级大百科》，中国国际广播出版社，1992年版，第520页。

② 当时，我国政府按"统一计划，分级管理"的原则把商品划分为三大类，实行不同的管理办法和购销政策。一类商品是关系国计民生最重要的商品，包括粮食、油料（油脂）、棉花、棉纱、棉布、汽油、柴油、润滑油、煤炭等。这类商品的购、调、存、进、出口等指标由国家集中管理，具体工作由国务院有关部委办理。国家对这类商品实行统购统销政策。二类商品是关系国计民生比较重要的商品，或生产集中、供应面宽和生产分散、需保证重点及出口需要的重要商品，如生猪、鲜蛋、黄红麻、苎麻、蚕茧、毛、皮、毛竹、化肥、农药、铁丝、元钉、缝纫机、自行车、某些药品和中药材等。这类商品的收购、调拨、进出口等主要指标，由国务院有关部委管理。国家对这类商品实行统一收购、派购或包销政策。三类商品是一、二类以外的其他商品，如小百货商品，分散产区的水产品和干鲜果品、调味品，零星分散的小土产、中药材等。这类商品品种较多，产销情况复杂，变化快，国务院有关部委不直接管理，由地方或企业自行安排生产和购销。参见顾龙生主编：《毛泽东经济思想大辞典》，辽宁人民出版社，1993年版，第91页。

③ 成都市金牛区档案馆，卷宗号：85，目录号：1，卷号：8，《关于整顿三圣公社高店子乡场的情况报告》，1960年5月2日。

供销社的《关于 1960 年三季度农付（副）产品采购情况和今后意见》中关于该年第三季度的总结如下：生猪下达任务为 75 头，实际完成 39 头，完成下达计划的 52％；小家禽下达为 1980 只，实际完成 1496 只，完成下达任务的 75.6％；鲜蛋下达为 3080 斤，实际完成 1956 斤，完成计划下达的 63.5％；海椒下达 251 担，实际完成 41 担，完成下达计划的 16.69％。在第四季度的收购任务中还提到了棉花、生姜、芝麻、咖啡等国家统一收购物品。[①] 关于上交国家与农民自留的问题，廖起顺老人讲道："当时农民有些自留地，弄些就去卖啊，那时候还有卖竹子啊，有些还喂点鸡。他不是要给国家交任务嘛，交了剩的就拿去卖嘛，我们那有些没有喂鸡的，国家规定要交好多鸡蛋、交好多鸡，我们没得鸡就只有到高店子去买，买了就交给供销社。"[②]

同时，为了更加有效地实施"统销"，"票"这种时代财务应运而生。1955 年 8 月 25 日，国务院全体会议第十七次会议通过《市镇粮食定量供应凭证印制暂行办法》，粮票应运而生。此后，食用油票、豆腐票、布票等各种票证进入人们的生活，各种商品皆需凭票购买，到 1961 年市场凭票供应的商品达到了 156 种。

供销社通过"控制农村零售商业""统购统销"等政策，控制了大批物品，同时还禁止盐等重要物品的流通，农民需要买的很多物品都只能在供销社才能买到。在赶场的场子上，销售的物品种类和数量越来越少，只剩些农民自留地[③]中产的蔬菜等。市场规模急剧萎缩，一些专门的市场变小甚至消失。除了

---

① 成都市金牛区档案馆：《关于 1960 年三季度农付（副）产品采购情况和今后意见》，1960 年 10 月，卷宗 85，目录号：1，卷号 8。

② 2013 年 8 月 6 日，对廖起顺的口述访谈。口述地点：三圣乡罗家巷老年活动中心鱼塘旁。采访人：张杨、袁上、田玥。

③ 自留地是中国农业合作化以后，在集体经济体制下分配给社员使用的少量土地。1955 年 10 月，中共七届六中全会通过的《关于农业合作化问题的决议》规定，社员应该有少量的自留地，大约相当于全村每人平均土地的 2％～5％，作为菜园，或者用以经营某些补充的农作物和农业副业。1960 年和 1961 年毛泽东和中共中央都重申和进一步阐述了这个规定。指出，自留地的所有权属于集体经济组织，社员有经营使用权，不能出卖、出租或转让。社员利用参加集体生产劳动以外的时间耕种自留地，或者由没参加集体劳动的社员家庭辅助劳动力耕种。自留地可以种菜、某些粮食和经济作物；自留地产品归社员家庭所有，可以自用，也可以在市场上出售。自留地面积经过调整，一般占生产队耕地面积的 5％～7％。社员耕种自留地有利于挖掘生产潜力，增加社会产品，增加社员收入；有利于活跃城乡市场，满足城乡人民生活需要。它是社会主义经济的必要补充部分。参见中国毛泽东思想理论与实践研究会理事会编：《毛泽东思想辞典》，中共中央党校出版社，1989 年版，第 90 页。

像李淑芬老人所说的，"那个时候苦日子就不用说了，穷嘛!"[①] 即当时普遍存在的贫困现象外，还有就是场子的部分功能被供销社占有。廖起顺老人就讲道："只有猪市，是猪儿子，肥猪我晓得的时候都是给国家的，国家统一收购。"[②] 在高店子，猪市萎缩，只有一些小猪在卖，根本没有大肥猪。七千人大会时，辽宁省委第一书记黄火青在检查里说：问题最大的是1959年底到1960年初。农村中急于过渡，砍掉了私人养猪这一条。[③] 互助院的刘明华老人说："打比方说，这样一条街走过去，中间最多只有几家人在那儿卖菜，整个一条街只有供销社一个杀猪，杀猪都才杀一头吧两头猪。一条街，你说那个市场有好大个嘛!"[④] 我们可以看出，在市场上连卖猪肉的都没有了，卖猪肉都只有到供销社去买。

四、对商品交易的管理

在施坚雅、脱鲁岱笔下的高店子和中和场的市场受到秘密会社的管理，但在1950年，这些秘密会社逐渐被取缔了。秘密会社逐渐退出了对市场的管理，同时国家在这一阶段实施了一系列对市场的管理办法。

（一）税收体制的建立

在采访中，问到政府如何管理市场时，大家都会说到收税这种方式。在茶馆喝茶的一位大爷说："人家一切就统一了的嘛，管理费啊现在人家都是统一收了嘛。"[⑤] "槐花树"的刘大爷也说："像我们那些拿起去嘛就是摘点菜带点点去就是，就是这个高店子去，扯税票的、管理市场的就看（菜）你多少，一角、五分就给点税嘛。"[⑥] 鱼塘旁的廖大爷说："市管会一直在那里管。收点摊位费、卫生费啊那些嘛。当然他有些摆的有铺面的是另外的嘛。如果我临时担

① 2013年8月6日，对李淑芬的口述访谈。口述地点：三圣乡街道办事处门口街边。采访人：张杨、袁上、田玥。

② 2013年8月6日，对廖起顺的口述访谈。口述地点：三圣乡罗家巷老年活动中心鱼塘旁。采访人：张杨、袁上、田玥。

③ 钱庠理著：《历史的变局——从挽救危机到反修防修》，《中华人民共和国史》第五卷，香港中文大学出版社，2009年版，第142页。

④ 2013年8月7日，对刘明华的口述访谈。口述地点：双流县新兴镇老年互助院，采访人：张杨、袁上、田玥、刘欢。

⑤ 2013年8月6日，对茶馆里喝茶的众大爷的口述访谈。口述地点：三圣乡花卉市场茶铺，采访人：张杨、袁上、田玥。

⑥ 2013年8月6日，对刘援朝的口述访谈。口述地点：三圣乡"槐花树"农家乐。采访人：张杨、袁上、田玥。

点菜的，七几年收两三角嘛，八几年收五角嘛。打扫都是市管会嘛，市场秩序那些，好像是一元收五分还是十元收五分，便宜得很。"① 互助院的刘大爷说："跟现在扯税一样，你来了我把菜提到边边上，跟你扯五分钱。你逮到我这儿摆好多，就扯好多税，不像这阵（那么）规范，一般扯五分一角，如果扯到四角、五角就要闹起来了。"②

从这些大爷的描述中，我们可以看出国家为加强对市场的管理，建立起一套税收体制，其标准大致根据农民所卖商品的多少和价值来决定，但总体来说都是相对便宜的。在执行这一政策的过程中，并非一帆风顺，也经历了由混乱到规范的过程。同时还成立了市管会这个机构来管理市场。市管会不仅有收税的职责，同时担负着管理市场的职能，包括打扫卫生等。

（二）度量衡的统一——以秤为例

民国时期人们计量有斗、秤等方式，但成都平原的度量衡并不统一，为了使买卖双方建立起一个良好的信用基础，由此产生了"中间人"。在脱鲁岱《中和场的男人和女人》一书中写道："镇上有各种中间人 73 人，人们称之为'行户'。"中间人会为买卖双方提供两种服务，并从中收取中间费。"一种是中间人带着计量的斗或秤，为卖出的货物测量或称重。……第二种职责是帮助买卖双方建立起相互的信任关系。市场上有些交易有时间差的问题，这就要求买卖双方要恪守信用，履行报价。"③

"中间人"这类人群在传统市场上为人与人之间建立起"互信"的桥梁。刘明华老人是这样描述的：

> 那阵子买卖都兴中间人嘛，卖猪就有猪贩子把买家喊起来，他就赚中间的手续费，都是这样子的。猪市上有猪贩子、牛市上有牛贩子、米市上有米贩子，都有贩子。……卖粮食就是用中间人的斗。像这个地主粮食卖给米贩子，中间人给你拉了，他就带起人来问你卖多少石，然后用鸡公车推，

---

① 2013 年 8 月 6 日，对廖起顺的口述访谈。口述地点：三圣乡罗家巷老年活动中心鱼塘旁。采访人：张杨、袁上、田玥。

② 2013 年 8 月 7 日，对曾瑞德的口述访谈。口述地点：双流县新兴镇老年互助院。采访人：张杨、刘欢。

③ ［美］玛丽·博斯沃斯·脱鲁岱著，张天文、邹海霞译：《中和场的男人和女人》，中国文联出版社，2011 年版，第 39 页。

一个鸡公车推一石、两石谷子，高的就推两石，斗户就去拉行户来给你称。①

国家介入市场管理后，便以其公信力取代了社会成员之间的"个人信用机制"，最重要的表现是计量的统一。1959 年 6 月 25 日，国务院发布《关于统一计量制度的命令》："市制原定十六两为一斤，因为折算麻烦，应当一律改为十两一斤。"② 将 1 市斤等于 16 市两改为十进制，即 1 市斤等于 10 市两，并统一了"秤"的制作与买卖。③ 刘援朝说："卖东西的秤是只有供销社才有卖的，一般都是 10 斤、20 斤、50 斤的秤，300 斤的秤都是最后才有的，一般用得少。"④ 同样，在现在的高店子农贸市场中还设有"公平秤"等以国家形象体现的计量工具，其本身就是国家公信力在市场中得以展现的一个象征符号。计量的统一与规范，使得买卖双方因对计量工具的不信任而力图在中间人身上寻得的信用担保不复存在。此外，关于中间人的第二种职能，即对交易时间差的处理，双方订立的"字据"也代替了中间人的担保行为。这些"字据"的背后所依靠的力量即为国家的法律权威。

但同时，在一些情况下，依托于社会关系中人与人的相互信赖所建立起的交易行为，仍是任何公信力都不能替代的。刘援朝就讲述了"文化大革命"时期农民间私下的交易买卖：

张：你们有没有私下交易，比如我蔬菜多了，我拿蔬菜换邻居的鸡，我们都不在场子去？

刘：没得，换没得，只有今天你去卖鸡，我缺只鸡，你卖给我就行了，就不用赶场了。

张：那多不多？

刘：在农村头还是多，比如去赶场你要耽个工，我要耽个工，互相节约时间。

张：有没有不知道价钱的，问问邻居这些啊？

---

① 2013 年 8 月 7 日，对曾瑞德的口述访谈。口述地点：双流县新兴镇老年互助院。采访人：张杨、刘欢。

② 周恩来：《中华人民共和国国务院公报》，1959 年第 16 期，《中华人民共和国法规汇编》，1959 年 1 月—6 月刊印。

③ 即便国家改革了秤的进制，规定统一使用 10 两一斤的秤，但往往在实际买卖中，用 16 两 1 斤的秤算账更为方便，所以民间仍然存在"私秤"（即私自制作的 16 两一斤的秤）的制作和继续使用的现象。（参见：2013 年 8 月 7 日，对刘明华的口述访谈。口述地点：双流县新兴镇老年互助院。采访人：张杨、袁上、田玥、刘欢）

④ 2013 年 8 月 6 日，对刘援朝的口述访谈。口述地点：三圣乡"槐花树"农家乐。采访人：张杨、袁上、田玥。

　　刘：有些不晓得价钱的，你先逮着来吃了，钱明天才来给，那个赶场
的多，你要说了，一下就晓得价钱了。

　　张：也是按市场价嘛，没有人情？

　　刘：按市场价嘛，少点点儿，都是邻居嘛。①

　　这种邻居间的人情交易在共和国建立之前即广泛存在。这个领域是公民的
"私领域"，所形成的交易规则也多是民间惯习，国家的政令对其影响甚小。

　　传统中国社会，国家在基层的缺位以及民间交易长期形成的惯习，使得在
赶场大宗交易或大金额交易时需要有威信的人作为买卖双方之间的准据，"中
间人"要么是在某一地区特别有威信，要么是缴纳一定的公平保证金，而中间
人在买卖的过程中所获得的收入也使得国家的税收减少。新中国成立之后，要
塑造党和政府在社会各个方面的信用，加之税收的需要，市场就由政府全面接
管，政府通过统一度量衡、把市场纳入税收体系等措施塑造了在交易层面的威
信，"中间人"随之消失。"中间人"消失的过程充分反映了国家势力的不断扩
张，民间惯习被改造，民间社会被逐步规范。

（三）赶场地点的变迁

　　在民国时期，两地的赶场地点大致经历了从寺庙等分散的空间转移到场镇
正街之上的过程。

　　人民公社化运动以后，民众在高店子正街上赶场的行为有所减少，市场规
模也急剧缩小，但是沿街卖菜的摊贩和菜农却是一直存在的。直至"文化大革
命"时期，政府划定了统一的"自由贸易市场"，地点在高店子的水塔旁边，
到处"乱摆"的现象基本得到遏制，但整个农村市场的农产品交易是从未中断
的。这点将在后文详述。

　　改革开放后市场得到进一步规范与集中。1984 年中央一号文件的第五条
即提出："大中城市在继续办好农贸市场的同时，要有计划地建立农副产品批
发市场，有条件的地方要建立沟通市场信息、组织期货交易的农副产品贸易中
心。此事应纳入城市建设规划。"而从现存于金牛区档案局的档案资料中我们
可以见到一份 1989 年的会议记录，上面记载了一次关于"乡市场搬迁事宜的

① 2013 年 8 月 6 日，对刘援朝的口述访谈。口述地点：三圣乡"槐花树"农家乐。采访人：张杨、
　袁上、田玥。此处张为张杨，刘为刘援朝。

商定"会议①。乡领导之一的何宏富提出："现几亩多的面积，远不能满足经济发展的需要，近两三年来，此问题反映强烈。……此市场为'袖珍市场'。现市场进出口太小，故倾向于费（废）除现禽蛋市。"这里所指的应该就是刘明华所指在"文化大革命"后迁到水塔旁的那个市场。②在这份会议记录的后半部分，一位记录作"杨处长"的乡领导发言表示更换市场也是存在经济代价的："若换市场，旧市场无法返耕，手续难办。新设市场要办征地手续，费用增大。"所以，"能否在现有基础上予以'改善'市场"成了乡领导们寻找解决方式的思路。故在会议的最后，当时的金牛区肖区长拍板认可，决定在原市场保留的基础上新建市场，相关事宜各部门按政策办理应尽的手续。这与我们在口述访谈中了解到的"三圣乡在90年代初新建了这个市场（指花卉交易市场旁的农贸市场）"③相互印证。

从赶场地点的变迁，我们可以看出，行政命令的特征越来越明显。根据两地市政建设的发展进程，赶场地点也随之变化。

五、赶场时的娱乐

与民国时期的娱乐相比，这一时期娱乐呈现出最明显的特征就是娱乐方式的减少。前文中提到的娱乐方式有讲评书、卖唱、皮影戏、打牌九，还有极富特色的估膘。当我们问到新中国成立后都有些什么娱乐方式的时候，茶铺的安大爷回答："解放过后就不准演这些了，就慢慢就消失了嘛，有些是花哨的东西的嘛。"④互助院的曾大爷还说道："到了'文化大革命'时期还赶啥子场呢！那儿武斗，这儿武斗，你还敢去赶啥子场呢！给你定了十大罪状，茶铺就是十大罪状之一。"⑤

从这些大爷的回答看，当时的一些娱乐方式在新中国成立后不久就消失了。这些娱乐方式的消失与当时的大政方针是分不开的。国家为尽快完成社会

---

① 成都市金牛区档案馆，卷宗号：85，目录号：1，卷号：189，《乡市场搬迁事宜的商定》，1989年4月20日。

② 2013年8月7日，对刘明华的口述访谈。口述地点：双流县新兴镇老年互助院。采访人：张杨、袁上、田玥、刘欢。

③ 2013年8月6日，对刘国生、张安华、张远秀、彭定高、李大春的口述访谈。口述地点：三圣乡花卉交易市场茶铺。采访人：袁上、张杨、田玥。

④ 2013年8月6日，对刘国生、张安华、张远秀、彭定高、李大春的口述访谈。口述地点：三圣乡花卉交易市场茶铺。采访人：袁上、张杨、田玥。

⑤ 2013年8月7日，对曾瑞德的口述访谈。口述地点：双流县新兴镇老年互助院。采访人：张杨、刘欢。

主义改造，需要动员团结一切力量到建设中去。为了更加高效地进入社会主义，把农民们编入互助组、合作社等，这样就相对固定了农民的生活范围，减少了社会的流动性。而且当时国家在思想文化领域开展批判运动，认为唱戏、皮影戏等娱乐方式是落后的、封建的，对其是持反对的态度，比如对电影《武训传》①的讨论。同时我们也要看到当时的那些艺人地位极其卑贱，大多数是为生活所迫才走上从艺之路的。茶铺的刘大爷就说道："那个时候卖唱的身上都要生虱子、生痱疮子，那阵子没得法才卖唱，唱一折就收一折的钱。现在是文艺界是高档的嘛，当时是下流的，比如我们在茶铺坐起，他拿个胡琴过来唱，你就要拿个三角五角的给他。"②

新中国成立后，许多娱乐方式消失，在"文化大革命"时期连茶馆都被取缔了。这一方面是因为受国家政策的影响，另一方面是因为人们的生活好转后不必再从艺。但是我们从结果看，人们的赶场内容就变得越来越单一，场子越来越成为只有买卖的地方。

六、农民交易行为的延续

20世纪50年代，由于供销社的成立、一些娱乐活动消失等原因，赶场出现了相对衰落，特别是在人民公社时期③，农村市场交易规模受"左"倾政策的影响，较其他时间段出现了大幅度的萎缩，市场受到较大冲击。④虽然农民的赶场和物品交易行为发生了变化，但依然存在并延续着。

延续的原因首先从客观条件上来说是因为农民"有商品可卖"，即虽然是在人民公社体制管理之下，但农民们仍然拥有着私有性质的农产品。这部分农民私人拥有且会拿到市场上交易的菜蔬大部分源于自家的自留地。详情见1961年三圣公社（即高店子）自留地划拨情况统计表。

---

① 电影《武训传》是孙瑜根据历史人物武训"行乞兴学"的事迹而创作的一部传记片。歌颂武训"行乞兴学"并受到封建统治者表彰的"千古奇乞"。（齐鹏飞：《中华人民共和国史》，中国人民大学出版社，2009年版，第42页。

② 2013年8月6日，对刘国生、张安华、张远秀、彭定高、李大春的口述访谈。口述地点：三圣乡花卉交易市场茶铺。采访人：袁上、张杨、田玥。

③ "人民公社时期"指的是人民公社存在的时期，即从1958年秋开始建立至1984年基本完全撤销。其区别于"人民公社化时期"，即1958—1962年，涵盖人民公社化、"大跃进"和"第二个五年计划"三个历史时期。

④ 关于农村市场的衰败，还有一个原因是：20世纪50年代，尤其是人民公社时期，农民的政治活动日益频繁，群众大会经常召开。高店子的李淑芳告诉我们："遇到群众大会，就必须去参加，遇到赶场都必须要参加开会。"参见2013年8月6日，对李淑芳的口述访谈。口述地点：三圣乡街道办事处门口街边。采访人：张杨、袁上、田玥。

表9-2 1961年三圣公社（高店子）自留地划拨情况统计表①

土地单位：亩

项目 名称	农业人口（单位：人）	土地面积	每人平均占有土地数	每人平均应有自留地数	计划划拨情况			实际划拨情况			备注
					食堂地	饲料地	社员个人用地	食堂地	饲料地	社员个人用地	
三圣公社	8985	15600	1.73	0.121	449.25	89.90	539.10	449.25	179.70	359.40	本次统计缺粮丰和太平两管区的资料。
青龙管区	1160	1650	1.38	0.06	60	11.6		60	15	46.40	
场镇管区	1032	45	4.36		17.5亩	未划拨	未划拨	包括饲料地45亩		未划拨	
和平管区	1112	2113	1.85	0.11	63.00	11.00	66.48	63.00	11.00	66.48	
万福管区	1150	2021.79			63	9	35	63	9	46	
幸福管区	1179	1846	70.74	60.02	59.27	22.79	0.06	59.27	22.79	60.13（0.051）	
华新管区	1654	2509.83		0.04	85	80	96	85	100	64	

资料来源：成都市金牛区档案馆，"自留地划拨情况统计表"，1961年2月，卷宗号：1，卷宗号：85，目录号：11。本次统计缺粮丰和太平两管区的资料。

① 疑填表人将"每人平均应有自留地数"与"计划划拨情况"中的"社员个人用地"这两栏数据相互错置。

由表 9－2 可知：1961 年的三圣公社共有农业人口 8985 人，土地面积 15600 亩，"每人平均应有自留地数"为 0.121 亩，实际划拨的"社员个人用地"总面积为 359.40 亩，所以经计算每位社员平均实有自留地为 0.04 亩。而当时的自留地基本都是按户为单位划分的，故根据 1960 年"三圣公社户数人口、劳力情况统计表"[①]，全社户数为 2368 户。结合两表数据，我们则可以推算出三圣公社中每户大致可得约 0.15 亩的自留地（即 1 分半）。因此，刘援朝说："有自留地，蔬菜自己栽的，吃不完才去卖。"[②] 刘国生也说："自留地里面剩得多的，搞得好的，你才有得卖。去城头，城头那些没得菜，你菜才卖得脱，卖成钱，拿来买粮票。"[③] 农民通过对自留地的细心经营，并将这些私有的农产品拿到市场上去出售。

此外，当时的公社社员还有其他一些私有农产品的获得渠道。如三圣公社青龙管区的第 5 生产队在 1961 年 4 月，仿照相邻几个公社的"先进办法"，面向本管区以生产公社为主体，开始实行"三包一奖"（即包产、包成本、包工，奖超产）的承包制，改变之前"定额定包工"的政策。

> 在不影响小春栽种的情况下，增种的苏（蔬）菜归生产队所有，果桑新成林桠枝，对超两亩以下的埝圹，不列入包产面积，新栽幼树视其情况一亩折八分，成林果树按情况对半折，或三折一、四折一。埝圹以蓄水养鱼为主，在不影响蓄水的前提下种粮食，对半分成。[④]

其中"一奖"中明确提出超产部分 5％奖励"五好社员"，85％"按实做工分分给社员"。同时，承包到队意味着经营管理权的下放："作物安排、技术规格，必须因地制宜，管区不得乱加干涉。"[⑤] 生产队在完成管区任务的基础上，获得了超产部分农产品的自我管理权。"五好社员"所得的奖励与普通社员按工分所得的粮食若存在剩余，他们便拥有了除自留地产出农产品以外的交易物资。

所以说，人民公社体制管理下的农民仍然可以利用自留地生产农产品，加

---

① 成都市金牛区档案馆：卷宗号：85，目录号：1，卷号：8，"三圣公社户数人口、劳力情况统计表"，1960 年 4 月 2 日。
② 2013 年 8 月 6 日，对刘援朝的口述访谈。口述地点：三圣乡"槐花树"农家乐。采访人：张杨、袁上、田玥。
③ 2013 年 8 月 6 日，对刘国生、张安华、张远秀、彭定高、李大春的口述访谈。口述地点：三圣乡花卉交易市场茶铺。采访人：袁上、张杨、田玥。
④ 成都市金牛区档案馆：卷宗号：85，目录号：1，卷号：11，"承包合同"，1961 年 4 月。
⑤ 成都市金牛区档案馆：卷宗号：85，目录号：1，卷号：11，"承包合同"，1961 年 4 月。

上生产队承包制下可能分到超产部分的粮食，以此拥有了可供交易的农产品。

除此以外，农民不仅"有商品可卖"，还"有场所可卖"。若从农民的观念视角来划分市场交易场所类型，我们大体上可以将其分为"正当的买卖地点"和"私下的买卖地点"两种形态。① 首先，原先的"正当的"市场交易集中地点虽然发生了变化②，但仍然是存在的。例如高店子的刘国生与廖起顺大爷都告诉我们，"文化大革命"时期当地政府在高店子正街边上依然划定了一个很小的市场，在 7 天或者 10 天一次的场期里，人们仍然会去那里赶场。李淑芬便说："（"文化大革命"时期）在高店子的场上卖菜是指定的。"③

李淑芬同时也讲道："但是去城头（卖菜的话）价钱高些嘛。"在逐利的目标驱动下，农民会"私下的"把菜运到紧邻的成都市区里去卖给城市居民，现在 50~80 岁的中和场、高店子人基本都有过进城卖菜的经历。但这样的行为是当时的国家法律法规所不允许的，农民们常常与代表国家力量的一方发生冲突。市管会派专人收缴进城卖菜的农民的农产品，有时连秤或扁担都要一并收缴。例如刘国生老人生动地向我们讲述："城头那些娘娘、太婆（四川话，指中年妇女或老太婆）些，挎个包包她就出来，她就来挡你，说你'担起去你就要遭'，我就骂她的，她坐在那儿散凉（乘凉），我说：'遭？不担起来你们吃啥子喃，饿死你们狗日的。'"④ 有些口述人现在回忆起来都还十分气愤，他们所理解的处罚来源可能并不是市管会等代表的国家力量，而是城市与乡村巨大分野下的城乡矛盾，因此他们会说是"城头那些娘娘、太婆"来收缴那些凝结着他们汗水的菜蔬，还会十分肯定地说就是城里那些人收回家去自己吃了。⑤但这样的收缴处罚并没有起到遏制农民在市区私贩农产品的行为，农民们转而采用了更为隐秘的买卖方式。互助院的刘大爷告诉我们："高店子卖菜有另外一种方法，不是正儿八经担到城里去卖，拿尿水桶子洗干净，把莴笋、莲花白等菜放进去，去那儿卖个熟人，直接就卖了，问你有没有菜，有菜就卖了。"

---

① 从政府的角度来看即是"合法"与"不合法"的区分。

② 参见本章第三节中的第四部分"对商品交易的管理"。

③ 参见 2013 年 8 月 6 日，对李淑芳的口述访谈。口述地点：三圣乡街道办事处门口街边。采访人：张杨、袁上、田玥。以及 2013 年 8 月 6 日，对刘国生、张安华、张远秀、彭定高、李大春的口述访谈。口述地点：三圣乡花卉交易市场茶铺。采访人：袁上、张杨、田玥。还有 2013 年 8 月 6 日，对廖起顺的口述访谈。口述地点：三圣乡罗家巷老年活动中心鱼塘旁。采访人：张杨、袁上、田玥。

④ 2013 年 8 月 6 日，对刘国生、张安华、张远秀、彭定高、李大春的口述访谈。口述地点：三圣乡花卉交易市场茶铺。采访人：袁上、张杨、田玥。

⑤ 同④。同时，当我们在"槐花树"农家乐采访时，刘援朝也向我们讲到当时的城里人"讨厌得很"。

此外，刘大爷还说："就是走到那儿就在那卖，没有固定地方。"农民一般都会选用可以随摆随走的扁担加箩筐的方式，增强流动性来逃避市管会的监管。①

私下交易的方式除了农民向城市居民贩卖农产品之外，还有私下的票证交易。人民公社时期中的大部分时间内，我国都是施行的票证供给制。人们通过票证来向供销社换取几乎所有的生活必需品，但票证本身在这一时期中也变成了一个交易对象，并形成了专门的地下交易市场。廖起顺大爷就告诉我们，人们会将剩余的、用不完的、舍不得用的票，拿到成都九眼桥、牛市口等票证"黑市"上贩卖，换成钱过后购买其他产品。"你买票，那阵喊的搭伙证嘛，猪油票那些人就悄悄地问，要买的就问，他揣得有就在那里站起。"

综上所述，人民公社时期的两地农民除了在政府制定的"正当"地点买卖，还会进行"私下"交易，这些交易主要以进城向城市居民卖菜以及票证的地下交易为主要形式。通过正当与私下并存的交易行为，加之拥有可供贩卖的私有农产品，两地农民的市场交易行为虽然有所衰败、有所更新，但在人民公社体制下仍然延续了下来。

小 结

赶场，作为农民的一项重要的日常生活和经济活动，承载了农民互通有无、娱乐休闲、扩大交往、获得收益等职能。新中国成立前，川西平原的赶场样态经过了人类学家施坚雅和脱鲁岱对中和场和高店子的描述，基本为人们所了解。新中国成立之后，在"暴风骤雨"般的政治改造和经济改造以及不断变化的国家政令下，川西平原的赶场发生了重大变迁。

通过上述分析，我们可以看到，民国时期，四川长期独立或半独立于中央，国家势力在四川较弱，随着抗战时期的到来，四川作为大后方，在"抗战建国"的口号和实践下，国家势力逐渐进入四川并深入基层。因此，抗战后期国家开始对中和场的赶场进行收税，对交易中间人颁发执照。但总体而言，国家势力相对较弱，并没有涉及对赶场时间、地点、买卖商品和赶场时的娱乐等内容进行管理和控制，农村社会形成的一套赶场模式仍继续进行。但是，20世纪50年代后，尤其是"左"的政策极端化以后，国家为了建立在全社会各

---

① 2013年8月7日，对刘明华的口述访谈。口述地点：双流县新兴镇老年互助院。采访人：张杨、袁上、田玥、刘欢。

个层面的威信，通过统一度量衡和税收，成立供销社，颁发营业执照，赶场的交易权威由"中间人"变成了国家法令和政府机构，并取缔赶场时的娱乐等来规范农村市场。同时，在政策的"左""右"摇摆和基层政府的政策实践中，农村市场的定位和命运也在不停地转换。在"左"的政策指导下，农村市场被视为"资本主义"的象征，国家通过合并私商、统购统销和供销社等策略试图取代农村市场，因此出现了赶场周期的延长与不稳定，甚至高店子赶场一度被废除。但是，农村市场对于农民日常生活所起的作用是不可小觑的，农村市场被废除之后，农村经济就出现了严重问题。此时政府逐渐认识到农村市场对于供应流通的价值，允许农村市场在政府的严密监控下重新开放。但是，持续偏"左"的政策，对经济的统制以及农业生产的凋敝，使农村市场在这一时期出现了很大的萎缩。

虽然这一时期农村市场出现了很大程度的萎缩，但是农村市场长期以来形成的对农民日常生活的功能不容小觑，国家在降低或者取缔农村市场的同时，并没有能力来填补市场萎缩或消失给农民日常生活造成的真空和损失。因此，农民自发形成了一些"黑市"来满足日常交易，农民也时常"开小差"去赶场。同时，虽然国家以行政手段规范农民的赶场行为，但是农村市场长期形成的市场范围、市场周期对国家在基层农村的实践仍具有一定程度的示范和约束作用。我们发现，供销社不单是卖国家统销的商品，而且也是对农产品进行统购的部门，供销社承担的买卖其实与传统市场所承担的功用相同，供销社将传统市场上直接的买卖变成了由供销社为中介的买卖，作为国家商业机构的供销社不得不适应农村市场固有的规范，可以说，国家通过政策规范农村市场的同时，也受到民间惯习的规范。

农民的赶场行为作为民间交易、交往的一种传统，已深深地刻印在农村土地上，在国家的渗透甚至控制下，虽然其结构和形式发生了变化，风雨飘摇的农村市场仍得到了延续。在改革开放之后，农村市场一定程度上得到了恢复和发展。我们2013年8月6日去高店子做口述调查时，正好是这里逢双赶场的场期；8月7日去双流县新兴镇（即民国时期的新店子）做口述调查时，也正好是这里逢单赶场的场期。我们亲眼见证了在商业高度发达、连锁超市走进社区的当今，虽然赶场形式发生了诸多变化，但是作为一种民间习惯，其生命力在政治和商业化的双重打击下，仍在继续。

附录一：民国时期中和场、高店子所属市场等级示意图

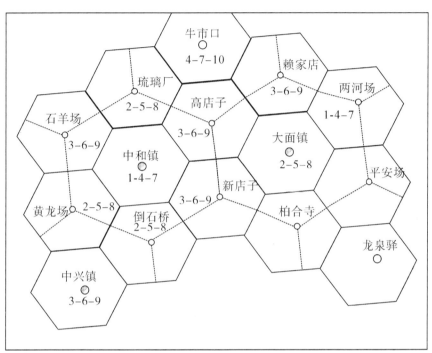

图例：　——— 基层市场区域边界　　　○　基层集镇
　　　　 --------- 中间市场区域边界　　◎　较高层次中心地

本图来源于施坚雅：《中国农村的市场和社会结构》第 32 页。

如图所示，高店子与中和镇相邻，高店子属于基层市场，场期为三、六、九；中和镇属于中间市场，场期为一、四、七。中和镇周围有琉璃厂、高店子、新店子、倒石桥、黄龙场、石羊场六个基层市场，同时高店子还属于大面铺、牛市口这两个中间市场的基层市场。

附录二：1944年中和场示意图

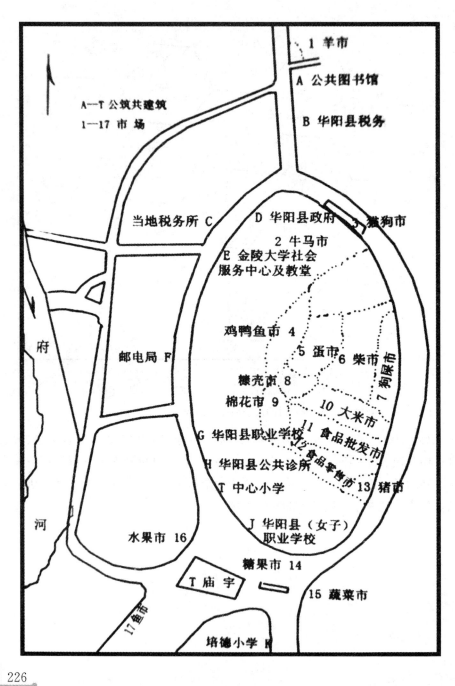

本图来源：［美］玛丽·博斯沃斯·脱鲁岱著，张天文、邹海霞译：《中和场的男人和女人》，中国文联出版社，2011 年版，第 33~34 页。

通过本图可知，当时的中和场有 14 个市场：羊市、牛马市、猫狗市、鸡鸭鱼市、蛋市、柴市、狗屎市、糠壳市、棉花市、大米市、食品批发市、食品零售市、猪市、糖果市、蔬菜市、水果市、鱼市。民国 17 年（1928 年），华阳县政府迁往中和场，直到 1949 年成都解放，中和场一直都是华阳县政府所在地。成都解放后，1950 年 3 月至 1951 年 3 月，中和镇仍作为新中国华阳县人民政府所在地。1951 年 3 月，华阳县人民政府迁往新兴镇（新店子）。

第十章 结 语

1989 年，日本学者沟口雄三发表了《作为方法的中国》一书，书中对日本的中国学进行评述，并提出了"以中国为方法，就是以世界为目的的观点"①。虽然沟口雄三的意图在于研究中国问题，丰富世界文明的内涵，但是我们还是有疑惑：何为中国？中国何以成为方法？

事实上，"中国"一词在历史上长期用在夷夏之辨中，而各个朝代则以朝代名来指称"中国"这一实体。在近代民族危亡的时刻，为了激发民族精神，才由梁启超等人提倡成为构建国人历史和现实认同的政治文化实体，这种颇具"安德森"式的对"中国"含义的理解容易导向虚无主义。那么，中国的实体在哪里？历史上我们一直号称"广土众民"，"土"和"民"即为中国的实体。然"土广"就会出现差异，理解中国不得不将中国划分为若干区域。从古代的九州制到中华人民共和国成立初期的大区制都是在承认中国内部差异的基础上所进行的行政机构设置。研究者也不例外。施坚雅在《十九世纪中国的地区城市化》中指出："在帝国时期，中国地区之间的不同，不仅表现在资源的天赋或潜力方面，而且也表现在发展过程所处的时间和性质方面。"② 因此，施坚雅将中国划分为九大区域。柯文在"中国中心观"中指出："鉴别中国中心取向的第二个特征，是在面临这个不可理解的难题时把中国从空间上分解为较小的、较易于掌握的单位。在这个意义上，这种取向并不是以中国为中心，而是

---

① ［日］沟口雄三著，孙军悦译：《作为方法的中国》，生活·读书·新知三联书店，2011 年版，第 130 页。
② ［美］施坚雅：《十九世纪中国的地区城市化》，《中华帝国晚期的城市》，中华书局，2000 年版，第 243～244 页。

以区域、省份或是地方为中心。"① 提倡中西交互比较的彭慕兰比较的是中国的江南和欧洲的英格兰。作者指出："在进行东西方比较（或者任何比较）时所用的单位必须具有可比性，而现代民族国家理所当然不是必然构成这些单位。因为中国作为一个整体（或印度作为一个整体）更适合与整个欧洲而不是与具体的欧洲国家进行比较：正如中国既有富裕的江南也有贫穷的甘肃一样，欧洲同样既包括英格兰也包括巴尔干。"② 所以，我们研究中国问题不得不将中国实体化、具体化，而区域研究则是方法之一。按照施坚雅的分区理论，本书作者所关注的长江上游地区是以富饶的四川盆地作为其中心地带。③ 而成都平原又是四川盆地的中心，这里人口密集，物产富饶，商业发达，因而成都平原作为长江上游地区的富庶之地颇有代表性和研究价值。

传统中国是一个农业国，以农为本乃是国策。近代以来，随着中国在中西交战中的失利，农村衰败引起了政府和学者们的高度重视，甚至有人认为农村破产是中国落后的主要原因。孙中山为"地尽其利"而提出的"平均地权"成为国共两党革命的共同目标，作为执政党的国民党和共产党都力求实现这个目标，因此国民党在农村实行"二五减租""整理地籍"，共产党在农村进行"土地革命""减租减息"。1950 年 6 月 14 日，刘少奇在中国人民政治协商会议第一届全国委员会第二次会议上所作的《关于土地改革问题的报告》中在提及为何要进行新区土地改革时指出："就旧中国一般的土地情况来说，大体是这样：占乡村人口不到百分之十的地主和富农，占有约百分之七十至八十的土地，他们借此残酷地剥削农民。而占乡村人口百分之九十以上的贫农、雇农、中农及其他人民，却总共只占有约百分之二十至三十的土地，他们终年劳动，不得温

---

① ［美］保罗·柯文著，林同奇译：《在中国发现历史——中国中心观在美国的兴起》，中华书局，2008 年版，第 178 页。当然，柯文自己在研究王韬时区分了中国沿海的改革者和内地的改革者。他指出："中国近代史上一个未曾研究的巨大课题是沿海与内地的差异。这种差异最迟也可追溯到16 世纪。自 1842 年以来，沿海与内地的反差逐渐显著了。在中国近代史上，这两个阶段表现为沿海不断冲击内地，而每次冲击之后内地都试图通过中国化来使冲击合法化。在 19 世纪和 20 世纪初叶，沿海承担了倡导变革的主要责任，内地则使变革合法化。"参见［美］保罗·柯文著，雷颐、罗检秋译：《在传统与现代性之间——王韬与晚清革命》，江苏人民出版社，1998 年版，第 222～224 页。

② ［美］彭慕兰著，史建云译：《大分流——欧洲、中国及现代世界经济的发展》，江苏人民出版社，2010 年版，第 2 页。

③ ［美］施坚雅：《十九世纪中国的地区城市化》，《中华帝国晚期的城市》，中华书局，2000 年版，第 244 页。

饱……例如四川等地区，地主占有土地约占百分之七十至八十。"[1] 新中国成立初期，中共在进行新区土改动员的过程中，分析了农村的土地占有情况、阶级情况以及占农村百分之九十以上的中农和贫雇农的生活。那么民国时期哪些因素影响着农民的生活水平？本课题以被刘少奇作为典型的四川省成都平原为研究区域，着重考察民国时期生活在这里的农民的生活水平。

成都平原是中国历史上最悠久的农业耕作地区之一，自都江堰修建以后，这里农业生产相对稳定，加上优越的自然条件，成都平原成为"水旱从人，不知饥馑"的天府之国。随着人口的增长和流动，成都平原人口密度逐渐增加，人员增多，人均耕地面积减少，这无疑在农业产出上影响了农民的生活水平。但是，农民的生活水平不仅和占有多少耕地有关，还受国家政策、社会结构、外部环境、地权结构、文化习俗以及市场繁荣程度等因素影响。可以说，农民生活水平的研究是一个涉及农村各方面的研究。

成都平原水利灌溉系统发达，而北边的都江堰将岷江经由内江分与成都平原，并通过众多支渠进行农业灌溉。位于成都平原南部的通济堰将西河、南河水截流灌溉新津、彭山、眉山，通济堰灌溉面积之大，在成都平原仅次于都江堰。通济堰始建于西汉景帝末年（公元前 141 年），在历史发展过程中经过多次重修。自通济堰创建之初直至有清一代，通济堰并无专职的水利官员，相关水政事宜均由州府地方官兼理，官方并无专职管理机构，其日常运作主要靠基层的堰长制。但晚清时已出现半官方的专管机构——堰工局，会长由地方士绅担任，代理地方官主持本地水利管理事宜。民国初年，通济堰灌区设新彭眉水利知事，专管新、彭、眉三属水利事务。然堰长权轻责重，加之经费筹措不易，出现了无人充当堰长的情况。通济堰管理机构制定了较为完善的堰规和违规惩罚措施，然这些规定在具体实践的过程中不得不让位于民间固有的惯习。新彭眉三县虽同受通济堰的恩泽，但三县的利害关系并不一致，因此常伴随着灌溉迟早、用水先后、土地高低、洪涝灾害等问题的纠纷，并没有形成以通济堰为基础的水利共同体。同时，在争端的解决过程中，官方虽均有介入协调，但收效甚微，其权威并不得到认可，相反地方士绅在整个事件处理过程中积极主动，且颇有发言权。他们充分利用自身的威望、对地方事务的熟悉程度，尤其是对地方惯例的解释，推动着纠纷的解决，充分证明了民间力量在地方事务中的主导地位。

---

[1]　刘少奇：《关于土地改革问题的报告》，《建国以来刘少奇文稿》（第二册），中央文献出版社，2005年版，第229页。

"国家大本，食足为先"，粮食储备关系国家安定。中国粮食专仓储备制度创于春秋战国之际，秦继之，盛行于西汉，至隋唐已颇具规模。社仓是粮食仓储制度的重要一环，主要承担乡村粮食储备和互借的职能。乾隆元年（1736年）四川开始建立社仓，此后社仓在四川乡村迅速发展起来。在新津，社仓的管理者为社仓经首，由品行端正、家道殷实之人充任。清朝前期，社仓经首除了仓储的日常管理之外，最为重要的工作是主持乡里社谷的借贷与监督。然至清末时期，社仓经首所需管理的事务由借贷谷物转变成社田租佃，这种以社田租佃为主的经营方式，使得社仓更易持久，同时也免除了农民利息的负担，从而更有助于改善农民生活。然而到了晚清时期，社仓经营的困难，各方势力干预社仓经营，社仓的官方性质愈发浓厚，使得愿意担任社仓经首这一职位的人大大减少。因此，社仓经首的选择由注重个人品行到注重家道殷实，然殷实粮户大多不愿充当。由于社仓经首由上任经首推荐，经公举同意，报知县批准，因此此时出现了社仓经首与殷实粮户之间、新旧经首之间的矛盾。社仓属于半官方半民间的性质，在晚清时期，民间精英对社仓管理的积极性逐渐减弱，而国家对社仓的控制则有所加强。

1911 年，四川爆发了保路运动，大汉军政府成立后因财政紧缺无法满足士兵对恩饷的要求而发生了兵变和抢劫事件，事变遍及成都周边。新津作为保路运动的主战场之一，也遭受士兵洗劫。而遭受损失的刘兴锰为了追回损失，以邻居抢劫自己家为由诉诸公堂。经县官王知事的审理，发现刘并无确切证据，而刘之所以状告邻里，主要是平时日常的积怨，因而判定"各即回家，解释嫌怨，仍敦邻谊，必须相友相助，以御外侮"。然刘兴锰并不满意，遂又将案件上呈大汉军政府司法部、成都府控诉监察厅、四川陆军第十五团，充分利用司法资源来保护自己的利益并解决日常积攒的与邻里的积怨。案件最后都发回新津县审理。继任县官陈知事与前任王知事态度一致，迅速审理了此案，刘兴锰继续向中华民国四川陆军中将军衔特任军事巡警报案。这一案件反映出在外部动乱的环境下，普通民众如何通过国家权力维护自己的利益，如何利用司法解决日常生活中的积怨，乡间"无讼"或只是儒家一种理想的状态，而事实上，民间一些百姓为了个人利益并不畏讼，甚至"喜讼"。

土地乃农业之本，拥有土地的多少直接关系着农民的收入，因此，地权关系是分析农民收入和农民生活水平的基础。成都平原人口密集，人均占有土地面积较小，地权结构十分复杂。大体而言，民国时期成都平原的地权特点是土地集中与土地分散并存，特大地主与中小地主并存，不在地主与乡居地主并存。不在地主的户数虽然少于乡居地主，但其占田量远大于乡居地主。因民国初期，四川军阀混战，军人、官僚购买兼并土地情况严重，因此，成都平原租佃关系发达，佃农在农村人口中所占比例高于全国水平，并有逐年增长的趋势。特大地主位高权重，且多为不在地主，其乡村的土地主要由其管事或代理人与佃户发生关系。而赋税沉重导致小地主生活窘迫，甚至不如某些佃农。

与农民生活水平高低关系最密切的乃是农民的收入和支出。收入大于支出，则农民年末有结余，生活水平便有可能提升；而收入小于支出，则农民就要负债，生活水平就有可能降低。根据四川省农改所 1938 年对温江县佃农、半自耕农和自耕农在 1937 年 4 月—1938 年 3 月作物周年内农民家庭收入、家庭消费的调查，可以知道农民的收入主要由土地直接而来的田场收入和副业为主的田场外收入构成。一般而言，同等耕作面积情况下，自耕农、半自耕农和佃农的田场收入逐渐降低，而田场外收入则半自耕农最高，自耕农其次，佃农最低。家庭赚款即家庭收益则半自耕农最多，自耕农其次，佃农最差。但是由于半自耕农家庭人数较多，所以每成年男子单位家庭赚款自耕农、半自耕农和佃农依次递减，耕作的土地面积越多，则收益越大。随着农村商品化进程，农民消费数量和结构成为衡量农民生活水平的重要指标。就温江而言，农民的消费总数和每成年男子单位消费数自耕农最高、半自耕农其次、佃农最差；在食物燃料等生活必需品占消费总数的比例上，自耕农、半自耕农、佃农依次递增，反映出温江地区自耕农、半自耕农、佃农的生活水平依次下降。但与同时期全国其他地区的农业调查结果相比，温江农民的生活水平整体较为优越。

直接影响农民生活水平的另一重要因素是农民负担。佃农租种地主的田，不但需要缴纳地租，还要缴纳押租；同时，有产者需要向国家承担赋税。因此，农民负担的轻重直接影响农民是否有足够的资金改善自己的生活。同样根据四川省农改所 1938 年对温江县佃农、半自耕农和自耕农在 1937 年 4 月—1938 年 3 月作物周年内农民负担的调查，可知温江每亩土地的押租额主要集中在 10 元以下，20 元以上的很少，在四川属于较低的。同时农民向地主缴纳押租会有一定的利益即押扣，成都平原的押扣一般在 3 扣~5.5 扣之间，这有助于佃农负担的减轻。就地租而言，成都平原实行大春交租、小春不交的交租模式，佃农平均地租率为 65.78%，如果加上小春作物的产值，则地租约占田场总收入的比例平均为 52.06%，大多数的佃农依靠小春作物和每年缴租时作为押租利息的押扣过活。近代以来，除了有田者需要向政府缴纳土地税外，各种杂捐杂税名目繁多。总体而言，佃农对政府的负担较轻，半自耕农和自耕农则较重。但与全国其他地区相比，温江县农民缴纳给政府部分的税赋水平都是较低的。负债也是农民负担之一，温江半自耕农平均负债额最高，自耕农其次，佃农最低。由于他们借款主要来自亲朋好友及利率较低的合作社，因此受高利贷盘剥的情况较小。因此，与同时期其他农村地区相比，温江县 1937—1938 年作物周年内农民负担要较全国其他地方轻，农民生活水平也较高。

农民生活不单只有物质层面，精神层面的信仰也颇值得关注。传统中国，除了国家正祀外，民间信仰在乡村中普遍存在。国家在祭祀系统中虽然将祭祀场所分为"正祀""杂祀"和"淫祀"，并要求取缔淫祀，但在具体操作中并没有能力来完成。近代以来，为"再造国民"和宣扬新文化的需要，国家对民间信仰进行了一轮又一轮的改造。国民政府颁布了《神祠存废标准》对民间进行移风易俗，但在实践层面则因民间信仰根基颇深而不得不抑制与利用相结合。抗战时期，国民政府内迁，在抗战建国的口号下，对民间"迷信"活动进行取缔，但其醉翁之意却在统一思想，防范政治异己，预防民变与"匪患"。在民间，面对天灾、疾病等涉及百姓切身利益之时，民众和士绅仍在进行"迷信"活动，而国民政府在这些活动没有危及自身统治的时候甚至会逆转支持该类活动，以此来凝聚人心。民间信仰作为传统文化重要的组成部分，其存废并非政府利用国家强权就能决定的。民众在面临"现代化"的冲击时，其对陌生世界的恐惧和美好未来的希冀是民间信仰存活的根基，而民间信仰所反映出来的内涵是民众精神生活的重要组成部分。

传统中国是自给自足的小农经济，但这绝不意味着传统中国的乡村排斥商业，农村需要市场进行生活必需品的买卖，因此集市成为农村生活的重要一环。施坚雅于 1949 年末在成都高店子进行为期三个月的田野调查，并于 20 世纪 60 年代提出了著名的"基层市场社区"理论和正六边形的市场等级结构，从市场和交通的角度指出了中国农民的活动范围。几十年来，许多学者从理论和经验层面对施氏理论展开反思和反驳。施氏理论起源于成都平原，因此从成都平原的经验层面所做的研究就颇显必要。"赶场"在成都平原农民生活中是非常重要的事情，在历史的发展演变中，成都平原形成了三天一赶的赶场周期。市场承载了农民互通有无、娱乐休闲、扩大交往、获得收益等职能。在所有职能中，经济职能是其他职能的基础，集市的繁荣是农村经济发展和农民生活水平提高的重要保障，这一点脱鲁岱描述的中和场集市可以作为印证。在 20 世纪 50 年代后，尤其是统购统销和"社会主义改造"之后，农村市场在政治运动和经济统制的影响下逐渐萎缩，但是农村市场长期以来形成的对农民日常生活的功能不容小觑，国家在降低农村市场的职能，甚至取缔农村市场的同时，并没有能力来填补市场萎缩或消失带给农民日常生活造成的真空和损失。因此，在改革开放之后，农村市场一定程度上得到了恢复和发展，甚至在商业高度发达、连锁超市走进社区的当今，虽然"赶场"形式发生了诸多变迁，但仍在继续。

　　成都平原人口密集、土地肥沃、灌溉便利、农业产出较高，在长江上游颇具典型性。本书研究主题是农民生活状况，其涉及的领域很宽。本书利用档案文献、口述材料、调查材料从水利设施、社仓制度、外部环境、地权结构、农民收益、农民消费、农民负担、民间信仰、国家政令、市场结构等领域对成都平原的农民生活水平和影响农民生活水平的因素进行考察。通过研究可知，民国时期成都平原农民生活水平相比于四川乃至全国都较为优越；伴随着国家势力的不断下移，传统乡村既有的权势结构和文化习俗逐渐被蚕食，严重地影响了农民的生活。同时，国家试图将乡村纳入国家权力体系中的政策和实践也不得不迁就乃至利用农村既有的文化结构，农民生活在国家的监督下仍沿着传统的道路继续进行，直至新中国成立。

主要参考文献①

一、专著

[1] [美] 保罗·柯文. 在传统与现代性之间——王韬与晚清革命 [M]. 雷颐，罗检秋，译. 南京：江苏人民出版社，1998.

[2] [美] 保罗·柯文. 在中国发现历史——中国中心观在美国的兴起 [M]. 林同奇，译. 北京：中华书局，2008.

[3] [美] 卜凯. 中国土地利用 [M]. 台北：台湾学生书局，1985.

[4] [美] 卜凯. 中国土地利用续编 [M]. 台北：台湾学生书局，1971.

[5] [美] 杜赞奇. 文化、权利与国家：1900—1942 年的华北农村 [M]. 王福明，译. 南京：江苏人民出版社，2003.

[6] [美] 黄宗智. 华北的小农经济与社会变迁 [M]. 北京：中华书局，1986.

[7] [美] 黄宗智. 中国研究的范式问题讨论 [M]. 北京：社会科学文献出版社，2003.

[8] [美] 孔飞力. 中华帝国晚期的叛乱及其敌人：1796—1864 年的军事化与社会结构 [M]. 谢亮生，杨品泉，谢思炜，译. 北京：中国社会科学出版社，1990.

[9] [美] 李丹. 理解农民中国 [M]. 张天虹，张洪云，张胜波，译. 南京：江苏人民出版社，2008.

[10] [美] 马若孟. 中国农民经济：河北和山东的农民发展：1890—1949 [M]. 史建云，译. 南京：江苏人民出版社，1999.

[11] [美] 玛丽·博斯沃斯·脱鲁岱. 中和场的男人和女人 [M]. 张天文，邹海霞，译. 北京：中国文联出版社，2011.

[12] [美] 彭慕兰. 大分流：欧洲、中国及现代世界经济的发展 [M]. 史建

---

① 限于字数和篇幅，档案资料从略，详情见正文脚注。

云，译. 南京：江苏人民出版社，2010.

[13] [美] 彭慕兰. 大分流：欧洲、中国及现代世界经济的发展 [M]. 史建云，译. 南京：江苏人民出版社，2003.

[14] [美] 施坚雅. 中国农村的市场与社会结构 [M]. 史建云，徐秀丽，译. 北京：中国社会科学出版社，1998.

[15] [美] 王国斌. 转变的中国：历史变迁与欧洲经验的局限 [M]. 李伯重，连玲玲，译. 南京：江苏人民出版社，2008.

[16] [日] 沟口雄三. 作为方法的中国 [M]. 孙军悦，译. 北京：生活·读书·新知三联书店，2011.

[17] [瑞典] 托米·本特森，[美] 康文林，[美] 李中清，等. 压力下的生活：1700—1900 年欧洲与亚洲的死亡率和生活水平 [M]. 李霞，李恭忠，译，李恭忠，校，史建云，审校. 北京：社会科学文献出版社，2007.

[18] Chris Bramall：Living Standards in Sichuan 1931−1978 [M]，London，Contemporary China Institute，School of Oriental and African Studies University of London，1989.

[19] G. William Skinner, Marketing and Social Structure in Rural China [J]，Part 1，2，3，Journal of Asian Studies. vol. 24. N0.1−3 (1964−1965).

[20] 陈翰笙，薛暮桥，冯和法. 解放前的中国农村：第二辑 [M]. 北京：中国展望出版社，1987.

[21] 陈翰笙. 解放前的地主与农民——华南农村危机研究 [M]. 冯峰，译. 北京：中国社会科学出版社，1984.

[22] 费孝通. 江村经济——中国农民的生活 [M]. 北京：商务印书馆，2001.

[23] 李伯重. 多视角看江南经济史（1250—1850） [M]. 北京：生活·读书·新知三联书店，2003.

[24] 李伯重. 江南的早期工业化（1550—1850） [M]. 北京：社会科学文献出版社，2000.

[25] 李德英. 国家法令与民间习惯——民国时期成都平原租佃制度新探 [M]. 北京：中国社会科学出版社，2006.

[26] 林蕴晖. 向社会主义转型——中国经济与社会转型（1953—1955） [M]. 香港：香港中文大学出版社，2009.

[27] 王笛. 街头文化：成都公共空间与地方政治，1870—1930 [M]. 李德

英，谢继华，邓丽，译. 北京：中国人民大学出版社，2006.

[28] 王笛. 跨出封闭的世界——长江上游区域社会研究，1622—1911 [M]. 北京：中华书局，1993.

[29] 王铭铭. 社会人类学与中国研究 [M]. 北京：生活・读书・新知三联书店，1997.

二、期刊

[1] 李德英. 20 世纪 30 年代成都平原佃农地主结构分析 [J]. 中国经济史研究，2007 (4).

[2] 李德英. 民国时期成都平原的押租与押扣 [J]. 近代史研究，2007 (1).

[3] 李德英. 民国时期成都平原乡村集镇与农民生活——兼论农村基层市场社区理论 [J]. 四川大学学报：哲学社会科学版，2011 (3).

[4] 李金铮. 二三十年代定县农民生活的考察 [J]. 河北大学学报，1989 (4).

[5] 吕实强. 近代四川农民的生活 [J]. （台湾地区）"中央研究院"近代史研究集刊，1978 (7).

[6] 史建云. 近代华北平原自耕农初探 [J]. 中国经济史研究，1994 (1).

[7] 史建云. 商品生产、社会分工与生产力进步——近代华北农村手工业变革 [J]. 中国社会经济史研究，1998 (4).

[8] 中央农业实验所. 农情报告 [N]. 农报，1934，1 (22).

三、学位论文

[1] 白锦娟. 九里桥的农家教育 [D]. 北京：燕京大学，1946.

[2] 陈祥云. 农业商品化与社会变迁：以四川盆地为中心（1861—1937）[D]，台北：政治大学历史研究所，1998.

[3] 奂平清. 华北乡村集市变迁与社会结构转型——以定州的实地研究为例 [D]. 北京：中国人民大学，2005.

[4] 杨树因. 一个农村手工业的家庭——石羊场杜家实地研究报告 [D]. 北京：燕京大学，1944.

其他

[1] 谢放. 抗战时期四川小农经济与社会变迁 [J]. 台北：庆祝抗战胜利五十周年两岸学术研讨会论文集. 台北：近代史学会，1995.